国家2014年度教育部人文社会科学研究

青年基金项目（编号：14YJC840036 ）结题成果

本书初稿的写作曾得到

教育部2010年度"博士研究生学术新人奖"项目资助，

特此致谢！

丽泽社会学文库

丛书主编／张兆曙
丛书副主编／林晓珊

灾后重建的
"发展"映像

ZAIHOU CHONGJIAN DE
FAZHAN YINGXIANG

辛允星／著

上海三联书店

总　序

Preface

出版一套文库或丛书,总要在冠名上思量一番,以表达特定的意义或寄托特别的期许,丽泽社会学文库自然难以例外。"丽泽"一词,沿自南宋四大书院之一的丽泽书院。丽泽书院,亦谓丽泽堂、丽泽书堂,乃南宋大儒吕祖谦讲学论道之塾所,设于宋乾道初年,其址位于古婺州(今金华市)光孝观侧。以"丽泽"命名这套丛书,一则希望藉此沾染一缕丽泽书院千年文脉的氤氲馨香,一则期冀浙江师范大学社会学能够在承继西学源流基础上接续中国文化传统。"丽泽"之名取于《周易》,意为两泽相连,喻指君朋同道会聚切磋、砥砺思想、探索新知有如两水交融、脉脉相关。丽泽社会学文库这一冠名所寄寓的要义和宏旨即在于此。

这套文库的作者皆为浙江师范大学从事社会学研究的青年教师。提起中国社会学的学术版图,首先想到的不外乎北京、上海、南京和广州等诸多全国性或区域性的文化中心城市以及一干"985"或"211"重点高校。即便在许多省会城市的大学,社会学的学科规模也大都比较小,学科发展相对缓慢,很难形成气候。因此,对于偏隅金华的浙江师范大学来说,社会学发展的所有内部和外部条件几乎都不具备。机缘巧合,2000年浙江师大联合浙江省社会科学院申报社会学二级学科硕士点获得批准。却因缺乏足够的专业师资,直到2003年才开始招收第一届硕士生。在本校的导师队伍中(当时有两位校外导师王金玲教授和杨建华教授),除卢福营教授从事农村问题研究可归属社会学范畴之外,其他导师基本上都是哲学出身。这种依靠整合相关资源发展社会学的学科结构,一直维持到2009年左右才发生根本性的变化。

学科结构的变化表现在两个方面:一是科班出身的年轻教师不断加入和持续成长,二是非专业教师的逐渐退出。2002年,省教育厅批准浙江师大设置社会工作本科专业,基于本科教育和硕士点建设对专业教师的双重需求,学校开始陆续引进了 10 多位年轻的专业教师。由于硕士点的师资不足,大部分年轻教师在尚未取得高级职称的情况下,提前参与了硕士生的教学和论文指导工作,客观上对他们的成长起到一个"倒逼"作用。2009 年,社会学学科迎来重要的发展机遇,省教育厅给浙江师大分配了 2 个浙江"十一五"省级重点学科的增列指标。经多方争取和博弈,社会学幸运地获得 1 个指标,但前提是学科成员不能与其他学科交叉重复。至此,社会学意外地跨进了省级重点学科的行列,但创建社会学硕士点之初的那一批非专业教师已经退出这支队伍,形成一个独立发展的学科结构。

学科结构的变化提升了浙江师大社会学的专业化程度,但毕竟是一支年轻得几乎无法看见预期的学科队伍。浙江师大社会学能够发展到什么程度,完全无法想象。2010 年,学科负责人卢福营教授调离本校,社会学的学科队伍变得更加年轻。绝大多数学科成员都是 80 后,他们要么刚刚博士毕业,要么还处于在职攻读博士学位阶段。而我,也仅仅因为稍资年长而被推到学科负责人的职位上。我是一个喜欢闲云野鹤的人。在此之前,曾被选举为社会工作系主任,负责本科生的教学工作。由于不适应组织内部的表格治理,干了一年半之后即坚定地辞去了系主任职务。孰料,3 年之后却要负责一个责任更大的省级重点学科平台和学位点建设。

在当下的中国学术生态中,"混"是一种十分普遍的生存策略。对于远离大都市和非重点大学的青年教师来说,混混日子其实是一种不错的选择。只要完成规定的教学工作,凑齐职称所要求的科研任务,完全能够过上一种大都市和重点大学难以实现的惬意生活。然而,形格势禁的竞争机制使得"惬意"成为一种奢望。省级重点学科平台每五年要重新评定一次,学科评定的指标如果没有比较优势和增量,就会在下一轮的评定中被淘汰出局,成为学科竞赛的失败者。堪称"特色"的是,中国地方高校的学科建设有一个特点,即行政力量的参与和"护驾"对于学科发展至关重要。那些发展较好的学科往往都是某位校领导、院领导或部门领导负责的学科。对一个"无帽"且性喜恬淡之人,让其肩负学科竞赛的重任,艰难困苦可想而知。

令人欣喜的是,年轻教师强烈的发展欲望为社会学学科的建设注入了新的活力和动力。这批怀揣学术理想刚刚博士毕业或在职攻读博士学位的年轻人普遍感受到和面临着一个自我提升的瓶颈,倘若不能突破,可能就此平庸下去,沦入"混"的生存状态。经过大家的反复动议,从 2010 年 9 月开始,我们在学科内部组织了一个"双周学术交流坊",旨在通过学科内部的深度交流促进和提高学术水平。一般情况下,如果学科成员完成了自己比较看重的论文,都会先在"双周学术交流坊"上报告一次,大家围绕论文进行讨论交流和批评回应,然后经选择性的借鉴和修改之后,再对外投稿。按照最初的设想,学科内部的交流活动每两周举行一次。由于密度太大,后来改为一个月左右举行一次。坚持到现在,大概已经举行过接近 50 次这种形式的内部交流。"双周学术交流坊"已然成为浙江师大一抹亮色。

学科内部的深度交流和切磋共进逐渐成为浙江师大社会学学科建设的一个重要机制,并产生了两个方面的积极影响。一是提高了年轻教师的学术水平,并直接体现在论文发表上。在最近五六年的时间里,学科成员所发表的重要论文,几乎都经过了"双周学术交流坊"的讨论。二是促进了学科团队和学术共同体建设。年轻的学科成员大都很享受这种深度交流和切磋共进的形式,大家都很关心下一次工作坊是什么时候,或者主动提出讨论自己的文章。学科成员在开展内部交流的过程中逐渐形成了轻松、坦诚和友好的学术氛围和人际关系,完全没有那种同行相轻和相互妒忌的单位人格。正是在这种良性的团队氛围中,浙江师大社会学学科尽管年轻,但仍然冒出不少引起学界关注的青年俊才。刘成斌调往华中科技大学工作之后,已经就任社会学院的副院长;林晓珊则是社会学界最年轻的 80 后教授之一,并担任浙江师大法政学院的副院长;陈占江在环境社会学和费孝通思想研究两个领域已经被学界广为关注;李棉管最近两年在社会政策研究领域的发展势头也十分强劲;方劲、许涛、袁松和辛允星等正处于蓄势待发的阶段,学科正在耐心地静待花开。总体上看,在这个学科团队里面,大概每隔两年左右的时间,就会冒出一位令人刮目的学术新人,惹得许多兄弟院校十分"眼红"。

《周易》有云:"丽泽,兑;君子以朋友讲习。"很难说,这一群居住在丽泽花园(即浙江师大家属区)的年轻学者感受和继承了丽泽诸儒的"兑"学之精神,但深度交流和切磋共进确实已经成为浙江师大社会学的一种品格。近几年,浙江师大社会学取得的主要进步都与大家的相互促进是分不开的。尽管这套文库中 6 部著作的选题不同,风格各异,方法有别,但有一个共同的特点,即每一部著作的核心内容在成文发表的过程中,都经过了"双周学术交流坊"的充分讨论和思想碰撞。千年前"闻善相告,闻过相警,患难相恤,游居必以齿相呼,不以丈,不以爵,不以尔汝"的丽泽遗风悄然吹进浙江师大社会学每一位成员的心灵。对于一个学科的发展来说,这种"丽泽互通、学问相兑"的团队品格也许更为重要。

是为序。

张兆曙

2016 年 8 月

目　录
Contents

第一章

导论

一、研究缘起

在 20 世纪 90 年代的中国接受正统的国民教育,马克思仍然是最难以回避的知识创作家和思想构造者,而他向我们所传授的知识和思想所集中表明的结论在于:人类社会是发展和变迁着的,这种变动过程的动力来源是某种抽象的自然规律,这种规律与人的需求相关但又不以人的意志为转移,与社会群体之间的冲突息息相联,但又往往由此带来更高等级的社会秩序;作为个体或群体的人,虽然不能改变社会变迁的客观规律,却可以利用对这种规律的掌握采取相应的行动,以加速或减缓人类社会的变迁和发展。

显然,马克思(1995)的思想与社会进化论一脉相承,与达尔文、摩尔根(1995)等人的观点默契可以作为凭证。同时,当马克思的思想演变成为一种"主义"之后,它又与西方学界的"自由主义"主流思潮相汇合,成功地搭建起了世界范围内"社会发展"戏剧的舞台。尽管两者在许多问题上争论不休,但在人类社会发展的话题上,他们达成了高度一致的观点,那就是"人类社会必然会走向现代化",其最显著的差异只在于后者更相信自由市场经济的"进化力",而前者更偏爱集体组织和计划的"创造力"。从 19 世纪初期至今的两百年中,"人类社会在发展"的思想主导了世界大多数人口的思想意识,乃至最终产生了"发展主义"的思潮,"发展至上"的理念占据了许多国家和地区的政治意识形态主阵地,"变迁"的概念也在很大程度上为"发展"概念所替代,只有少数态度谨慎的学者坚持认为"社会发展"的概念仅仅指示"社会变迁"的部分内容。

20世纪晚期特别是进入21世纪以来,后现代主义思想开始弥漫于社会科学各领域当中,对"发展主义"理论和"社会发展"概念本身的批判成为这股新思潮的核心任务之一,当代哲学、人类学群体中的一些成员站在了这场"反思潮流"的风口浪尖。他们对"发展主义"思想的反思乃至抛弃性的批判,立足于人类社会发展实践中出现的各种"负效应"基础之上,集中体现为生态危机、社会伦理混乱、公共权利的不平衡分配和话语霸权、贫困的持续乃至扩大、人类文化多样性的丧失等诸多问题之上,由此引发了全球学界对人类社会"现代性"特征和"现代化"趋势的再反思。吉登斯(2003)对"现代国家机制"的讨论、格尔兹(2004)对"地方性知识"的怜惜、福柯(2007)对"社会微观性权力"的描画、萨林斯(2009)对"原初丰裕社会"的怀念等理论创造,无不体现了他们对现代社会的强烈反思精神。如果说将以上学者统统都纳入后现代主义者行列显得过于鲁莽的话,那么,认为他们都在对现代人类社会状况进行一场"革命性诊断"应当是没有异议的,而这种诊断无不与对"社会发展"概念本身的反省密切相关,无不对"社会进化论"的乐观主义情绪保持着审慎的态度。

在进化论和社会发展思想被当作"圣经"的时期,"社会变迁"成为了一个保守的概念,但是今天已经不再属于那个时期。与五十年前世界范围内发展主义思潮的流行相似,对发展主义理论的批评乃至对"社会发展"概念本身的质疑成为当今世界学术思潮的主基调。由于后现代主义思想具有"重破不重立"的鲜明特点,受其影响的一代学人随之就养成了这样的治学性格——回避宏大理论的构建转而关注具体领域与事件本身,抛弃建立又一个"帕森斯王朝"的学术理想,而追求在某个次级领域中贡献分支智慧的目标。因此,"社会发展理论"的话题被肢解得七零八落,鲜有学者单刀直入地研究其整体性的脉络,历史学家与社会学家之间的分工也更加明确,同时研究"大历史"与人类社会发展规律的学者日益减少,黄仁宇先生应当属于此日益萎缩群体中的少数成员之列,他试图通过对中国通史的崭新诠释来重新理解和总结其中蕴含的规律性(黄仁宇,2005)。正是基于对社会发展理论演变历程的认识和思考,本研究才得以成行,笔者希望借助对特定微型社区"现代转型"历程的考察加深对社会发展理论的认识,在行走于"回头路"上的同时,能够通过对传统现代化理论与后现代主义思潮之间的理论对比与思考,获得对中国社会现实的新解释。

2008 年发生在中国西部的汶川 5·12 地震使我与羌族地区结下了不解之缘。地震使我国主要的羌族人口聚居区都受到了巨大破坏,据不完全统计,地震中有三万多羌族同胞丧生,占全国羌族总人口的十分之一强,羌族民众传统的生产和生活方式都受到了不同程度的破坏和影响。由此,羌族传统文化保护问题引起了国内外社会科学界人士的关注,他们通过组织会议、进行实地调查、向政府提交建议报告等方式倡导"羌族生态文化区"的灾后重建。我有幸参与到这样的工作中,不仅参加了某些学术研讨会,还多次亲身进入灾区进行实地考察,深刻感受到羌族社会文化正在发生的重大变迁,这种变迁肇始于当地早已启动的社会现代化进程,而大规模的灾后重建工作为这种变迁的加速前行提供了天然契机和良好土壤。由此,羌族社会文化的变迁过程借助某种"时空压缩"机制得以更鲜明地体现出来——受汶川地震这一突发事件的影响,本来相对自发性的渐进式社会文化变迁历程具备了某种"急剧转型"的特征,而其中所蕴含的许多"变迁机理"也得以更加明显地呈现出来。

社会文化的变迁过程本质上就是"社会发展"的具体呈现,特别是在中国当前历史时期,任何一个地区的社会文化变动往往都被贴上"发展"的标签,汶川地震灾区的羌族社会文化同样是以"发展"的名义在经历着前所未有的巨大转变,作为国家主流意识形态的发展主义思潮在羌族社会也得到了淋漓尽致的展现。就汶川地震灾区的羌族社会而言,它们目前正在经历的社会发展本质上就是走向"现代"的过程,民众的思想启蒙、现代国家和资本的介入是这一过程的两个基本要素。自己的几次前期实地调查使我确信,汶川地震灾区的羌族社会在灾后重建过程中正经历着一场空前规模的社会思想"启蒙",当地人的现代意识观念更加显著;而外来资本的广泛介入则导致当地社会发展话语的"倾斜",政府主导型的发展模式给当地带来了一系列的"发展"难题。正是因为与汶川地震灾区羌族社会的巧合结缘,笔者最终将自己的理论反思带入到了川西地震灾区两个羌村社会的田野,试图借助对这两个羌族村落社会与文化变迁历程的考察,来重新检视社会发展理论的"中国经验",更希望在某些方面能够提出新的阐释,对社会发展理论的扩展和深化做出些微的新贡献。

二、社会发展理论研究综述

若要深刻认识当前中国乡村社会正在经历的发展历程,首先应当回到社会发展理论的历史演变脉络当中去,通过系统梳理前人对该话题的系统思考,并从中汲取营养,将"中国乡村发展"的具体实践进行与既有的理论成果进行对接,进而为本领域的具体问题研究提供牢固的理论支撑,因此,下文将对社会发展理论的思想渊源及其演化过程给予展示。

(一) 进步的观念与古典社会发展理论

英国的约翰·伯瑞在其《进步的观念》一书中系统梳理出了西方学界有关"进步"观念的理论演变脉络,从中可清晰地看到这样一个在今天看来如此耳熟能详的概念是如何被人们认识和建构出来的,同时,也在哲学层面上展示了早期社会发展理论形成的宏观知识背景,从而为我们更深刻理解"社会发展"的含义本身提供了有利条件。

关于人类社会的运行机理,古希腊时期的哲学家就开展过思辨性争论,当时有代表性的观点包括:柏拉图的"衰退理论"(theory of degradation)、斯多葛学派的"循环论"以及塞涅卡的"知识进步说"。显然,塞涅卡是其中社会进步观念的倡导者,但是他也仅仅意识到了"知识进步的价值",但是"远未预示出一种人类进步的学说","直至 16 世纪,进步的观念出现的障碍才开始无疑地得到超越,而一种有利的氛围也逐渐准备就绪"(伯瑞,2005:10;11;4)。法国历史学家吉恩·伯丁和翻译家李·罗伊都试图提出一种新的理论来阐释人类的普遍历史,认定世界并未退步,人们还应该努力将前人已经取得的成果传给后人,并通过新的研究来弥补过去发现的不足。可以说,这二人的思想拉开了社会进步观念的"发展序幕",为此概念的后来演变和成熟奠定了新的理论根基,而他们的思想影响直到达尔文的进化论思想获得空前的成功之后才显现出褪色的迹象。

从 16 世纪到法国大革命之间的二百多年当中,社会"进步"的观念获得了更加充分的重视和阐释,许多知名思想家和学者都卷入到了对此思想理念的建构当中。培根倡导知识的终极目的在于"实用",改善人类的生活,增加人们的幸福和减轻人们的痛苦,因此知识的进步是一种必然的结果;稍后的笛卡尔明确提出了"理性的至高无上"思想,将人类从上帝那里独立出来,这为社会进步观念的建构提供了一个必要的认识论前提;深受笛卡尔影响的方特奈尔认为,"对古人不合理的赞美是进步的主要障碍之一……人类的智力永远不会退步","进步不应该仅仅被视为向未来的无限延伸,还应被看作是必然和确定的",他因此被称为"将知识进步观阐述为一种完整理论的第一人"(伯瑞,2005:78—79)。同样也受到笛卡尔影响的圣皮埃尔则提出了人类的普遍进步理论,认为人类在通往幸福的进步道路上没有任何不能克服的障碍,将"进步"的焦点内容从人类智力的增长转到了社会现实生活和问题领域。在这个时期,虽然也存在以塔索尼为代表的"反进步"思想,但是已经处于明显的边缘地位,进步的观念已经主导了当时的主流社会思潮。

在大革命前后,法国涌现出了一批著名的"进步"思想家,在孟德斯鸠和伏尔泰关于理性意志与社会进步的思想影响下,杜尔哥指出,普遍历史就是巨大人类社会整体性的发展进步,在经历平静和动荡的交替时期后会到达更高的"完美",但这种发展不是由人类理性所引导的,非理性和不公正也会导致进步,人类通过承认错误而取得发展。而与之同时代的卢梭对社会进步表现出了悲观主义的情绪,他认为人类改进自己的能力是其他能力的源泉,但也给人类幸福带来了毁灭性的破坏,个体理性的发展导致了人种的退化(卢梭,2009)。针对卢梭的观念,切斯特卢提出:"大众的幸福在于国内的永久和平、丰裕和自由,幸福的一般标志是农业的繁荣,人口的增加,以及贸易和工业大发展……个体命运中的不平等和不均衡与实际的幸福程度并不矛盾,能够对它们作出的最大程度的弥补就是加速人类的进步,人类终有一天会将进步引向最大可能的幸福。"(伯瑞,2005:133)孔多塞进一步将进步的观念引向深入,他提出知识的发展是人类进步的标志,文明的历史就是启蒙的历史,人类理性的自由发挥可以克服社会进步的诸多障碍,对文明史的研究可以确立"进步"的事实,还能使人们看到进步的未来方向,因此可以加速进步的速度。截止到 19 世纪初,有关社会进步的各种理论形成了两个基本类型:一是建设性的理想主义者和社会主义者,二是自由型的强调人类自我奋斗的自发进步观念,这种分野深刻影响着之后的社会发展理论演进。

圣西门和孔德是社会进步和发展观念的集大成者,前者对孔多塞的思想进行了修正,指出宗教是一种适合于情感需要的科学,一个时代的政治体系对应于一个时代的宗教体系,组织或建构时代与批评与演化时代交替出现,政府重组社会的首要目标是确保绝大多数人的幸福,而其方法就在于走向社会主义。后者则提出,社会发展的过程是智力方面的观念决定的,这种观念独立于幸福动机之外,人类进步的顺序主要取决于人类智力信念的前进顺序,两者都经历了神学、形而上学和科学三个阶段,科学的普及、实证主义理论的创立以及科学社会作用的增长是社会发展到最高阶段的标志(孔德,转引自贾春增,2000:31)。伦敦于1851年召开了一次意义重大的博览会,对英国在工业革命期间取得的科技成果进行了大力的宣传,使大众更加认识到了时代的物质进步。从此以后,西方文明进入了稳步发展的阶段,人们认为它是"物质享受的提高、教育的改善、平等的发展,以及在生活中兴旺发达和获得成功的各种热望的丰富"(本·基德,社会进化,转引自伯瑞,2005:232)。达尔文所创立的进化论被学界普遍认为是"进步"观念发展的里程碑,它为人类社会的发展理论提供了广泛和深刻的科学依据,"《物种起源》无疑地证明了物种稳定性的学说,并提供了'进化论'的真正原因。此前或许被当作一种杰出猜测而受到反驳的东西,这时已经被提升到科学假设的高度……使进步观的发展进入第三阶段。"(伯瑞,2005:234)

在进化论占据西方社会科学理论舞台的核心位置之后,社会的发展和进步开始被视为公理性的理论假设来进行论证,并在此基础上衍生出一批著名的古典社会发展理论,以边沁和密尔为代表的功利主义思想得以发扬光大,此一理论流派与亚当·斯密的自由市场理论相结合构成为19世纪中后期与20世纪早期西方社会理论的基本框架。密尔将"最大多数人的最大幸福"思想与自由、理性、幸福、美德以及人们追求快乐的本性结合起来,推动了西方自由主义思想的现代转型。他认为,我们应当从人类行为的目的和效果来研究和衡量其价值,社会规范和原则的制定应当基于人们的经验和理性,功利主义所依据的道德标准不是行为者自身的最大幸福,而是最大多数人的幸福(密尔,2007)。密尔的功利主义理论框架与之前的"进步论"思想保持着很强的一致性,同时又提出了解释人类社会发展规律的"功利主义思想"依据,人们追求快乐与幸福的本性于是成为"社会发展"的关键词。密尔的这种思想与人类学家巴斯蒂安的"人类心性一致说"(黄淑聘、龚佩华,1998:20)具有很强的相通性,而且从另外一个角度上进一步论证了社会进化和发展之所以成立的人性论基础,同时,这种思想还为自由市场体制和代议制政府理论提供了基本的理路依据,对二战前的资本主义社会形态产生了广泛和深远的影响。

马克思将人类社会的发展进程划分为亚细亚的、古代的、封建的、现代资本主义的、社会主义的五个阶段,他认为这是人类社会发展的普遍规律,其中的核心动力源自人类生产能力的提高,以及相应的生产关系的改变。"人们在自己生活的社会生产中发生一定的、必然的、不以他们的意志为转移的关系,既同他们的物质生产力的一定发展阶段相适合的生产关系。这些生产关系的总和构成社会的经济结构,即有法律的和政治的上层建筑树立其上并有一定的社会意识形式与之相适应的现实基础。物质生活的生产方式制约着整个社会生活、政治生活和精神生活的过程。"(马克思,1977:73)马克思的社会发展理论将物质生产力的必然提升视为核心要素,尽管也关注到了生产关系对生产力的制约作用,但总体上仍显现出了"经济决定论"的困境,而且他将社会生产力的提升与人类的实践(理性)活动直接联系起来,又等于在某种意义上回到与功利主义理论相通的基本假设上去了。

法国知名社会学家涂尔干在其代表作《社会分工论》中系统提出了自己的社会发展理论,他指出,社会进步是一种自然的客观规律,人类社会的本质在于其客观性,这个过程是人类所不能主观控制的,社会分工的自发进步是人类文明前进的基础动力,相对应地看来,人类社会从机械团结走向有机团结就体现了这样的一个发展过程。"文明是社会容量和社会密度不断发生变化的必然结果……文明不能解释分工的存在和进步,因为它本身没有固有或绝对的价值,相反,只有分工本身成为一种必然存在的时候,文明才有存在的理由……我们并不是说文明是没有目的的,而是说进步的原因并不在于这个目的。"(涂尔干,2000:95—296)涂尔干的社会发展理论高度关注作为整体的社会自身所蕴含的发展动力,将社会中的个体人视为其次的发展动力要素,而反对任何形式的研究个体行为的"还原论",有着很强的社会决定论色彩,因此受到了德国人文主义思想家的批评,其中以马克斯·韦伯为代表。

马克斯·韦伯将人类社会的变迁与发展看作社会生活的理性化过程,即人类的行为由非理性向理性的转变;同时他还认为,近现代资本主义发展的动力最主要的是"资本主义精神"的发展,而理性的资本主义精神源自于西方基督教革命中所形成的新教伦理当中。理性化是社会变迁和发展的必然趋势和方向,更为高级的理性形式通过合法性的论证取代较低层次的理性形式是实现社会的变革的关键要素;宗教理性化的过程推动了文化的理性化,又进一步导致了经济理性化即现代资本主义的诞生(韦伯,1987)。韦伯通过对人类行为类型和宗教思想变革的研究来解释社会发展问题,实际上将社会发展的动力源泉集中在了人的行为方式和思想革新层面上,与涂尔干的理论形成了鲜明对比,其理论的解释力显得更富弹性;但是韦伯仅仅将这种转变看作一个必然的"理性化"演变过程,而并没有进一步阐释人们思想与行为方式变革的微观机理,也没有深入分析其中所蕴含的"个体心理"机制。

(二)二战后的发展主义思潮与现代化理论

第二次世界大战之后,社会发展理论进入了辉煌鼎盛时期,并很快演变成为颇具意识形态色彩的"发展主义"社会思潮。当时的美国总统杜鲁门在其就职演说中就明确抛出了他的"新政"概念,向世界人民承诺:美国将推动低度发展国家和地区走向现代化,实现经济的快速进步,这种以经济增长为中心的社会进步理论即为"发展主义"的基本理念,它延续和传承了西方工业革命以来的进步主义观念,强调发展中国家要以理性主义的文化精神为指南,走西方的现代化道路。由此,社会发展的概念在很大程度上为"现代化"概念所替代,同时,现代化理论也转向"特指"发展中国家走向西方工业化社会形态的发展道路,由此而成为第三世界国家的共同发展战略,各种发展学说最终汇聚成为发展主义的宏大理论体系,对全世界产生了深远的影响(周穗明,2003)。

发展主义思潮虽然起源于西方发达国家,但是很快就蔓延到全球,成为第三世界国家普遍尊奉的国家理念,最终演变成为一种强大的意识形态。20世纪50年代初形成的资本主义和社会主义两大阵营对峙的局面,在客观上强化了第三世界国家追求经济发展的紧迫感与意识形态色彩,它们致力于迅速摆脱落后的状态,以经济发展作为国家和社会的核心要务,摒弃一切不利于发展的规则、制度和行为方式,建立一套有利于经济发展的新规则制度,以提高人们的生活水平与国家的综合国力(杨龙,1994)。在此基础上,发展主义的意识形态本身又成为了推动第三世界社会变革的思想动力,而经济增长被视为唯一核心的评判指标,其他相关的社会问题都被显著地边缘化了。"如何实现国民经济的快速发展"成为发展主义理论的首要关注问题,罗斯托提出了著名的"经济起飞理论",他认为现代化是从农业社会向工业社会转变的过程,经济的发展存在唯一的世界性道路,必须经过特定的发展阶段,即传统社会阶段、为起飞创造前提阶段、起飞阶段、向成熟推进阶段、高额群众消费阶段和追求生活质量阶段,这条规律适用于所有的国家和地区(Rostow,1960)。

罗斯托的经济发展阶段理论在世界范围内引起了巨大的反响,一度被视为现代化理论的核心经典内容,但是他只是关注到了经济发展的问题,对其他社会内容的关注较少。与之同时代的美国社会家帕森斯在更广泛的领域全面阐述了社会现代化理论,他指出,传统社会与现代社会的区别在于社会价值体系的不同,这有体现在五组模式变量上:特殊性与普遍性、扩散性与专一性、先赋性与自获性、情感性与中立性、公益性与私利性;由传统社会向现代社会的转变正是每项变量从前一种变量向后一种变量的过渡,美国社会可以看作现代社会的典范(Parsons,1951)。帕森斯的结构功能主义理论在20世纪50—60年代曾风靡一时,其学术垄断地位被形容为"帕森斯王朝",他对人类社会发展问题的阐释成为当时西方现代化理论与各种发展学说的优秀蓝本;但是伴随之后社会冲突学派和象征理论的崛起,这种理论范式日益衰微,受到了许多社会学家的质疑。

与发展经济学和社会学结构功能主义学派并列的另一种社会现代化理论来自社会心理学派,其代表人物是英格尔斯,他(1985)提出的"人的现代化"理论指出:大多数的现代化理论都只注意到经济的发展问题,认为经济的现代化可以解决社会整体现代化的问题,这十分偏颇;只有当一个国家的民众从心理到行为都转变为现代化人格,社会管理者具备了与现代化发展相适应的现代性,它才是真正的现代化国家。国民人格的现代转型不仅是"获得更大发展的先决条件和方式,同时也是发展过程自身的伟大目标之一";当现代性深入国民性格之中时,会形成社会现代化发展的巨大动力。个体人的现代性是一个多元特质的综合体,它包括态度、价值观与行为方式等各个方面:乐于接受新生活经验、观念和行为方式;思维开阔与开放,乐于考量不同的意见与观点;注重现实与未来;有强烈的个人意识和自信;愿意接受因技能差异而形成的不同报酬;具有强烈的成就动机等。英格尔斯还认为,传统文化形式能够与现代性并存,两者不是对立关系,现代化是传统文明的延伸和再创造;社会环境塑造人的思维与行为方式,现代人格的形成主要因为受现代社会环境的影响,比如城市生活的经验、家庭与学校教育、大众传媒等。不同文化的差异可能会导致现代人格具备特殊的内容,但是现代人格的共同特征是任何文化中的民众都可以形成的,因为它们表现着人性的某种潜在普遍模式,是"超文化"的。

虽然西方发达国家的现代化理论家们向第三世界国家的民众展示了现代化社会的美好前景,但是随着全球性社会发展实践的推进和西方发展模式的大面积失败,这种美好的理想开始受到了质疑,第三世界国家的学者开始独立地思考本国的发展问题。在阿根廷经济学家普雷维什和美国经济学家保罗·巴兰的推动下,"依附理论"在全球范围内得到普遍流行,该理论认为,发展中国家的落后从根本上说是由他们在资本主义世界体系中的依附地位造成的,与全球性的"中心—外围"结构有着直接关系。弗兰克也指出,发展中国家的不发达在很大程度上是落后的附属国与发达的宗主国之间延续的经济关系和相互作用的结果,是过去历史进程的延续,要摆脱不发达状态就必须摆脱对资本主义的依附(弗兰克,2001)。巴西社会学家多斯·桑托斯认为,不发达国家的经济受制于它所依附国家的经济扩张,两者之间在国际分工格局中的位置就决定了宗主国工业的发展必然会限制依附型国家的工业发展,在某种有意义上说,依附理论是对帝国主义理论的补充和发展(桑托斯,1999)。

经过20世纪70年代初期的世界性经济危机与短暂停滞后,世界经济进入了新的发展时期,并具备了新的发展不平衡性,之前持续拉大的发达国家与发展中国家之间的经济差距相对减小,而不同发展中国家和地区之间的经济发展速度出现了严重分化。在拉美国家经历着"失去的十年"之同时,某些亚洲国家借助发达国家产业结构升级的契机实现了国民经济的振兴,以新加坡、韩国、中国香港和台湾"四小龙"为代表的东亚地区经济崛起,在广泛的领域里形成了对依附理论的冲击。东亚国家的发展实践证明,在当前的国际政治经济秩序之中,欠发达国家和地区仍然可以发挥自己的后发优势,推行"经济超赶"的发展战略,在较短的时期内实现国家和社会的现代化。同时由此引申出一个新的发展话题,即欠发达国家和地区如何才能发挥自己的后发优势,政府在国家的现代化事业中应当扮演何种角色?自由市场经济体制是否具有普世的推广价值?随后,新自由主义和新左派之间的论辩就沿着这条缝隙遍布到了全世界,至今也没有出现减弱的迹象。

在东亚经济奇迹的启示之下,以现代化理论为核心的社会发展思想出现了新的综合与分化,以丹尼尔·贝尔和阿尔温·托夫勒为代表的后工业社会理论与未来学专注发达国家未来的发展走向,而较少涉足第三世界国家的发展问题(贝尔,1997;托夫勒,1983)。而其他很多社会科学家继续关注对当下世界发展问题的解释,但值得关注的是,学术界对社会发展实践与前景的判断在整体上由乐观转变为悲观,其中以沃勒斯坦为代表,他提出的世界体系理论虽然延续了依附理论的思维方式,但是更加强调资本主义发展的历史周期性,认为一个国家或社会在世界体系中地位的升降主要是由这种周期决定的,并且最终得出了比较悲观的结论(沃勒斯坦,2000),以至于他在后来的理论创作中开始怀疑"发展"概念本身的真实存在性,甚至干脆将之形容为一种"幻象"。出于对西方发展模式与"华盛顿共识"的质疑,学术界出现了严重的思想分裂,不仅社会发展的模式和道路选择问题成为争论的对象,而且社会发展的意义与"可能性"本身也成为了学术争论的焦点问题之一,由此,社会发展理论进入了"当代时期",其鲜明的特征就在于发展学说的"后现代化"。

(三)当代社会发展理论与后发展主义思潮

若要为社会发展理论确立一个进入当代时期的标志,那么,佩鲁(1987)所提出的"新发展观"可堪此任。该理论提出了"整体的、内生的、综合性的、以人为中心的、关注文化价值的"社会发展理念,他主张从"人的活动及能力"来研究发展的问题,并且要追求实现经济、政治和文化的协调发展,个人的自由和发展,是所有发展形式的主要动力之一;只有把人自身的发展作为社会发展的根本目标,社会其他各方面的发展才有意义,只有使社会各方面都能够协调发展,才能使作为社会主体的人得到发展。佩鲁的新发展观直接反驳了早期发展主义理论"以经济增长为最高任务"的核心观点,强调关注社会发展的"人本性",将社会发展与现代化理论扩展到哲学与伦理领域当中。与佩鲁的思想颇为相似,阿玛蒂亚·森(2002)认为,发展是涉及经济、政治、社会、价值观念等诸多方面的一个综合过程,它旨在消除贫困、人身束缚、歧视压迫、社会权利困乏和社会保障缺失等状况,从而提高人们按照自己的意愿来生活的能力。发展中国家一方面应当借助市场机制和全球化的契机来提高人们的生活水平,另一方面还需要政府在人的生存、保健、教育等领域勇于承担责任,更需要人作为发展的主体在全面的社会交往和变革中发挥主动作用。

从 20 世纪 80 年代末开始,传统发展主义理论不断受到后现代主义思想的挑战,西方的左翼理论家借此提出"新发展主义"观念,对以往的发展主义理论进行全面地清算,特别是在苏联发展模式崩溃和新一轮全球化的推动下,社会发展理论进入了多元主义和后现代主义范式的阶段。西方新发展主义理论的基本共识是:发展的幻象已经破灭,后现代的社会发展应当以多元文化主义态度尊重各个民族的文化、历史与世界观,建立基于本土知识的、传统和现代智慧相结合的、人与自然共存的发展模式(周穗明,2003)。博德利(2011)就明确指出,世界各地的土著居民大多都成为了"发展"的受害者,全球文化与生物多样性受到了严重破坏。在广泛的发展实践经验基础上,发展人类学家斯科特(2004)提出了对传统发展主义理论的批评,通过对巴西利亚的建设、俄罗斯的集体农庄和坦桑尼亚的强制村庄等发展项目失败过程的考察说明,正是由于国家在发展规划中忽视了发展的多样性和复杂性及地方的传统,将复杂的发展项目简单化,从而导致这些项目难以达到本来的初衷,不仅未能解决当地的发展问题,还在某种程度上加剧了那里的社会灾难;那些试图改善人类状况的"社会工程"项目之悲剧正源于现代国家的本性自身;他反对的"发展"不仅包括来自国家对社会文化多样性的侵害,还包括全球化和自由市场体制推动的"标准化"。

与此同时,一大批新发展主义理论家都各自从独特的角度提出了对传统"发展"理论的批评,领军人物沃勒斯坦认为,只要是国家机器推动的发展,不管是采取任何办法和策略,最终都只能成为某种幻象,国家发展与经济的商品化阻碍了平等和自由的实现。萨林斯通过对原始部落与现代社会人类"需求"状态的对比研究,揭示了现代化带给人类的各种痛苦,他指出贫困和匮乏都是现代社会创造出来的,科学技术的发展不仅未能真正改善人们的生活条件,还破坏了人类社会的原初丰裕状态,减少了人们的闲暇时间,使人类为"无限需求"所累。埃斯科巴更是尖锐地指出,"发展"只是一套编造的话语,是发达国家的一种策略,第三世界的概念本身就体现了西方对其他国家和地区的话语霸权。班努里认为,现代化理论是一种特殊的世界观,它不断与众多的本土居民另类视野起冲突,现代化工程迫使本土居民难以追求本土意义上的社会变迁,而将精力耗费在了反抗西方所主导的政治经济与文化秩序上面(沃勒斯坦、萨林斯、埃斯科巴、班努里,转引自许宝强、汪晖,

2001)。

　　杨小柳（2007）总结指出，人类学的发展研究以本土知识为基点和主题，致力于处理发展中涉及的权力关系，大体可分出三大潮流：一是采用福柯式的话语分析手段解构发展；二是立足于本土知识研究，倡导自下而上的参与式发展；三是继续和延伸发展的话语分析，证明并展现发展实践中存在着的多种发展话语。第一类研究的强大批评力量令人类学在发展面前束手无策，而后两类研究的兴起则旨在缓解前一类研究所带来的发展话语的解构。围绕全球学界对西方传统发展理论的批判性反思，我们可以深刻地感受到：就全球的范围来说，西方发达国家倡导的现代化理论体现了一种发展主义话语霸权，因此，第三世界国家对各自发展模式的任何创新都符合新发展主义的理念；但是就第三世界国家的内部发展方式而言，它们同样面临着国家垄断发展话语的现象，特别是在非民主化的国家，这种现象更加严重，文化多元化和地方性知识受到的侵害程度更是远甚于西方国家。由此发现，西方新发展主义思想由于将批判矛头集中瞄向世界范围内的发展话语冲突，却无意或有意地忽视了第三世界国家内部的发展话语冲突；这种新思潮虽然有力地揭露了西方发展主义话语的谮妄和虚伪，却在客观上助长了第三世界国家的"政府主导"型发展模式之正当性。

　　进入 21 世纪之后，世界范围内的社会发展理论开始面临许多新的主题，而这种挑战与中国经济的崛起有着直接的密切关联。2004 年 5 月，美国高盛公司政治经济问题资深顾问乔舒亚·库珀·雷默发表了名为《北京共识》的小册子，盛赞中国近三十年来所取得的巨大发展成就，认为中国的经济社会发展道路是区别于"华盛顿共识"的一条成功之路，很值得第三世界国家借鉴（黄平、崔之元，2005）。雷默博士对中国发展模式的高度肯定从表面上看来是推动新发展主义理论发展的一股动力，因为他也在质疑西方国家传统的现代化道路，提倡第三世界国家要选择适合本国国情的自主发展方式；但是如果回到对中国经济社会发展模式特点的考察与总结中去，就不难发现这其中存在的严重悖论。中国发展模式的最大特点就在于国家对关键性经济社会发展事务的绝对主导，通过对民众的个体自由和利益进行不同程度的限制来换取"整体性"的社会发展，同时，国家一手策划的大规模"社会工程"事业在十分广泛和多样化的社会文化区域当中被"意识形态化"地实施，而这一切又都是新发展主义理论所尖锐批判的，那么从这个角度来看，雷默博士的观点又属于"反新发展主义"的理论范畴,在这里,可以将这种理论观念的内部冲突现象视为"新发展主义悖论"。

基于对中国最近三十多年的发展历程之反思,朱晓阳等(2010)指出,国家的发展大计从一开始就是一个主要背景,在实践的很多场域中难以区分国家与非国家(社会)的联结点,国际性发展产业的介入和由此催生的自下而上的发展干预活动是发展干预研究的一条重要脉络,在上述两条脉络交错下凸显出关于发展的人类学理论探索和争论,这条线索可以概括为:从进化式发展到多样现代化,再到后发展。杨清媚(2014)认为这其中存在着"话语的两难",并提出了颇为值得深思的见解:对于这套根植在本土社会和文化之中的"发展观",今天,一方面我们认为过去几十年中国社会已经发生了巨大变化,另一方面许多的民族志又不断证明中国的社会结构特点有顽固的延续性,比如关系网络、人情、面子、官僚制等;在我们研究当中所呈现出来的这些自相矛盾的心态,构成了我们对"发展"的独特表述。

三、研究过程、内容、方法及其他

本研究历时多年的时光才得以最终成文,其中的研究过程、内容、方法及特色与不足等应当作以介绍。研究过程可以看作具体工作流程的呈现;研究内容则是在此过程当中所关注的具体研究对象及其"问题意识";研究方法是搜集和分析相关资料素材的技术路线;研究的特色及不足则是笔者对自己整个研究工作的总结与反思。下面将分别对以上各方面的内容进行阐释,遵守相关学术规范,本书所提及的所有人物名字和县级以下地点名称皆为化名。

(一)研究过程

在 2008 年 5·12 汶川大地震发生之后不久的 5 月 26 日,笔者跟随中国社会科学院 HG 研究员及几位国际友人一同前往汶川地震特重灾区的都江堰市进行灾后社会状况考察。我们沿岷江两岸走访了 BS 村、SW 村等多个村庄,亲眼目睹了灾区的社会景象,当地可谓是满目疮痍,附近的著名文物古迹"二王庙"已经损毁殆尽。此行让笔者深刻感受到了自然灾害对人类生活所产生的巨大影响力,同时也隐约感觉到灾区将来可能会发生一场重大的社会文化变革——伴随着大规模灾后重建工作的开展和物质设施的更新，人们的生活方式和思想意识必然会出现革新。同年 8 月 19 日，我正在就读的中国农业大学人文与发展学院在成都岷山饭店组织了"灾害及灾后重建社会评估研讨会"，来自社会科学多个领域的学者参加了本次会议，我作为主办方代表做了"家庭及其社会支持系统损失状况评估"的主题发言，此部分内容被编入了《灾后社会评估：框架方法》（李小云、赵旭东主编）一书。在本次会议上，与会专家从不同角度各自提出了"加深对灾区社会文化状况之认识"的建议，我从中预感到对灾区社会文化变迁进行"追踪研究"的学术意义所在，这就为自己后来开展本领域的研究奠定了坚固的思想根基与理论依据，同时也指明了研究工作的大致方向。

同年 9 月，中国农业大学人文与发展学院社会学系在香港乐施会赞助下启动了"边远贫困少数民族村落灾后恢复重建与发展进程中的本土文化保护"研究课题，我作为课题组的核心成员之一参加了该项目的实地调查工作。2008 年 10 至 11 月，课题调研组前往理县、汶川县、茂县三个重灾县，并分别选择了一个边远贫困少数民族村落，进行为期近 20 天的实地调查工作。我们采访了三个县政府文化部门的领导，走访了当地的社会与文化精英分子，还抽样选择了 93 家农户进行问卷调查，借此收集到大量的第一手资料。与此同时，课题组还在当地购置到了《羌族文学》《西羌文化》等地方性刊物，以及《汶川县志》《茂汶羌族自治县县志》《理县志》《阿坝州志》等地方志材料，这些文字资料对扩展我们的研究视野提供了文献支撑，特别是帮助我们加深了对当地社会文化历史状况的认识。2009 年 3 月中下旬，课题组又前往初次调查的村落进行了为期十天的补充调查，在实地调查结束后，我继续留在当地开展工作，直到 3 月底返回北京；在这 20 天的时间里，笔者继续收集整理当地的政策性文本和各种历史文献资料，与当地村民建立起了良好的个人关系，这就为开展后期的调研工作提供了很多的便利条件。

根据前几次实地调查的体验，我决定选取平坝羌寨和雪山村作为开展博士论文研究的实地调查点。平坝羌寨是当地著名的旅游景点，已经进行旅游开发有十多年的时间，雪山村则正在筹划旅游开发，属于尚未正式起步的阶段。汶川地震灾后重建对平坝羌寨来说意味着恢复原来的旅游业或提升其档次，而对雪山村来说，则意味着借此开启当地旅游开发的序幕。选择这两个村落进行调查研究，可以较为全面地观察到羌族村落旅游开发的各个阶段所发生的事情，弥补对单一村落进行调查可能带来的"时空缺憾",从而可以更深刻地理解这其中蕴含的规律性。2009 年 7 月,我有幸申请到了加拿大国际发展研究中心(IDRC)提供的"中国高等教育中心参与式学习和课程体系建设"项目资助,以中国农业大学人文与发展学院 CBNRM 奖学金的形式得到相应的研究经费,正式开始本书主体内容的研究。在 2009 年 7 至 8 月,我前往理县平坝羌寨和汶川县雪山村进行了为期四十天的实地调查研究,进行了近三十多个深度访谈,召开了三次村民代表小组座谈会,同时,还利用"口述历史"的方法对当地的社会历史状况进行了系统调查,并对这些素材进行了加工整理;此外,笔者还实地参与到当地人的日常生活当中,收集到一些更新的地方政策文本。

1. 平坝羌寨
2. 雪山村

图 1-1 本书开展实地调查工作的田野点

2010 年 3 月至 5 月,我再次前往平坝羌寨和雪山村进行实地调研,在五十多天的时间当中,我通过入户调查进行了数十个深度访谈,并召集部分村民举行了两次座谈会,还跟随当地村民进入距离雪山村几十公里的深山老林,感受"野外生活",在茅屋草棚之中居住了近一周的时间,与他们一起采集虫草等名贵药材,观赏高山瀑布等自然景观,亲身尝试到了当地民众的采集与狩猎生活样式,加深了对某些羌族"传统文化元素"的感悟和认识。同年秋,我有幸获得教育部首届"博士研究生学术新人奖"项目的资助,这为开展进一步的调研工作提供了极大的便利。2010年9至11月和次年的3至4月,我再度先后两次前往田野点进行实地调研工作,此行的主要任务是对之前所收集资料的"再确认",以及对相关的研究话题进行细致追踪,补充和完善已有的调查素材;与此同时,笔者在田野调查点开始了论文主体部分的写作。2011年6月,笔者通过博士论文答辩,顺利获得学位,随之开启了新的科研工作生涯,但是深知自己对"汶川地震灾区羌族村落社会重建"的研究并没有真正完成,于是分别于2012年10月、2015年9月先后两次前往平坝羌寨和雪山村继续开展进一步的跟踪调查,重点考察当地旅游业开发的新进展,以搜集最新的素材,直到本书最终成稿。

(二) 研究内容

本书是经过了一个较长的时间过程才得以完成的,其中的写作思路也是在这个过程当中逐渐清晰起来,其中充满了各种思想观点上的纠葛,乃至于多次陷入"难以自拔"的境地。为更好地对后文的写作有所铺垫,应当在此对本研究的整体研究思路和内容有所交代,以方便读者对本研究的思想脉络有一个整体性的把握和理解。

费孝通先生(2003)在其晚年的一篇重要论文《试谈扩展社会学的传统界限》中指出,社会学的基本问题之一就是人的"生物性"与"社会性"的关系问题,两者相互兼容和结合;社会学对人的精神世界的研究既不能简单照搬哲学等学科所采用的方法,也不能简单地还原为对政治、经济、文化等非精神性要素和机制的解释,最理想的是在社会学研究中开辟一个独立的领域,受到现代社会学研究方法的制约,中国社会学一直未能认真探讨中国文化中的"心、神、性"等问题,因此应当加强对这些问题的关注。带着老前辈对后人的殷切期待,本研究希望能从较新的视角对中国"微型社区的社会变迁与发展"历程进行细致的考察,从中提取出人的"精神"和"认知"要素,从而更好地理解这样一个转变的过程及其个体心理演变机制。从前期的实地调查工作中,笔者已经深刻地感受到当地民众生活当中的核心关注话题就是"社会发展",

即他们所谓的"生存条件的改善",那么,当地人是如何从自身正在经历的社会变迁过程当中来体悟"社会发展"含义的呢?我们姑且将之归纳为一种本土化的"社会发展观",这就是本研究的"起点"内容。

根据对实地调查所搜集到资料的分析,笔者发现,伴随着社会开放程度的提高,当地人已经频繁使用"发展话语"来看待和认识自己的生活,他们对自身生活方式转变的认识已经天然地与"发展"联系到了一起。而且,当地社会的"现代化"过程存在着两个并行不悖的过程:一方面是市场经济与现代科学知识的引入所带来的个体(功利)主义思想,另一方面是"政府主导型"发展模式所导致的畸形的"财富分配"机制,前者可以概括为当地人思想观念的"现代性启蒙",后者可以概括为当地社会发展的"支配政治"。在英格尔斯(1992)等社会心理学家看来,个体功利主义思想的萌发正是"人格现代化"的具体表现,它是社会现代化的必然结果和核心动力,会导致人们产生一系列的社会需求,诸如对机会平等、个人自主权利的追求等,而这些恰恰是"支配政治"难以满足的。于是,二者之间的矛盾导致了相应的系列社会问题,这集中体现为当地社会关系的紧张和人际间的信任危机,许多现实和潜在的社会冲突已经成为威胁当地社会发展进程的重大隐患。

基于对以上"基本事实"的剖析,本书最终将研究的核心内容落实到了三个关键问题上面:一是汶川地震灾区羌族村落旅游开发(社会发展的"产业"载体)与灾后重建过程中的话语与权力关系;二是当地人的"社会发展观"及其生成历史,这种本土的"社会发展观"与国家发展主义意识形态之间的关系;三是当前中国乡村社会发展实践的运行逻辑以及社会矛盾的衍生机制。这三个问题虽然看似相互独立,但通过当地人的"社会发展观念",它们很自然地融合到了一起——以旅游开发为载体的社会发展实践与人们的"社会发展观"实际上是同一个事物的两个方面,它们分别代表发展的"行动"与"思想",而人们对发展话语与权力关系的认知,也同样源自于参与当地社会发展实践的经验总结。由此,三个核心问题因应社会认知的整合机理而凝结为一个整体,本书正是基于对以上问题的考察而写作完成。

(三)研究方法

研究方法可以视为工作开展的原则与技术路线,它与研究过程虽然在具体所指上是各自独立的,但实际上往往是相互融合的,因为任何研究工作都要具备一定的方法论基础，并且借助特殊的研究工具开展研究工作。从以上对论文研究过程的描述中可以看出：本研究所采用的研究方法主要有两个：其一是社会史方法，其二是人类学的田野民族志方法。前者关注对社区历史演变过程的整体考察，而后者主要关注研究社区的现实状态分析，两者的结合运用可以较好地将文献资料与当地人的记忆融合起来，从而对一个微型社区的变迁过程进行较为系统的研究。

　　社会史研究方式是 20 世纪 80 年代才被引入中国的，山西大学社会史研究中心的乔志强教授（1998：12）在他所主编的《近代华北农村社会变迁》一书中对此概念进行了系统介绍，他通过引介西方研究理论和总结国内的研究经验提出了"社会史"研究方法的三个基本特征：一、注重总体史的研究，把历史事件置于社会变迁的大环境中进行考察；二、提倡"自下而上看的历史"，或曰"底层的历史"；三、运用跨学科的研究方法，是社会科学与历史学研究相结合和交叉的领域。因此，社会史的研究要"注意社会各个方面之间的相互关系及其发展变化过程中的互动关系……这个客观存在的社会史体系结构就是：社会构成、社会生活、社会功能"。就笔者看来，社会史研究方法已经成为开拓"社会发展"理论视野的较好选择，它可帮助我们扩展实地研究的知识范围和延伸相关理论的解释链条。

　　当代著名人类学家伯纳德教授对田野民族志方法进行了系统的介绍，他从"参与观察"方法的文化人类学学科渊源出发，全面阐释了人类学的田野工作。他认为研究者在进入田野工作之后，要为自己确定适当的角色定位（完全的参与者、参与观察者、完全的观察者），根据不同情况确定田野工作开展的时间（一般情况下需要一年以上），还应当借助各种工作技能确立与当地人的互信关系，确保田野信息资料的信度和效度，并确保研究者的人身安全。他认为田野民族志方法适用于对社会文化领域很多问题的研究，而且是一种最合适的方法，因为只有真正融入了一种文化，研究者才可能深刻的理解这种文化，而"融入"的一个最佳途径便是采用"参与观察"的研究方法（Bernard，2006）。本书的田野工作基本沿用了以上介绍的田野民族志方法，笔者不仅在田野点居住和生活了二百余天的时间，而且还积极融入当地人的日常生活中去，从最普通的生活体验当中搜集到了大量的田野资料，不仅详细了解到了当地的现实生活状态，还有效地完善了对相关文献信息的梳理工作。

从更具体的操作层面来说,社会史的研究方法与人类学田野民族志方法需要采用以下的几种资料收集方式:文献回顾、深度访谈、参与观察。文献回顾就是将与自己的研究相关的专著、地方志、期刊文章等文献资料加以梳理,为自己的田野工作提供知识背景,并与自己的访谈资料紧密结合起来。深度访谈是针对研究内容的各种需要而对田野调查地点的主要知情人(比如知识分子、领导干部或一些具有独特经历的老年人)所做的系统询问,它大多是在特定主题框架下开展的漫谈式访问,最终获得的信息往往是零散而又富有"洞察"价值。参与观察即调查者直接融入到田野调查地的生活当中去,与当地人"同吃、同住、同劳动",通过逐渐淡化自己的"局外人"身份和获得当地人的充分信任而参与到他们的日常生活当中,从而获取相关的"内部信息"并加深对当地人思想观念的理解,同时又通过投入理解的方式不断获得对当地社会文化生态的新认识,进而提取出其他调查方法不容易获取的信息。

(四)研究特色、创新与不足

本书的研究特色在于:将汶川地震灾区两个羌族村落的旅游开发过程与当地民众的社会发展观念紧密结合起来,不仅对当地的发展话语与权力关系给予了集中阐述,且考察了这种社会关系形态与人们的认知之间所发生的"相互塑造"关联,特别关注到了"发展"的某种地方性表述,由此引申出了本土化的"社会发展观"。创新点可以概括为三个方面:一是在研究方法上将历史学的"社会史"方法与人类学的"田野民族志"方法有机地结合起来,将当地人的历史记忆与现实生活观念紧密衔接起来;二是在理论的解释上将社会学、人类学、社会心理学乃至政治经济学等有关社会发展理论的观点融合为一体,并且提出了发展主义的细胞学、基层社会国家化等新概念,充分体现了跨学科的多元理论视野;三是从社会心理学的视角考察社会发展话题在中国的"发展研究"领域还尚未成熟,本研究可算作一种新尝试且研究点又选在汶川地震灾区的两个羌族村落,研究对象也有一定新意。

在看到本研究的特色与创新之同时,也应当对其不足之处给予交代。总的来说,本研究的不足主要体现为四方面:其一是对当地人的"社会发展观念"缺少有历史深度的考察,比如毛时代的政治教育在催生他们的新观念过程中所发挥的作用,由于时空所限难以深入挖掘;其二是人们的观念转变之"整体性"与"不均衡性"特征之间存在的具体关系,还尚未给出明晰的解释,有待进一步进行理论思考和总结;其三是社会发展实践过程当中的制度要素与个体认知要素之间存在着复杂的关系,本研究虽然关注到了这一点,但还尚未提升出抽象的理论框架,因此仍然显得较为肤浅;其四是用当地人的"发展观念"来批驳西方新发展主义和后现代主义的某些理论思想,虽然论证了这些理论在中国乡村社会的"不适用性",但是从长远来看,这些理论的解释力是否会发生改变,本书还难以给出具有"前瞻性"的预测。

第二章

灾后羌族村落印象

一、初入羌族村落社区

汶川地震发生后,因承担研究课题的调研任务①,我以实地调查协调人的身份与阿坝州羌学学会的会长杨成广先生进行了通信联系,向其介绍了我们的研究设想,提出了希望获得帮助的请求,并得到了他的表态支持。协商决定,课题组会在 2008 年羌历年②之前到达羌族灾区。由于杨成广先生已经先期到平坝羌寨参加由当地政府组织的“花儿纳吉”赛歌节活动,我们只得在行程安排上做出了调整,未直接去汶川县城进行调查村落的选点工作,而是先期到平坝羌寨参加当地的羌历年庆祝活动,然后再回县城寻求相关政府部门的帮助,选取符合项目选点要求的村落进行正式调查,因此,我们进入羌族地区停留的第一站是平坝羌寨。

(一)赶赴平坝过羌年

2008 年 10 月 27 日傍晚 18 时许,我们课题组一行数人乘坐的客

---

① 本课题由我的博士导师赵旭东教授负责主持,与中国国际扶贫中心合作,得到了香港乐施会的资金支持,该项目已经结项,并出版了《汶川地震灾后贫困村重建与本土文化保护研究》一书。

② 羌历年是古羌人在粮食归仓之后,祭祀神灵和祖先,向神许愿还愿的重大节日,羌语称为“日美吉”,意思就是好日子、节庆日或过年;俗称“过小年”,以别于汉族的春节“过大年”。羌年起源于秦汉之前,有送旧迎新之意,羌族地区过年的日期并不统一,汶川绵虒地区一带定在农历八月初一,北川县定在冬至那天,而其他羌族聚居区和贵州的羌族都定在农历十月初一这天,年期一般在 3—5 天,是羌族岁时民俗中最为隆重的传统节日(《羌族词典》:387)。

机缓缓降落于成都双流国际机场,早已等候我们多时的接待者与我们相会,他是杨成广先生在都江堰的朋友,受杨先生委托专门前来接机的。我们乘坐汽车跟随他来到都江堰,已经是晚上21时左右,当时还在下着小雨,大家都心情急迫地想着尽快赶赴平坝羌寨与杨先生汇合,但是却找不到前往那里的长途公共汽车,最后只得与停靠在路边的面包车司机进行攀谈,询问相关情况。一位姓谢的司机告诉我们说,现在去汶川方向的汽车很少,是"单进双出",即本月的单号日子只可以开车到汶川方向去,而双号的日子只能从汶川方向往都江堰、成都方向走,下个月则要进行轮换,只能在双号日子进入汶川等阿坝灾区,单号日子往回走。所以,如果我们不能在27号夜晚赶到汶川,只能等到29号再前往当地了,这使得我们变得更加焦虑,深恐因此耽误第二天参加平坝羌寨的花儿纳吉赛歌节活动。经过艰难协商,这位姓谢的司机提出当晚就可以将我们送到平坝羌寨,但是需要我们出更高的租车费,以弥补他夜间驾驶的风险成本和当晚的食宿支出,我们在一种信息不对称的情况下,也只好满口应允,答应出资1200元租用他和另一位司机的两辆面包车,当晚即刻赶赴平坝过羌年。

大概在当晚21时许,我们终于踏上了从都江堰前往平坝羌寨的旅途。我所乘坐的正是这位谢姓司机的面包车,一路上他一边开车,一边向我们讲述关于汶川地震的故事,使我们在场的很多人都深感震撼,不时有人向他询问更详细的情况。谢师傅说,汶川地震其实还是有预兆的,但地方政府向大家宣传不要相信谣言,所以显得毫无防范;震中映秀在地震当中受到了灭顶之灾,据当地幸存者介绍,他们看到了巨大的水柱,将道路上行驶的汽车掀起了几十米高,当地的道路桥梁全部被毁,死者和被埋压在废墟中的人不计其数,但当地村干部不允许群众自己去救援,说要等解放军前来,所以很多人因为耽误了救援而失去了生命。他还说,自己曾亲自开车运送三兄弟到家乡解救亲人,但后来与他们再次取得联系时只有一人幸存,其他两位兄弟都在回家半路上被碎石击中而死亡;他的一位朋友在逃亡过程中亲眼目睹了惨痛的故事:一个有钱人在途中被砸伤,沿途寻找可以带自己走出灾区的人,并承诺可以支付对方20万元作为报酬,但无一人敢于应答,钱在这个时候已经彻底失去了诱惑力。他向我们讲述的故事也许很难彻底辨析真伪,但是已经在情感上引起了我的很多共鸣。我们沿着地震发生后刚刚修

复不久的 213 国道①继续前行,不久即到达了震中映秀,谢师傅故意将车速放缓,手指着前方的废墟说:

> 前面就是震中了,靠近江边的那片平地就是掩埋尸体的万人坑,附近那片倒塌的房子至今也没清理,还有武警守备,不让外人靠近,据说是为了防止传播疾病,那里面不知道还有多少人呢。

听着他的这些谈话,我不禁产生了一种毛骨悚然的感觉,也不断伸头向外望去,只见不远处有一片整体倒塌的楼房,在昏暗的灯光下闪烁着遍体的鳞伤,似乎正在向我们诉说着自己的悲伤与苦楚;而远处的万人坑没有给我们留下任何的视觉印象,夜间根本看不到几百米距离之外,但是心里却明明感觉自己看到了那座足以使任何人潸然泪下的坟墓,它已深深地印刻在了我的心中。大约在十分钟之后,我们就驶过了映秀镇街,车外又恢复了令人窒息的黑暗,只会偶尔看到正在进行夜间施工的工地上还有微弱的灯光发出,让我感觉到自己还没有远离现实生活中的人群。我们的面包车继续在颠簸中前行,我明显感觉到了道路的弯弯曲曲,不停地转弯让我已经不知道车辆行驶的方向。

不久,我们的面包车突然停了下来,谢师傅下车去打听情况,回来告诉我们说,前面到临时搭建的铁架桥了,桥上只能由单车通行,所以只能排队等候,加上还有对面驶过来的施工车辆,估计需要等待相当长一段时间。我们调研组的有些成员听说这个消息,就决定下车去外面走走,我嘱咐他们不要走远,免得跑丢了人;最后我也下车到外面去打听情况,据说这里是草坡乡,前方的桥梁在地震中被彻底震毁,因此,救灾部队只好临时搭建了一座铁桥,以保障 213 国道这条"救灾生命线"的畅通。在等待通行的这段时间里,我们还遇到了路边出售零食的当地村民,他们向在此因车辆滞留而耽误行程的路人推销鸡蛋、方便面、花生、烟酒等食品,我们调研队的一位组员还购买了几个鸡蛋和其他一些零食,略带调侃的说这也算是一种"捐款"吧!在等待了大约一个小时之后,我们的车辆终于可以通行了,当通过那座摇摇晃晃的铁桥时,

---

① 213 国道("G213 线")起点为甘肃兰州,终点为云南磨憨,全程 2827 千米。途经甘肃、四川和云南三个省份,由甘肃的碌曲进入四川省诺尔盖,途经松潘、茂县、汶川、都江堰、郫县入成都,然后途经仁寿、井研、五通桥、犍为、沐川进入云南省绥江。

我心里由衷地感激那些参与救灾和灾后重建的工作者。此时距离汶川地震发生的 5 月 12 日已经有五个多月的时间了,但是通往很多重灾区的道路仍然如此艰难,足见人类与大自然相比永远都是脆弱的,它一分钟造成的破坏足够人类修补多年,才恢复人们需要的面目,这成为了我坐在面包车上思考最多的话题。

我们到达汶川县城威州镇已经过了当天晚上的 11 点,羌历新年的日子马上就要到来;我再次告诉谢师傅,一定要把我们送到平坝羌寨,我们不在汶川停留。他果然也信守承诺,最终把车径直开到了平坝羌寨,杨成广先生已经在平坝新寨的桥头等候我们了,下车后相互见面寒暄了几句,就直接来到他们已经安排好的住处——尔玛酒家①,并共进晚餐。席间我和调研组其他成员频频向杨先生道谢,对他们的盛情款待表示感激,当我们得知杨先生已经是 70 岁高龄的老人时,无不为他的敬业精神所折服。杨先生说,自己家就在平坝附近一个高山村落,早年在阿坝州公安局从事文职工作,一直对羌族传统文化有着浓厚的研究兴趣,退休之后被选任阿坝州羌学会的会长,负责主办《西羌文化》这个内部杂志,定居在都江堰的阿坝州干休所内,很欢迎关注羌族文化的学者前来考察调研。显然,杨先生对我们的到来充满了期待,他希望我们的调研工作能够起到宣传羌族文化的作用,更期待我们未来的作品能够引起更多社会人士和各级政府对羌族传统文化保护工作的关注。我感知到了杨先生等人的心情,对此次调研活动的严肃性有了新的认识;如果不能切实对当地的灾后社会文化状况有个较为深入的了解,不能提出关于羌族传统文化保护工作的建设性观点,我们定将辜负杨先生等前辈的厚望,因此,进入平坝羌寨的第一时间就让我们感觉此行的不轻松。

2008 年 10 月 28 日就是农历的十月初一,当地的羌历新年,我们调研小组成员一早就起床来到花儿纳吉赛歌节的举办地点——平坝新寨广场。虽然正式活动还没开始,但广场上已经是人头攒动,参加活动的演员们忙着组织队员,准备演出用的各种道具,我们调研小组的成员就忙着拍照,寻觅各种新奇的文化现象。我首先关注到了被捆绑在广场一旁的羊子。这只羊长相肥大,头上还戴着一朵由红布

---

① 这是平坝村党支部书记王俊成开设的家庭旅馆,集餐饮、住宿、娱乐于一体,属于当地接待规格最高的农家宾馆,被我们调研队的成员戏称为平坝的"五星级"酒店。

编制成的小花,四只脚被分别捆绑在了两根木棍的两头,形成了一个四脚铺地的"匍匐状",据当地人说这就是羌历年用于祭祀山神的贡品。随后我又关注到了一位身穿花衣衫、头戴猴皮毛、手持"鬼头"拐杖的老者,他的身边还有很多身着羌族传统服饰、手持羊皮鼓的年轻人,我猜测这应该是当地的释比①和羊皮鼓队了;经打听方得知,这位老者就是附近蒲溪寨的著名释比王善甫,曾前往韩国参加文化交流活动,平坝羌寨已经多年没有释比了,所以请他来主持羌历年的祭祀活动。随后我又注意到了身着节日盛装的老年妇女人群,从其中一位的熟悉面孔就知道这是平坝羌寨妇女合唱团,她们会用花儿纳吉调演唱羌族的传统歌曲,并且还要与其他村落的合唱团进行比赛,据说这是模仿古羌族人的对歌习俗,歌词的主要内容都是与农事生产活动相关的。

上午 10 时许,花儿纳吉赛歌节正式开幕了,首先是州县领导上台讲话,再就是向当地政府邀请来的外地客人献礼(哈达),然后才是祭山仪式表演和其他各种节目的演出。祭山仪式是最令我们开眼界的表演活动,走在祭祀队伍最前面的是舞动"鬼头"拐杖的释比,他一边跳跃一边念叨着经文,不时转身回头并发出极力的呼喊声,其身后就是两排羊皮鼓手,大约有二十多人,他们跟随释比的步伐击打着手中的羊皮鼓,共同发出一种有韵律的乐声,四位青壮年男人抬着捆绑好的羊子走在最后面,步伐稳健,与前面的释比和羊皮鼓手们判若两种行走方式。释比带领着羊皮鼓手和抬羊子的人来到祭祀塔的前方,开始停住脚步,就地旋转身躯,继续念叨经文,羊皮鼓手则仍然伴着释比的步伐不断地敲击羊皮鼓,弯着身体在现场不停地挥舞手中的羊皮鼓。片刻之后,释比点燃祭祀塔边的柏树枝,放到塔的中间部,那里是专门用于焚香的地方,在建塔的时候已经预留好了放置香火的凹槽空间,而祭祀塔的最顶

---

① 释比,又因羌语音译为"许",意为巫师,尊称为阿爸许,俗称端工,是羌族传统社会中不脱离生产活动的宗教职业者,专门从事祭山、还愿、安神、驱鬼、治病、除秽、招魂、消灾、男女合婚、婴儿取名、死者安葬和超度等活动。释比没有宗教组织或寺院,但必须供奉历代祖师和猴头童子,其跳神的步伐就是模拟金丝猴的动作,并使用猴头法器。释比传承一般是通过拜师学艺,凭口传和生活实践学习,所学经文一般包括上坛、中坛、下坛三部,每坛各有十余部经文,需要学习数年才能背诵和进行唱经;其所学法事包括预卜、送鬼、踩铧头、送花盘、打钎子等。(《羌族词典》:210)

端则安放着一块白石①,十分醒目。随之,抬羊子的人将羊子安放在了祭祀塔的正前方,释比和羊皮鼓手们则继续不停地跳跃,不时地发出各种呼喊声,这就是整个祭山仪式活动的最高潮部分了。约莫十分钟后,释比带着羊皮鼓手们开始从祭祀塔离去,而羊子则被留在了现场,人们仍然不停地跳跃着,羊皮鼓声此起彼浮,很快祭祀队伍就走出了演出的现场,到村寨里游行去了。当他们回到演出广场的时候,现场的人们再次将目光转移到这支奇妙的游行队伍身上,释比还是不停地跳跃,羊皮鼓手们还在卖力地敲着皮鼓,他们身后增加了很多手执柳树枝条的群众,当地人说这就是庆祝丰收的一种仪式。

我们经过多方调查了解得知:平坝村包括平坝羌寨、谢家台、锋枪隘等几个村民小组,其中平坝羌寨的人口最多,也是人口居住最为集中的小组,总计 104 户,500 余人口,除了个别招赘上门或者出嫁而来的汉藏民族人口外,绝大多数村民都是羌族。平坝羌寨地处岷江上游主要支流杂谷脑河畔,是国道 317 线②的必经之地,往东 16 公里是汶川县城,往西大约 40 公里通往理县县城,距成都约 180 公里。平坝历史悠久,相关史料记载,它始建于公元前 111 年,西汉时即在此设广柔县,平坝作为县辖隘口和防御重镇,至今已经有两千多年的存在历史了。羌寨有着当地著名的古堡建筑群,很多家户的住房联为一体,形成规模宏大的联体城堡,其中道路纵横,岔口连绵,外人置身其中,很容易迷失方向;此外,房屋之下是密布的地下水网,据当地人解释,这一则可用来降温解暑,二则可以起到消防作用,更重要的是可以在受到外部势力围困时,不至于失去引水来源。平坝古堡建筑群落之中共计有三座碉楼,其中一座是新建成的,其他两座都是在清代之前就已经存在的,据说古羌人建设碉楼主要是为了防御外敌入侵,及早发现来犯之敌,因此可以

---

① 羌族自古就有白石崇拜的信仰,据当地人传说,羌族的先祖来到岷江上游这个地区,与当地的土著戈基人发生了冲突,戈基人用麻杆和雪团与羌人进行斗争,而羌人则受到了神灵的启发,用白石与戈基人作战,最终得以战胜戈基人,占领了这个地区,成为他们繁衍生息的地方,因此,他们为了纪念神灵和这段历史故事,就对白石进行历代供奉。也有人说,羌人的白石信仰是源于对火的崇拜,远古羌人对火有特殊需要和感情,最后发现白石相互碰撞可以制造火种,于是开始有了白石崇拜的信仰。

② 317 国道("G317 线")起点为四川成都,终点为西藏那曲,全长 2034 千米。途经四川成都、郫县、都江堰、汶川、理县、马尔康、炉霍、甘孜、德格,进入西藏江达、昌都、类乌齐、丁青、巴青、索县、那曲。其成都至汶川段与 213 国道重叠,在汶川县城岷江与杂谷脑河交汇处分离为西、北两个走向。

起到"瞭望塔"的作用;但是也有的人说,碉楼主要是一种身份的标志,是当地士绅官宦的居所,而所谓"蛮夷不掌碉"这种当地流行的说法也证明了普通羌族人并不拥有碉楼,更不会居住于此。

(二)界山寨之行

在平坝羌寨度过了羌历新年,考察了当地的灾后风貌,了解到了当地的一些风土人情,又参观了由当地知名知识分子王俊强先生创办的平坝羌寨博物,更重要的是还结识了当地的某些村民,自我感觉收获颇丰。2008年10月29日一早,我们调研组的其中三名队员跟随王俊强先生、杨成广先生、威州师校的退休老师周详吉先生一行到平坝附近的界山寨①走访,他们属于故地重游,心中早有行程的安排,我们则是带着一种新奇感到处拍照游览。在上山的路上,我们看到了山腰土地上的大片苹果园,树上结满了鲜艳的苹果,在很远处就能闻到清香的味道。王俊强先生告诉我们:本地通往成都等城市的道路在地震之后一直不能畅通,加上有人谣传灾区的水果受到了辐射,产生了对人体有害的物质,所以今年的苹果很难销售出去,已经大量腐烂在了树枝上,这是地震给灾区群众经济生活带来的一种间接影响。我们听着这样的消息,都说"这真是可惜了",农产品销售不畅对灾区果农来说是雪上加霜;当我们到达界山寨再次看到大量的苹果被堆放在房前屋后而任其腐烂的场面,这种感觉就倍加强烈了。当地村民说,品质好的一些苹果可以暂时保存起来,但是家里没那么大的地方保存所有的苹果,所以那些个头小、颜色不鲜艳的苹果只能用来喂猪,再有剩下的就是扔掉了;他们很希望有从事水果加工的公司来此落户,以免以后再遇到这种局面。

在界山寨走访过程中,我们随处可以见到农房重建的情形,震毁的房子已经几乎没人再去理会,大多数家户都是在原来的耕地上选择一片合适的土地新建住房,因此还有很多人住在暂时搭建的板房里面,只有那些老房子损毁不太严重的农户还住在原来的房子里。我们与一家正在挖新房地基的主人攀谈了起来,他告诉我们说,自家老房子不能再

---

① 界山寨地处半山腰地带,是平坝乡下属的一个自然村,与平坝羌寨遥遥相望,从平坝步行上山到界山寨大约需要一个小时的时间,当时已经修通了上山的水泥路,因此也可以乘车上山。

修复了,所以选择在自家的自留地里新建住房,大家都忙于重建,亲朋好友都没时间来帮忙,所以大儿子只得从外地赶回来搞重建,地震后就一直没有再外出打工,估计父子两人可以在一年之内把自家的新房建设起来。我们了解到,羌族社会在解放前有着"相互帮工建房"的传统习俗,但是在地震灾后重建这样的特殊时期,这种习俗已经很难加以实施,我对于这家人的"上阵父子兵"住房重建方式表示由衷的敬佩。往前又走了一段路,我们看到了一群男女正在杀猪,有一头猪已经宰杀完毕,并且被彻底肢解开来了,另外一头猪则正在由两个年轻人清理身上的皮毛和污血;最吸引我眼球的是旁边的两位妇女,她们手里拿着猪大肠,在不停地往里面填塞瘦肉,当地人说就是制作羌族知名传统食品"香肠"的第一步。我后来了解到,羌族人的主要肉食品种就是腊肉与香肠,他们一般选择在羌历年之后杀猪,每家大概杀 1—3 头猪,然后将做好的香肠和猪肉一起挂在设有火塘①的房间里,冬天到来后,人们就会整日地围坐在火塘边烤火取暖,同时,香肠和猪肉就被烟熏制成了腊肉系列食品。

此次界山寨之行的重头戏在于参观徐向前故居。据王俊强先生介绍说,1935 年徐向前领导的红四方面军一部进驻汶川和理县一带,与国民党部队进行了战斗,当时他就在界山寨的一处民房当中指挥了多次战役,后来被敌军发现,他就带领警卫夜间偷偷转移出去,最后跟随大部队长征北上,而他所居住过的房子被当地人完整地保留了下来,但在汶川地震中,这栋房子遭受了毁灭性破坏。很快我们就来到一座废墟般的大房子旁边,王俊强先生指着它说:"这就是徐向前故居,已经看不到原来的面目了,最上面一层全部倒塌,我们能看到的就是房子下部的两层,据说徐向前的马就被栓在了最底下那层的房子里。"我顺着王先生的手指方向望去,只见一片残砖断瓦,整个房子的结构已经难以辨识出来,房子的最顶层倒塌之后,房间内部的木地板已经彻底裸露出来,第二层房间被烟熏得乌黑的屋顶也可以看到,很难想象这里曾经是中共元帅指挥重大战役的地方。当地人说,理县政府已经承诺将要重

---

① 羌族农家的火塘是专门用于生火的地方,一般是选取与厨房相连的某间房屋,然后在这间屋子的正中间挖一个大小不等的凹槽,周围放置上铁圈,用来放置水壶等物品,可以用来取暖、烧水、举办锅庄舞会等;此外,羌族农户供奉的家神排位也一般是安置在火塘所在的房间当中。

建这栋房子①,以后将作为纪念徐向前元帅的古迹加以保留和管理。

从徐向前故居离开之后,我们准备返回平坝羌寨,杨先生建议顺路带我们去参观当地的石棺葬,我们都表示欢迎,随后我们开始沿小路下山。大约行走了一刻钟,王先生就告诉我们说已到了石棺葬墓群区,我顿时变得有点兴奋,四处搜索可能出现的目标;果不其然,我们很快找到了一个石棺墓,在山体的一个陡坡处赫然出现了一个洞穴,向里望去,还可以清晰地看到四周的石片,俨然就是当地人所说的"石棺"。王先生告诉我们说,这一带地方有大量的石棺葬,根据有的学者考证,这属于秦汉时期之前的墓群,羌族人自古就有火葬的习俗,因此应该不是古羌族人的墓葬,很可能就是"羌戈大战"传说中戈基人的墓葬,但是这也没有获得充分的证据,因为有关"戈基人是否存在过"都还是个有争议的话题。我们从三位先生那里还得知:近十多年来,由于当地文物贩卖生意兴盛,很多的石棺葬都被人盗挖,因此导致不少珍贵文物的流失,尽管当地的知识分子和村干部也向上级政府反映情况,但县政府始终没有认真对待这个问题,至今也没能改变这种局面。

走出石棺葬墓群区,我们又决定绕道姜维城,再返回平坝羌寨。据说,姜维城在汶川、茂县和理县等羌族地区都有存在,是三国时期蜀国大将姜维为了管制羌民和镇压叛乱而修建的城堡,这些城堡一般都修建在该地区关隘道口的合适位置,以发挥军事设施的最大威力;平坝羌寨南面山坡上的这座只是众多城堡中的其中一座,早已废弃了多年,至今只留有城墙的地基和低矮的墙壁,主体建筑已经难觅踪迹。我们走上姜维城,放眼去望平坝羌寨,发现整个寨子尽收眼底,甚至可以看到行走于乡间小径上的路人,这里不愧为一个战略要地!王先生向我们介绍说:从这里向平坝羌寨喊话,寨子里的人一般是可以听到的,由于地处山坳,从这里发出的声音会正好聚焦到平坝寨子中间;据老人们传说,以前这座姜维城上有大鼓,还有执勤人员,执勤者一旦发现有异常情况,就会击鼓,寨子里的人就知道有情况,然后就开始准备采取防范措施,因此可以很好的起到防御外敌入侵的作用。我们一行六人以姜维城的残垣断壁为背景拍照合影,然后下山前往平坝羌寨共进午餐。

---

① 在2010年笔者再次前往平坝羌寨进行实地调研的时候,我听当地朋友说徐向前故居已经重建完毕,耗资近百万元,建筑规模与从前基本一致,但外观样式和建筑材料已经有所改变。

从界山寨回到平坝羌寨之后，我们就听说王俊成书记家里晚上要举办篝火晚会，邀请广东驻汶川开展灾后对口援建的工作队领导前来共度羌年，感觉这又是一场值得期待的热闹活动；傍晚7点左右，篝火晚会开始了。王书记家庭院正中间燃起了一团大火，所用燃料就是一根干枯的树干，直径足有30厘米左右，也许这就是"靠山吃山"的道理吧，这里若没有满山的树木，谁会舍得将这种木料当柴火呢？在火团的上面是一个一米多高的铁架子，上面放着一只刚刚宰杀完毕的山羊，羊子的四脚被捆在铁架子上，内脏已经全部被掏空，就像一张大饼被放在了火笼里面，想到刚还听见它的"咩咩声"，心理真不是滋味。来自广东的客人们到齐了，王书记家请来的伴舞者①也赶到了，大家很快自发组成了一个圆圈，手拉手地跳起了锅庄舞，整个院子充满了欢声笑语，我深深地被这种氛围所感染。不一会，有位青年男子走到正在被烘烤的羊子旁边，切下一片肉，放到鼻子边嗅了嗅，然后就向大家宣布可以吃羊肉了；主人家用刀子将烤好的羊肉一片片切下来，放在小盘子里，再撒上辣椒粉面，送到广东客人的面前，客人们频频道谢，整个场面甚是亲切。随后大家开始喝啤酒，多数人都是直接用酒瓶子"对口吹"，在相互的推杯换盏中，人们逐渐进入了精神佳境，相互攀谈起很多老朋友才讨论的话题。羌族妇女们变得更加兴高采烈，在主人家的鼓动下，她们将有的广东客人"放倒在地"，然后集体将他们高高抬起，玩起了刺激的"打夯游戏"。据当地人说，这是对客人最高级别的礼遇，意味着羌族父老已经不再把客人当做外人，而是自己人了。我们调研组成员也喝酒、跳舞，参与这场集体狂欢，直至晚上11点才送走广东客人，回到自己的住所，倒在床上再也不想动弹；当我再次恢复记忆时，已是次日上午的9点多钟。

（三）走进雪山村

2008年10月30日中午时分，我们驱车到达汶川县城，随后与县

---

① 平坝羌寨开始进行旅游开发以后，村里就形成了一个不成文的习俗，即如果谁家有重要游客特别是组团前来的游客，接待户的主人就会出资邀请其他农户的年轻妇女前来，陪伴客人跳锅庄舞，举办篝火晚会，然后主人家会给每位伴舞者20—50元不等的劳务费。锅庄舞是羌族传统的节庆活动，一般是逢羌历年及其他各种祭祀活动或青年人举办婚礼之时，村民们进行集体欢庆，围着一团火堆，手拉手跳舞，这种舞蹈还有特定的步伐，并且伴随有与之相符的音乐，气氛十分活跃和热闹。

文体局有关干部进行座谈,然后又联系上了民政局的领导,请他们列出了汶川县的贫困村名单,我们又一一询问这些村落的地理与文化状况,最终确定溪森乡雪山村作为下一步进行实地调查的村落,因为本村是县文体局确立的释比文化传承基地,羌族传统文化底蕴丰厚,而且也是至今还在世的释比数量全县最多的一个羌族村寨。第二天一早,在汶川县民政局做自愿者的小甘带领我们前往雪山村,一路上大家都是兴高采烈,所有的调研队员几乎都是第一次来到海拔在两千米以上的高山村寨,我更是一直怀揣着忐忑和惴惴的心情,对雪山之行充满了各种说不清楚的期望。真的是山路十八弯,我们不知道转了多少个弯道,最终才来到了这个神秘的村寨,我对村寨的第一印象就十分深刻:一条弯曲的道路通往山的深处,沿路是两个寨子,抬头远望可以看到左侧山腰上的另外一个寨子,上面被地震损毁的碉楼仍然依稀可见。

我们提出要直接将汽车开到最高处的寨子,并且住在上面进行实地调查,小甘和司机都表示支持,大约又绕行了 3 公里的泥土道路,我们终于到达了雪山村的这个寨子。小甘带领我们首先来到了这个寨子的村民小组长家中,组长名叫马修志,1965 年生。他向我们介绍说,雪山村共有四个村民小组(自然村):雪山、百度、白石场、西山,他所在的这个小组就是雪山寨,附近的半山腰上是西山寨,而我们刚才路过的两个寨子分别是百度和白石场。在基本了解了雪山村的概况之后,我们决定首先参观雪山寨风貌,马组长带领我们走到寨子的最高处,指着下面的村寨介绍说:

> 以前我们寨子的人主要居住在那个山梁处,老房子全都建在那一片,后来逐渐有人将房子建到了山梁左面的土地上,这场地震后,几乎全部的人家都将住房重建的地址选在了这里,大量的农田被占用;而且现在调整土地很不容易,大家都只能在自家的土地上建房,所以搞得很乱,一点规划也没有。

他的这番话让我明显感觉到了当地灾后重建工作的复杂性,看着不远处依旧是"风雨飘摇"的半截碉楼和大量废弃的传统住房,我倍加感觉到了开展羌族传统文化保护工作的艰巨性。我们沿着寨子的边缘走了一圈,并拍摄了一组照片,然后来到本寨释比马青山的家中,他正好在家,我们于是迫不及待地与之攀谈起来,询问有关释比的各种知识,大家亲切地称呼他为马老师。在我们的请求下,马老师将自己的各种法器和服饰拿出来给我们看,向我们介绍这些物品的意义和功能,最后他还答应让我试穿他的释比服装,并且拍照留念,这样一次亲密接触神圣器物的体验让我很难忘怀。[①] 正当我们在热烈地与马老师交谈的时候,有一位陌生人走了进来,与马老师用羌语交流了几句,马老师随即转头告诉我们说,附近村子里有老人去世了,请他去做法事,所以,必须立刻到死者家中去。尽管感觉十分突然,但我们还是赶紧与他道别,希望不要耽误他的"正事",然后我就回到了马组长的家中,准备去访问村支部书记和村长。

图 2-1　雪山村的祭祀塔(重建后)

---

① 在去当地进行调研之前,我们从有关羌族文化的文献中得知,释比的器物服饰是不能随意使用的,不仅释比之外的人不能随意使用,即使释比也需要在特定场合下才能拿出这些物品,用于各种法事和仪式活动当中。因此,当时我穿上释比服饰并手执"鬼头"拐杖,心理也有些不安,但在寻求新鲜感的心理作用下,我还是尝试了这种行为,一种矛盾心理使我对这次经历印象十分深刻。

当天下午,我们来到雪山村党支部书记王林杰的家中①,正巧马云晨村长也在书记家,我们顺便进行了整体采访。两位村干部告诉我们说,他们的年龄都不到四十岁,是 2007 年刚同时当选的村领导,属于典型的少壮派,有一股激情将雪山村的旅游开发搞起来,但是苦于寻求投资商无门,只能坐等政府来进行开发,但政府又是"雷声大、雨点小",所以感觉着急。他们还说到,汶川地震使村里的绝大多数农房倒塌,可谓损失惨重,但是国家采取的重建补贴政策又提供了改善当地人住房条件的契机,很多贫困户可以借机建设新房,所以也不完全是坏事;只是地震刚发生那段时间,政府强制我们搬到绵虒镇那边居住了段时间,耽误了农事,农作物几乎绝收,家养的猪羊等便宜卖掉了,村民的经济损失有点大。最让他们感到不满意的是,政府把村里的学生全部集中到了成都市和广东省读书,家长见自己的孩子很难,村书记夫妻两人包了面包车去成都看望读书的子女,同村的另一户村民顺便也跟车去看望自家的孩子,来回一共花费了 2000 多元钱,感觉经济压力很大。

我们与王书记、马村长攀谈了近两个小时后,决定回到雪山寨休息,刚出门就看到了不远处的一辆黄色"QQ"汽车,打听才得知这就是马云晨村长新买的车,加上办理牌照,共计花了 4 万元左右。我们调研队的成员都表示羡慕,感觉生活在深山村落里,也能买上这样的汽车,也算是上层人的生活方式了。我们与书记、村长辞别,回到雪山寨,被安排到了一位名叫何立虎的村民家中居住,因为这家的房子在地震中几乎是毫发无损,村干部感觉让我们住在这里最安全,所以就做了这样的安排。后来我们才发觉,这种安排其实也是一种政治策略,因为这家人没有被村干部向上级政府申报为重建户,所获得的国家补贴比其他农户少很多,村干部为了弥补因此引起的不良情绪,可能才故意做此安排的,他们认为外来客人是一种经济资源,安排住在哪一家里面就等于给谁家提供了获取经济收入的机会,所以很多农户其实都希望村干部将我们安排到他们家中。

进入雪山寨的第二天,我们就准备做村落状况普查,上午找到马修

---

① 王书记也是雪山寨的村民,母亲姓余,父亲姓王,是上门到余家的;因此,他起名王林杰,弟弟则随母亲的余姓,有时候也有村民称呼他为余学林。王书记在几年前就将新房建到了山下,故而居住地点更接近山下的百度寨,而与山上的雪山寨有相当的距离,我们只好步行下山来到王书记家。

志组长,并且请来了西山小组的余志高组长①,对他们进行了长达四个小时的访谈。他们两位都年长于村党支部书记和村长,因此对当地风俗人情了解更多,更适合参与这种形式的访谈。余组长帮助我们绘制了当地的季节历和资源图②。马组长仔细倾听我们围绕预先准备的村落普查提纲而提出的各种问题,并一一作答,在两位组长的鼎力支持下,我们顺利地完成了普查任务。从下午开始,我们陆续采访了何立虎和其他几位普通村民,他们向我提供了很多珍贵的话题和见解,在他们看来,文化保护不是最紧迫的事情,生存安全最重要,其次是脱贫致富,民族之间的文化差异能否维持并不那么重要,开发旅游是件好事,可是无人出资带头做;国家在地震后给灾区村民发钱贷款重建房子,还发放了棉被、电饭煲等生活用品,大家都很感激,但是这其中存在着严重的不公平现象,引起了村民们的极大不满。从他们的言谈中可以明显看出,当地村民已经产生了强烈的"致富欲望",而且很希望获得外部力量的支持,同时也对社会公正有着较高的期望,极力反对基层干部的以权谋私行为。

第三天,何立虎大哥的妻子马华青大嫂带着我们去深山里面采风,我们背上土豆和腊肉,往溪森沟的深处挺进,颇有参加夏令营的感觉。沿途到处是悬崖峭壁、峡谷激流,每走一段路途就会遇到一座桥梁,其中不乏由几根木料简易搭建的"危桥",两边的山坳里不时出现成群的牛羊,动物的粪便随处可见,大姐说其中就有野猪夜里出来活动留下的,人们还看到过黑熊在这个地区出没,这些所见所闻让我第一次领略到了所谓"处女地"的风情。大约在行走了三个小时之后,大家都感觉困倦了,提议原地休息,大嫂说要为我们烤土豆和腊肉,于是我们分头捡拾柴火,很快就生起了一堆大火,待明火熄灭后,大嫂将带来的土豆和腊肉放进了炭火中,一刻钟不到就捞了出来,我们兴奋地吃了起来,味道果然不一般,都对大嫂的手艺表示钦佩,她的烤制技术和掌握火候的能力让我大开眼界。出门的时候还是阳光灿烂,但正当我们将烤好的土豆与腊肉分食完毕时,天气突然阴沉了下来,大姐说一定是要下

---

① 余志高组长1954年生,至今未婚,但是人生阅历丰富,且为人热情谦和,在我们进入雪山村第一天他就参与了接待工作,给我留下了很深刻的印象。

② 季节历和资源图是进行发展干预和相关研究的一种工具,季节历即根据特定地方的农事活动安排制作出在一年时间内当地人的生产活动规律图示,而资源图就是当地主要自然资源状况的基本分布图示。

雨,建议我们立即返回寨子,我们随即应允,还没走一个小时,雨点就落了下来,幸亏雨势不大,否则我们真的要成为落汤鸡了。大姐说,山里的气候就是这样,阴晴不定,很难提前预防,只要外出都可能遇到这种情况,但是一般不会下暴雨,所以当地人都习惯了。我们冒着小雨往村寨里赶,大姐则一边走路一边采菌子,说这些东西都是绿色食品,吃了对人体很有好处,当我们快到寨子时,她已经采集了几斤新鲜菌子,她的这种生存能力让我深表敬佩。这时候抬头看天,才发现太阳已经再次露面了,丝毫看不出刚刚下过雨的样子。

第四天,我们听说白石场小组有位老人去世了,寨子里竟然有人说我们赶上了"机遇",可以借此机会去现场观看羌族葬礼的举办过程,他们好像已经知道我们此行的目的在于考察羌族文化,而且葬礼正是一种重要的文化现象,这让我很吃惊。据说,这位刚刚去世的老人还不到70岁,因为整天在山上放羊,身体累病了,地震后病情恶化,终于支撑不住而病故;老人的母舅正是雪山寨的余家人,因此首先收到了报丧的消息①。晚上我去农户家里采访,正巧遇到去世老人的表弟,他邀请我们明天跟随他们家门里的人一起去吊丧,我满口应允说定会前去,他似乎认为我们这些外来者参与当地的葬礼并无大碍,甚至还显得十分合适,这让我有些惶恐。次日早饭之后,我们下山来到百度寨,路上巧遇溪森乡的周会广乡长,他询问我们的身份来历,我们随后做自我介绍,随便聊了些关于雪山村的话题;他最后说到,我们不通过乡政府直接到村里进行采访,有可能遇到安全问题,希望我们以后如果再来进行调研的话,先到乡政府,再由他们派人跟随进村调查,我们承诺以后改进。

听说白石场寨的葬礼是第二天正式举行,当天晚上主要是"迎母舅",所以就没有直接前往白石场寨,而是在百度寨停留,去访问当地的著名释比余荣敬。余老师的父亲余海明是汶川县最为德高望重的释比,但是已在2007年去世,余荣敬成为了父亲的接班人,是当地为数不多的上坛释比之一。当我第一次见到余老师的时候,深深为他的朴素所折服,他身材矮小,穿着一身破旧的衣服,住在临时搭建的简易板房

---

① 在羌族的传统社会与文化当中,母舅是亲属关系网络中有着特殊重要地位的角色,自古就有着"天上的雷公、地上的母舅"这样的说法,母舅负有对外甥进行教育和管制的部分职能,在婚姻、丧葬等生活仪式活动中,母舅会受到特殊的待遇,正如本章所述的欢迎仪式所展示的那样。有学者认为这种习俗可能是与羌族远古时期经历过较长时期的母系社会形态有关。

里面,言谈举止都散发着中国传统农民的朴实性格;由于对余老师的第一次访谈由我们调研小队的其他成员开展的,而我又忙于拍照,加之又过于相信录音笔的功能,未能详细聆听,不过这次相遇使我与他很快就成为了好朋友,在之后的多次调查中都与他保持着紧密的联系。

晚上马上就要到来,我们调研小队的成员悉数来到白石场寨去世老人的家中,等待"迎母舅"仪式的开始,主持仪式的下坛释比朱耀亮已经到达现场,羊皮鼓队的成员也已经到齐。我坐到朱耀亮释比的身边问长道短,他开始向我介绍羌族传统的丧葬习俗:一般是死者咽气三天之后下葬,前一天要"迎母舅",孝子们要到大街上跪拜迎接母舅家的亲人到来,晚上母舅家的亲人要与孝子进行对歌,大概的意思是——母舅家人劝慰孝子不要过于伤心,老人年纪也大了,离开你们也是正常的;孝子们则要对唱说,是我们没尽到孝心,让我们的父母那么早就离开人世了;母舅家里人又对唱到道"你们已经做的不错了"等等。这样的对唱要进行一整个晚上,直到第二天天亮时才能休息。太阳升起来不久,就要举行正式的葬礼,死者的全部亲属都来进行吊唁,然后由村里的年轻人抬着棺木到祖坟上进行下葬,直到将新坟墓修起来,葬礼才算基本结束。

我们的谈话刚开始不久,外面就有人进来告诉朱释比说,亲戚们都来到了。我随即走到放置灵牌的正房,只见死者的子孙们全部都跪倒在棺木周围,大哭不止。释比走出正房,召集羊皮鼓队成员排成两列,接着鞭炮声响起,羊皮鼓随后也被敲了起来,释比手执拐杖开始跳跃,引着羊皮鼓队向母舅家的方向走去,走了大约 50 米就遇到了母舅家的亲属。此时,羊皮鼓队往路边躲闪,死者的子孙们前来跪拜"迎接母舅",在激烈的羊皮鼓声中,母舅家的亲人开始用羌语唱起歌来,一边唱一边发出某种悲伤的声音。孝子们引领着母舅家的亲人往家里走,释比则引领着羊皮鼓队在后面缓缓地跟进。到了停放死者棺木的正房门口,孝子们进屋继续跪在棺木四周大哭,而母舅家来的亲人们则站在门口哭唱;约莫十分钟之后,大家的悲伤情绪都有所缓和,正式的对唱就开始了,然后主持葬礼的"管事"①邀请母舅家的亲人到内堂休息,喝茶水、抽烟,之后双方会再继续对唱。我们观看这种场面一直到晚上 10

---

① 管事就是负责安排与组织葬礼日常杂务的人,而释比主要是主持仪式活动,两者有着明确的分工。

点多钟,等大多数亲属都要回家的时候,我们也开始往雪山寨返回,最后只留下母舅家的亲人和孝子们,他们将要进行一整晚的对唱。

我们在雪山村进行实地调查的第六天,预先规划的调研任务也已经基本完成,当天主要的任务是观看和拍摄葬礼举办过程。由于昨晚入眠的时间较晚,我们调研小组的成员都是在早上9点多才从被窝里爬起来,接着就急匆匆地吃完早餐,赶着下山去观看葬礼。我第一个走在下山队伍的前面,马华青大姐带领几位女同学走在我的身后。因为在地震之后,雪山寨下山的小路多处被震垮,我们很快就迷路了,大姐带着其他人寻找原来的小路,我则在前面到处搜索可以通往山下的新路径,俨然有些冒险家的风范。突然我发现自己深陷绝境,已经身处一个尴尬的位置,回头不得,继续前行也危险重重,我大声向她们呼喊,建议她们不要沿我走的小路下山,她们于是停下脚步转向其他小路。当发现她们已经在我头顶上几十米处的山坳里找到旧的小路时,我心里有些急,决定冒险"就地下山",沿着陡峭的山坡往下行,果然控制不住身体,一下子就滑到了很远的地方,搞得浑身泥土,上身的衣服也被扯坏了,幸好发现下面有弯曲的小路,终于成功脱险!当我第一个赶到白石场去世老人的葬礼现场时,亲属的吊唁活动已经基本结束,正在准备出殡,朱耀亮释比见到我就问道,你们怎么才来呀? 我如实回答,然后跟随送葬队伍来到大街上。又一阵激烈的鞭炮声,十几个年轻人抬着棺木走出灵堂的屋门,后面是哭啼的孝子贤孙们,释比则引领着羊皮鼓队走在送葬队伍的最前面,我走在队伍的中部,跟随他们前往逝者下葬的祖坟现场。

经过了一段艰难的山路,我们来到离寨子不远处的山坳里,当我看到一个新挖掘的坟坑时,就知道这是去世老人家里的祖坟位置了。孝子们在坟坑的右边坐下,其中的几位妇女还是大哭不止,从她们身上的孝衣能看出是去世老人的女儿和儿媳;释比指挥抬棺木的年轻人将棺木安放在坟坑正前方,开始主持下葬仪式。首先是跟来的亲朋向逝者例行最后拜别礼,然后是"管事"宣布赠送花圈的亲属名单,主家人则要给这些亲属每家发放几元不等的零钱,算作一种答谢;随后释比会往坟坑里洒些纸钱、香灰和白酒,指挥前来的年轻人将棺木放进坟坑里面去,孝子们之后沿着坟坑走一圈,并不断从坟坑周围抓起碎土撒到棺木四周,最后回到原来就坐的平地上,妇女们又是一阵痛哭。待这一切的程序都走完之后,人们开始架起木柴,生起一堆大火,围坐在火堆旁边闲谈喝酒,而抬棺木的年轻人则轮流从事填埋坟坑的工作,不大会就堆起了一个半米多高的坟包;随后管事招呼前来的客人与孝子们回家吃饭,留下几位年轻人和自己一起修葺坟包。我看着送葬队伍返回主人家,自己决定留下来观看管事如何带领年轻人修坟的。他们就像砌墙一样找来大小不等的石块,然后精巧地摆放在坟墓的四周,很快就修好了一座风格别致的石坟。管事说,孝子和近亲属们明天还要来上坟,并继续修缮坟墓,他们只要能基本把坟墓的主体部分修好就可以了,说罢,我与他们一起返回主人家。因为昨晚我以调研小组的名义给主人家上了 100 元的礼钱,所以,管事还招呼我们与亲朋一起进餐,饭后,我们结束行程,返回了汶川县城。

在雪山村的六天实地调查使我对这个村寨有了初步的了解:四个寨子共计有 700 多人,其中雪山寨有 55 户,共计 244 人,其中招赘上门的汉族男子一名,其他人口则全部为羌族;主要有马、余、何三个姓氏,其中马家又分为上房、中房、下房三支,主要是根据祖上前来本地定居时间的早晚来划分的。整个村子至今还有五位释比,朱耀岭和余荣敬是上坛释比,朱耀亮、马德成①、马青山是下坛释比,前面三位是百度寨的,后面两位是雪山寨的,其中以马德成年龄最长,马青山(1955 年生)为最年轻,据说余荣敬释比的侄子余国祯也正在学习释比,但年龄尚轻,不能算得上是正式的释比。本地主要的农作物有玉米、土豆、海椒、圆白菜等,野菜种类繁多,包括野山花、鹿耳韭、飘带葱、蕨菜等,而且生产各种中草药,比如羌活、贝母、虫草、细辛、大黄、仙头子等。村民饲养的家禽畜主要是猪、山羊、黄牛、牦牛和鸡鸭等。雪山村地处汶川县最北端的溪森沟深处,属于溪森乡乃至全县最偏僻的村寨之一,但是山林和水力资源丰富,北面与茂县交界,西面与理县交界,属于三县分界的地段,距离溪森乡政府所在地有 13公里的机耕道,然后可以通往 317 国道汶川至理县段,距汶川县城共计有 20 多公里的路程;雪山村民购买大宗生活用品一般都要到汶川县城。

---

① 我 2008 年 11 月在当地进行调查期间,曾专门拜访马德成释比,但是他耳聋十分严重,最终也未能进行深入的访谈。2010 年我第四次前往当地进行调研时,听说马德成释比已经去世。

二、灾后羌族村落社会概况

从 2008 年的羌历新年算起,截止到 2011 年政府宣布的灾后重建期结束,我先后有七次前往平坝羌寨和雪山村进行实地调查,对当地的灾后生产生活与社会心理状况有了一个相对全面的了解,同时还对当地社会的开放程度产生了深刻的印象。汶川 5 · 12 地震被灾区羌族民众认为是他们历史记忆当中最惨重的自然灾害,地震造成的各种物质损失是史无前例的。伴随着国家救灾活动和灾后重建工作的开展,灾区社会的开放进程也进入到了更高的阶段,由此而对羌族社区发展产生了急剧的影响力。平坝羌寨与雪山村都属于汶川地震的重灾区,当地民众的生产与生活都受到了严重影响,社会心理也发生了一些微妙的转变,我在这两个地区的实地调查都可以很清晰地观察到这些新近发生的变化。当地社会新的"开放性"特征主要是借助由政府主导的救灾和灾后重建工作而获得的,而在各新闻媒体等的宣传作用下,很多偏远山区的羌族村落也受到了社会各界人士的格外关注,各领域人士都慕名前来采访和考察,因此,这些村落社区可谓是"门户洞开",封闭化的历史一去不复返。

(一)灾后生产与生活

汶川地震使当地的农业生产和其他经济行业的发展均遭受了重大打击,而且不仅限于直接的物质损失,还造成了对其长远的危害。雪山村 2008 年的农业生产陷入瘫痪,村民所食用的粮食等全部依赖国家救济,很多家庭的农业收入为零,不仅种植业遭受了惨重损失,而且药材的采集、家庭养殖等副业也受到了很大影响;此外,由于周边城镇的农产品市场不景气,当地仅有的农业产品产出(辣椒)也因为销路不畅而难以"变现",加之村内的交通与饮水设施被破坏,当地人的生产状况进一步恶化,长远的不利影响在逐渐显现。平坝羌寨的农产品也面临着销售困难的问题,很多成熟的苹果因此烂在了树上;但更为重要的是:因为地震破坏,本地的旅游业陷入了彻底的停滞状态,不仅门票收入无从谈起,而且还因为住房的破坏,村民接待游客的能力大大降低,即使有不少的游客或研究人员前来,也往往会因此而难以留住本地,可以说,汶川地震对平坝所造成的经济损失更大于雪山村。

当地民众的住房破坏得十分严重,各式传统建筑遭受毁灭性打击,长期历史延续下来的建筑风格面临不同程度的危机。雪山村的绝大多数民房要么倒塌,要么成为不能居住的危房,而得以保存较好的住房大多是之前刚刚建成的"钢筋混凝土"结构的新房,这直接给当地人造成了一种印象——与传统住房相比,现代结构的住房更安全。因此,在当地的灾后重建过程中,现代建筑技术材料的住房成为主流,尽管当地政府出于未来旅游业开发的需要主张当地人尽量保持原来的住房风貌,但是从实际的结果来看,他们所保留的也仅仅是一种虚饰的外壳,传统建筑技艺正在面临萎缩的局面。平坝羌寨老区的住房由政府文化部门进行统一规划修复和重建,原始风貌保持相对较好,按照当地政府的最新政策,新区的住房重建也将以减少房屋层数为原则,尽量保持羌族传统特色的建筑样式。但是我的调查发现,这样的初衷往往难以完全达到,在当地旅游业的带动下,很多村民试图将住房建成适合接待游客的"标间"结构,这导致与传统住房格局差异很大,外表具有传统风格的住房实际上全是由现代化设备装饰而成,当地的建筑风格与居住文化面临着重大转变。

汶川地震发生之后,伴随着国家救助行动的开展,大量现代物品(如睡袋、压缩饼干、巧克力、方便面等)涌入到地震灾区,这些临时救济性质的生活物品扩展了当地民众的眼界,同时也激发了他们对外界社会的想象,当地早已流行的"现代化"概念顿时成为了活生生的实物展示。灾后紧急救助阶段结束之后,灾民的生活恢复成为救灾工作的核心,他们接受到政府提供的大量救灾物资,如电饭煲、电热毯、电火炉、收音机等,这些物品大大地提高了中小型家电产品在灾区的普及率,同时也训练了当地人使用这些电器的技能,有很多第一次使用这些电器的灾民在经过一段时间的摸索后就逐渐习惯了"电气化"的生活方式,特别是当地大规模建设的水电站为村民提供了廉价与充足的电力,这促使他们很快地接纳与习惯了这些新的生活用品。由于电火炉的广泛使用,羌族家庭"火塘"的使用频率已经大为降低,传统用于熏制腊肉的场所如今开始面临尴尬,人们已不再习惯于被"烟熏火燎",只好专门设立"偏房"用来制作传统的羌族食品,家庭"火塘"慢慢远离了人们的娱乐,转而成为了专业的"厨房设施",生活物品的大规模替换意味着生活方式的一次重大变革,当地的羌族民众由此经历了一次规模空前的生活样式革命。

  同时,伴随着大量救灾物资的进入,当地民众的饮食习惯与穿着服饰风格也逐渐发生变化。雪山村的村民在地震之后接收到了大量的救灾物资,各种现代食品和服装成为了他们日常生活的必需品,特别是某些年轻人在接触这些物资的同时,逐渐加深了对外界社会文化的认识,开始对传统的饮食与穿着习俗进行反思,增加自家日常食物的品类和改换各种样式的服装穿着成为了一种自然的选择。平坝羌寨也存在着类似的情况,当地有人感叹地震后给他们带来了接触现代食物和服装的机会,认为"能吃到从来没见过的食品,得到只有在电视上才能看到的衣服与被盖"是地震带来的意外"惊喜",而这些态度背后所蕴含的就是他们对现代事物的接纳和欢迎,由此引发的当地饮食与服装文化变迁几乎成为不可避免的结果,而且也有迹象证明,这种影响会持续相当长的一段时间。

  汶川地震之后,当地的节庆仪式与宗教信仰活动因受各种客观物质条件的限制而难以正常举行,导致当地人的精神生活出现某种空虚状态。雪山村的碉楼和释比塔在地震中全部被毁,以往例行的祭祀活动因此难以开展,2008 年的羌历年全村人几乎都是在平淡与安静的气氛中度过的;同时由于人们忙于灾后重建工作,也无暇顾及家庭内部的各种庆祝与祭奠活动[1],婚丧嫁娶等仪式活动也出现了不同程度的简化和改变,比如我们在白石场寨所观看的葬礼与传统羌族葬礼相比就减少了很多繁琐的程序。平坝羌寨的重大节庆仪式"花儿纳吉赛歌节"在地震之后得以正常举行,但这主要是当地政府为了维护羌寨旅游业的长远发展而对之采取的关照措施,由政府出面主持和筹划本次活动。但是本地的其他各种节庆仪式活动在地震之后也出现了惨淡的景象,有的农户甚至反映他们度过的 2008 羌历年和平时的生活没有任何差别,主要就是没有心情和精力去做这些事情。汶川地震导致灾区一些地方的节庆仪式与宗教信仰活动不能正常开展,进而加剧了当地民众的精神负担,并容易引发一定范围的社会心理问题(如焦虑、彷徨),这一点从灾后社会心理状况可以察觉到。

---

[1] 按照羌族传统习俗,祭家神是很重要的一项活动,平时都要经常供上香火,羌历年时更是需要进行祭祀的日子,据马青山释比介绍说,祭祀时需要杀鸡,把鸡血抹在纸钱上,然后焚烧,同时还要烧香跪拜。在羌族传统的多神信仰当中,神可以分为四类:自然界诸神、家神、劳动工艺之神、各村寨的寨神,而其中家神又包括莫出(历代祖先)、亦吉(保家中平安之神)、玉莫(管理私人灵魂之神)等多种。

（二）灾后社会心理

羌族灾区民众在接触与使用现代器物的过程中也开始反思自己的传统生活方式，某些新的思想观念由此在人们的头脑中逐渐滋生出来。比如，当地人接收的捐赠衣物当中有皮尔卡丹、红蜻蜓、阿迪达斯等知名品牌，他们有些人早已在电视等新闻媒体上对这些品牌有所了解，因此，当他们获得这些衣物时会感觉欣喜，甚至还有人会以"村干部穿品牌服装"来证明救灾物品的分配不公。当地人的服装品牌意识逐渐"清晰化"，对现代服装的新奇感转变为现实的拥有感，而对传统羌族服装的认识也有所转变。再如，随着各种家电在人们生活中的普及，羌族灾区民众对家用电器的性能不断产生新的认识，并且开始习惯于使用这些生活用具，反而对传统的生活用品感觉不适应或不方便。家庭卫生观念也随之发生微妙变化，人们逐渐开始接纳"消毒杀菌"这样的概念。此外，在汶川地震灾后救援活动过程中，政府大量投入使用了先进的机械设备，这些工具对于抢救灾区的生命与财产发挥了很大作用；在灾后重建过程中又发挥了主力军的作用，大大减轻了人们的劳动负担，以高超的工作效率获得了灾区民众的青睐；受此启发，当地人意识中的"先进性"观念逐步得以凸显出来，现代科学技术及其装备更加受到他们的推崇和信赖。

在汶川大地震中，有些羌族地区的释比死亡，这在某种程度上动摇了当地人的传统信仰。因为在传统的羌族社会里，释比是沟通人与神之间的桥梁，是地方神圣性权威的形象代表，应当有着超出常人的"法力"与"预知力"，他们的特殊技艺是维持这种权威存在的基础；释比在地震中的死亡，使一些人开始对他们的技艺和权威产生质疑，甚至认为他们的知识与技能只是一种"糊弄人"的奇技淫巧，没什么现实价值。雪山村的几位年轻人就持有类似的看法，他们认为："人是生活在现实物质世界中的，只有通过辛勤劳动才能过上好的生活，天上是不会掉馅饼的，这次地震更证明了这一点，如果没有军队来救灾，村里人早就饿死了，神是不会来救人的。"①尽管这种观念不是普遍存在的，但是可以十分明确地感受到：越是年轻人越容易信奉所谓的"唯物主义"思想，

---

① 这段话源自对雪山村百度组当时的代理组长朱耀光进行的访谈，当时还有另外的两位年轻人在场，他们共同接受了我的访问，并提出了一系列类似的观点。

传统宗教信仰越是难以为他们所信服和接受。对释比权威的质疑，必将撼动羌族释比文化的民众基础；加之地震之前已经开始出现商业化运作的释比文化演出等现象，这种认同性危机将更加严重。"释比是人，而且是以谋取经济利益为目的的普通人"，当人们逐渐失去对释比神圣性权威的认同转而产生这样的观念之后，羌族社会当中的释比信仰也就会逐渐淡化乃至最终消失。由此可见，汶川地震对当地的传统宗教信仰产生的影响不失为重大而深远，它加速了当地人社会信仰的世俗化进程。

汶川地震发生之后，国内外新闻媒体和专家学者对灾区羌民族文化的关注明显增加，有不少新闻记者和专家学者前往当地进行新闻采访和实地调查，这一方面给人们带去了"外界"的各种信息，开阔了他们的眼界；另一方面也增强了他们的"群体存在"意识和自我认同，对本民族传统文化的经济价值逐渐觉醒，这集中体现在了当地人对发展旅游业的强烈愿望。汶川县雪山村的很多村民都明确表示，希望本地能够把旅游业搞起来，那不仅可以宣传羌族的传统文化，展示溪森沟的美丽自然风景，更重要的是可以增加当地民众的经济收入，提高他们的生活水平。他们的这些想法虽然在地震发生之前已经产生，但随着地震之后新闻媒体和专家学者对这些地区羌族传统文化关注的增加，以及各级政府对羌族社会文化重建工作的高度重视，他们的这种愿望变得更加强烈，外界社会的关注成为了他们民族文化意识觉醒的强大动力。应该看到：这种状态之下的文化觉醒带有很强的功利心理，人们的现代经济意识已经极度膨胀，"以经济利益为中心"的思想观念逐渐成为社会意识的主流。可以预料的是，随着当地的开放程度不断增加以及内外部人员信息交流的加速，人们的经济意识还将会继续朝着市场体制需要的方向发展，现代市场交换的观念与意识形态将渗入到多数人的头脑中，"传统文化"作为一种经济资本参与市场交换可能会成为一种普遍的社会现象；如此，羌族传统文化一方面可能会受到更多社会人士的关注，另一方面也可能会变得更加"戏剧化"，甚至逐渐沦为纯粹的"文化仪式表演"。

汶川地震发生之后，借助发达的新闻媒体和其他快捷的信息流动途径，灾区广大民众亲眼目睹或者间接了解到了许多悲惨的"生命故事"，特别是大量的人员伤亡极大地触动了他们的心灵，使他们对人生的终极意义问题进行了新的反思，很多人哀叹生命的脆弱，认为"自己活在这个世界上很不容易,应该学会珍惜现实"。在这种心理的指引下,当地民众的生命观和财富观念都发生了某种"震撼",他们更加懂得如何享受生活,更加注重经济消费,也更加具有务实精神和讲究个人利益,这些变化都深刻体现了这次地震灾害对羌族民众心灵深处的冲击。在雪山村,有一些年轻人在经历本次地震之后认识到"人们只有依靠双手才能挽救自己的生命,改善自己的生活",因此他们更加关注现实生活中的各种经济利益和家庭生计状况,转而对传统的宿命论、神赐说等持有更多的怀疑,同时也更加重视物质生活享受,认为人的生命是脆弱的,自己劳动得来的成果要及早享受到,不然就是"白奋斗"。在平坝羌寨,这样的人生态度也开始蔓延开来,即使某些年逾六旬的老人也不例外,他们一方面更加懂得生命的珍贵,另一方面也更加重视现实生活的享受,有一些人花费上千元钱报名参加当地的旅游团到北京、天津等地旅游,为的就是要在"还活着的时候感受到活着的乐趣",这种人生态度和情绪在当地已经十分普遍。

羌族文化的传承依赖于本民族的社会文化实践,而这些实践活动的基本推动力就来自于羌族民众的特定社会信仰与思想观念,只有其实践者对本民族文化拥有足够的信心和认同,他们才可能自觉地甚至习惯性地通过实践本民族文化而去延续其生命力。反之,如果他们在观念与意识层面上就已经对自己的民族文化产生"认同危机",或只是抱着谋取经济利益的动机去实践民族文化,那么可以推断说这种文化正在失去其基本的传承渠道,其生命活力与当地民众的现实生活也就渐行渐远了。汶川地震之后,当地人的思想观念所发生的急剧革新预示着一场重大社会文化变革的到来,正在进行中的旅游开发还会加速这种变革的进程。

(三) 灾后社会开放性的获取

从上文的论述中可以明显看出,汶川地震灾区羌族村落社区的社会文化变革与当地社会的开放性有着密切关系,与外界社会文化的频繁交流是推动当地人生活方式与思想观念发生转变的重要动力因素。根据对两个羌寨村民的访谈得知:在汶川地震发生之前,当地社会就已经达到了相当高的开放程度,特别是平坝羌寨从 20 世纪 90 年代就开始进行旅游开发,外来者频频到访,雪山村也会有零星的游客到访,而且两个村子都曾经被选作电影或电视剧拍摄的地点。尽管如此,当地人还是普遍认为，汶川地震之后，他们接触外地人的机会明显增多了，前来本地进行务工、考察、采访、游览等活动的外来人远多于地震之前，而且这些外来者的身份也更加多样。从笔者的调查素材可知，两个羌族村落社区的"开放性"获取与多元社会主体参与当地的灾后重建工作有着密切关系，更与持续不断的人口流动相关，具体可以归纳为五个方面的"推动力"要素在发挥作用。

首先是中央政府推行的汶川地震灾后"省际对口支援"政策，此项工作安排促进了全国多个省市与四川羌族灾区民众的接触交流；山东、广东、山西、湖南四省分别对口援建北川、汶川、茂县、理县四县，这四县正是全国最主要的四个羌族人口聚居地区。来自四省的援建工作队长期"驻扎"这些地区开展灾后重建工作，不仅给当地带来了外界的先进科学技术和各种生产生活物品，还增进了他们相互之间的了解与认识。湖南省对口援建理县的工作队在平坝羌寨开设了湘味餐馆和工地超市，租赁当地村民的农房作为居住的公寓，相互之间接触频繁，很多的生活习惯（比如吃辣椒的方式）都有相互影响。当地羌族民众还利用过羌历年的机会专门为广东省驻汶川县开展援建工作的领导准备了丰盛的篝火晚会，两地民众一起跳锅庄舞，共同欢庆2008年羌历新年。如此规模的外来人口驻扎在羌族村落社区当中长达将近两年时间，这在羌族社会发展历史上也许是仅有的一次记录，他们与羌族人的频繁接触，增强了当地社会的开放程度，灾后对口援建工作的推动作用由此可见一斑。

其次是非政府组织在取得政府同意后也参与了当地的灾后重建工作，这在某种程度上也增加了当地社会的开放程度。比如，香港红十字会发布承诺，为当地村民提供每户两万元的住房重建补贴，但前提是要按照他们设计的石混框架结构重建住房，平坝羌寨和雪山村两地都存在这样的政策宣传，村民们绝大多数都顺利地申请到了这笔资金。此外，其他一些社会人士和团体组织也前往当地进行各种救助活动，比如，李连杰（壹）基金会通过组织建立以当地妇女为主体的羌绣就业帮扶中心来帮助当地民众进行灾后生计恢复，还在平坝羌寨建立了这样的定点帮扶机构。这些非政府组织的帮扶措施增加了当地人对各种社会组织的认识，同时也促进了他们与外界社会的交流，更重要的是促使他们积极去学习获取社会资助的相关管理制度与经验，在很大程度上起到了提高当地社会开放程度的作用。

　　再次是各类社会调查与科研人员前往羌族灾区进行实地考察,也大大增加了当地社会的开放程度。笔者了解到,从2008年5·12地震到2010年10月底,雪山村和平坝羌寨都已经接待过多个批次的社会调查队与各色科研人员,涉及建筑科学、文化历史研究、经济与管理、社会人类学等多个学科与行业,所以,每当我前往当地进行调研时,都会有人告诉我说他们在前些日子还刚刚见到了"与我相似"的人,经打听才知道他们大多都是来自全国各地高校及科研院所的工作者;在平坝羌寨,我还与著名建筑设计师徐松涛先生相遇,他就是专程到当地考察羌族传统建筑风格与工艺的。这些社会工作者前往当地进行社会调查,主要是为了真实地了解羌族灾区的社会状况,以更好地为灾后重建工作出谋划策;但是在客观上也增加了当地民众与各类学者和科研人员之间的信息交流,从而对他们的日常生活状态与思想观念构成一些潜移默化的影响,在一定程度上增强了当地社会的开放性。

　　再次是各级新闻媒体对灾区社会生活的高度关注和大力宣传,这也增加了羌族村落社区的开放性程度。这一方面表现为社会媒体的广泛宣传使得当地社会受到了外界的更多关注,另一方面表现为当地民众的自我认同感在新闻媒体的渲染下日益凸显出来,特别是很多新闻媒体的记者相继来到本地进行新闻采访和调查,使他们逐渐认识到自己本民族的文化特色和社会特殊性,更加体会到了作为一个"族群"的心理认同感。因此,他们更加关注对本民族特色文化的宣传,希望能够将这种文化资本迅速转化为当地经济社会发展急需的经济资本,由此所表现出来的开放心理特性日益鲜明。在2008年的羌历新年期间,来自中央电视台、四川电视台和《华西都市报》等多家新闻媒体的记者齐聚平坝羌寨,拍摄和记录下了"花儿纳吉赛歌节"活动的全过程,并进行广泛宣传,这足以看出新闻媒体在推动当地社会开放性程度提高过程当中所发挥的强大作用。

　　最后是本地人在地震后大量外出就学与就业,这也是推动当地社会开放性程度得以提高的重要因素。2008年春至2009年冬,汶川县雪山村的所有中小学生全部都被转移到广东省廉江市和四川省成都市进行异地安置就学,而学生父母因此又需要外出看望孩子,这样就从两个方面增加了当地人外出的机会,而且由于子女的生活地点发生重大改变,家长也不得不更加关注"外部的社会",比如观看成都市与广东省的天气预报等。因为旅游业陷入危机,平坝羌寨本来从事接待或导游行业的一些村民在地震之后开始外出务工,他们对外界社会的了解更加全面,由此而导致村民内部的信息交流呈加速态势,当地老人"外出旅游热"与此就有着密切关系,有些老人外出旅游正是在外务工子女为他们所做的安排。当地人大量外出,并且伴随着"外出距离"的扩展①,这正是当地社会更具开放性特征的鲜活体现。

---

① 在我所了解到的案例中,有两位老人外出旅游地点远至北京、上海、海南等地,而且他们告诉我说这是他们一生中去过的离家最远的地方。雪山村被安置到广东就读的中学生绝大多数也都是第一次到外省去。因此可以说,汶川地震客观上确实提高了当地人的外出流动机会,并且扩大了他们的外出目的地范围。

第三章

羌族社会历史与灾后重建

一、古羌人的历史起源与迁徙

在中国的远古历史上，古羌人有着十分重要的位置，有学者甚至视之为华夏民族的主干血脉来源。围绕当今羌族的社会历史演变话题，笔者曾经多次对阿坝州羌学会的专家、地方知识分子以及羌区的普通民众进行深入访谈，并将这些访谈资料与羌族历史研究的相关文献材料进行对比印证，最后梳理出一条关于羌族社会历史的"粗略"线索，希望以此作为开展羌族村落社会研究的历史背景与理论注脚，为后文的写作提供相应的铺垫材料。

（一）先秦时期的古羌部落

有关羌族的文献记录和传说，最早可以推及"炎帝"；据传炎帝神农氏乃"姜"姓，而姜姓通常被看作古羌人的一支，因此炎帝被一些历史研究者当做羌族最早的始祖。但同时，整个中华民族又被称为炎黄子孙，也就是说，炎帝和黄帝部落是中国所有民族共同的祖先，难以从现代"民族"概念出发来判断原始部落社会的民族属性，同样的理论问题还可以推及关于大禹的传说。《史记·六国年表》载，"禹兴于西羌"，而且其出生的地点就在当今羌族聚居区的岷江上游。《吴越春秋》中说："家于西羌，地曰石纽。石纽，在蜀西川也。"可见，大禹是古羌人当无异议，夏王朝乃其子孙创建也早已为史学界所认可，但是，从现代民族学意义上说夏王朝是由羌族人创建则显得有些牵强，中国的第一个王朝是整个华夏民族之国家文明的源头，而难以将它与单独哪一个民族单线联系起来。①

　　同样,在商周王朝时期,古羌人也发挥了重要的政治作用,甲骨文就有"商王朝伐羌和将被俘羌人当作奴隶"的记载,而周王朝的建立与古羌族人的支持密切相关。据《尚书·牧誓》记载,有庸、蜀、羌、髳、微、卢、彭、濮八族参与了武王伐纣的战争;而且姜姓羌人与周朝王室有较为稳定的通婚关系,在周王朝建立之后,分封的诸侯很多都是古羌人,因此古羌人得以迁徙到山东、河北、河南等中原地区。截止到秦王朝统一全国时期,古羌人已经发生了巨大的分化,迁徙到中原地区的羌人已经融入到农耕文明之中,而保留其原部落特征的古羌人则相对稳定地生活在甘青的黄河、湟水地带(即所谓的河湟地区),另外还有很多支系则不断向南、向西等地迁徙,经过漫长的历史时期而发展成为其他民族。

　　根据阿坝州羌学学会前任会长杨成广先生介绍,大概在公元前300年左右,东北亚的鲜卑人与羌人共同来到现在的甘肃和宁夏,这里就成为羌族人聚居区,他们的文化程度提高之后还建立了土布会,到了隋朝时期,这些人又回到辽东半岛,还有一部分到了朝鲜半岛,所以现在韩国还有30多万姓姜的羌裔;东南亚地区的缅甸、柬埔寨、越南、泰国等在过去都曾经是古羌国的版图,现在柬埔寨还有20多万羌裔;此外,在当前的克什米尔地区,古羌人曾经建立过"路羌国",也是他们的活动区域。如果以上观点可以得到最终考证,那么古羌族的迁徙历史将更加丰富和充实;即使从现有史料也已经可以发现,古羌人是创造中国先秦文明的重要力量,他们不仅是中国早期农耕文明的主要劳动力来源,而且成为探索中国西北和西南地区很多少数民族起源的重要依据。但值得注意的问题是:古羌人与中国当代的羌族到底存在何种关系?延续上文的基本观点可以认为,古羌人是诸多炎黄部落中的一支,当时还没有现代民族的概念,人口的流动还十分频繁,部落之间的差别主要体现为生产方式的不同,稳定的文化形态还没有出现,汉民族尚且处于萌芽状态,因此,不能将现代意义上的"羌族"直接追溯到古羌族,而最多只能认定当代羌族只是其中一支古羌部落的后裔。

---

① 以上信息皆来自笔者对阿坝州羌学学会专家、地方知识分子的多次访谈素材,并已经查阅到一些文献佐证。

（二）汉至元代的分化与迁徙

公元前 3 世纪,汉王朝的建立成为中国民族发展史上的里程碑,汉民族作为农耕文明的主体地位开始得以确立,而周边地区的其他部族则延续着游牧、狩猎等其他文明的形态,这种多元文明并存的局面为民族概念的清晰化奠定了基础。与当时的匈奴人不同,古羌人并没有与汉王朝发生持久的大规模战争,而是继续分化并大多都被纳入了汉王朝的统治之下,包括现在的甘肃、青海、四川西北乃至新疆等地的广大地区都是古羌部落的活动范围。根据阿坝州羌学学会的介绍,在西汉公元 2 年时,全国羌族人口是 1300 多万,当时的羌人主要分布在西北地区,除东南沿海几省外,中原的河南、河北、山东、安徽等省份几乎都有羌人。据《后汉书·西羌传》记载,东汉之后,大量羌人内迁,他们在融入汉文化的过程中受到了朝廷的压迫和歧视,由此引发了三次大规模的羌民大起义,虽然大量羌人被屠杀,但长期的军事镇压也加速了东汉王朝的灭亡。由此可见,在两汉时期,古羌人仍处于剧烈分化的状况,有的人口继续被融入到中原汉民族当中,有的远离故土,逐渐脱离早期的生活环境,还有的被大量杀害,这体现了古羌人在农耕文明挤压下所面临的艰难处境。

三国两晋南北朝时期,古羌人再次成为中国政治舞台上的一股重要力量,曹魏和西蜀政权都曾经极力争取羌人的支持,并征调羌人加入自己的军队,将部分羌人迁入自己的辖地作为臣民,进一步加速了部分古羌人融入汉民族文化的步伐。在西晋之后,中原地区出现了很多非汉族人建立的政权,其中前秦和后秦政权分别由羌人苻坚和姚苌创建,它们虽然存在的时间并不长,但为羌人的发展壮大提供了条件,其中宕昌羌和邓至羌在此时期获得了空前的发展,其中部分人口迁徙至现岷江上游地区,有学者认为这部分人口即为当今羌族人口的祖先。在两晋南北朝时期,古羌人不断与汉族和其他少数民族进行交往融合,特别是为汉族人口的扩充提供了新鲜的血液;而伴随着汉族人口的增加和农耕文明的扩展,羌人的分化也得以进一步推进,产生了对羌人的多种称谓,比如青羌、白羌、河曲羌等。很多的羌族本土学者都认为,五胡"匈奴、鲜卑、羯、氐、羌"中的氐实际上是古羌人的一支,指的是低地的羌人,其汉化程度较高,因此被当时的政权区别看待,现在的白马藏族就是古氐人的一支,虽然与羌族有着密切关系,但后来被识别为藏族,说明这段历史还有待继续澄清。

到隋唐时期,汉民族得以再次统一中原,经过之前数百年的民族融合,进入农耕文明区域的少数民族人口已经彻底被汉化,而那些依旧生活在西部边疆的羌人则传承了古羌人的某些文化特质,继续作为羌人而存在。唐王朝对周边少数民族实行"羁縻州"政策①,羌区部落纷纷内附,其首领被封为刺史等职,羌汉关系稳定;而当时的吐蕃日益强大,不断发动对唐王朝的战争,羌人生活在双方交界之地,因此深受其害,大批羌民被吐蕃征服和掳走。当时相对较为强大的党项羌向唐朝请求内迁,其中的拓跋氏一支被唐王朝安置在了庆州(今甘肃庆阳)一带,并设静边州,在后来的安史之乱和黄巢起义期间,拓跋氏带兵平叛,屡立战功,积累了雄厚的实力,到北宋时建立了西夏国。在这一时期,广大的羌人生活区域都被纳入到吐蕃的统治范围,羌人传统的领地逐渐演变为藏族地区,因此,羌人的"藏化"成为不可避免的现象,有的羌族学者认为,今天被认定为白马藏族、嘉戎藏族的人口很可能就是当时被"藏化"羌人的后裔,不管是从他们今天的生活区域还是从与羌族传统文化的相似性来看,这种说法都是有依据的。

根据《羌族简史》(2008:23)的相关介绍:"到了宋代,我国境内的羌人,除岷江上游还有一些聚居的村落,继续保持着羌族的基本特征外,其他地区的羌人大都发展为藏缅语系的各族或先后融入汉族及其他民族之中。"但是当时的西夏国还较为强大,党项羌人的政权还比较稳定,直到元朝将西夏灭亡之后,羌人才真正分化到了"再也未能建立独立政权"的程度,而元王朝对西夏国进行的血腥屠杀促使很多羌人改变了民族身份,加入到其他民族的行列,从此,古羌族最终分化与演变为一个人口较少的民族。费孝通先生(1989)在《中华民族的多元一体格局》一文当中就明确指出:"羌人在中华民族形成过程中起的作用,似乎与汉人刚好相反:汉族是以接纳为主而日益壮大的;羌族则以供应为主,壮大了别的民族,很多民族包括汉族在内都从羌人中得到了血液。"

---

① 羁字原义,为马络头,縻字原义为牛靷;羁縻,喻牵制联系之意,借以形容天子与边疆四裔之关系。在唐代时期,边疆地区从事游牧生涯的民族内降之后,唐王朝按照内地通行的制度,在其疆土上设置州县,并设置都督府以统辖所设的州县。这样设置的都督府和州县,一般都用本部落的人为都督、刺史、县令,和内地的州县不相同的,为了互相区别,这样的设置一般称为羁縻州,这是唐代特有的制度。

必须指出,当代的中国羌族并不能完全代表古羌族的血脉传承,因为包括汉族在内的很多民族都与古羌人有着紧密的历史渊源,有学者考证,我国境内的彝族、土族乃至藏族都可能起源于古羌人的一支;但是从文化特质来看,当代羌族人口的地理分布最靠近古羌人的生活区域而且受到的外界影响相对较小,因此在某种程度上能够体现出古羌人的很多历史文化特征。由此可见,判断某个人群的民族身份很难单纯从生物遗传学的角度进行,而只能根据其文化特质的传承作答,这一点在下文中还将继续得到论证。

(三)岷江上游地区的现居羌族人

有关羌族历史的研究都难以回避的一个问题是:现今岷江上游地区的羌族居民是何时定居于此的,这些羌族现存人口的演进历史是怎样的。有学者认为,他们的祖先是在战国到秦汉时期从河湟地区迁居到岷江上游来的,还有的认为是在两晋南北朝时期迁徙而来的,还有的学者认为他们的祖先是西夏党项羌人,在西夏国灭亡后被迫迁徙到这一地区,然而,这三种观点至今都未能得到学界的一致认可。有羌族学者根据岷江上游的"石棺葬"遗址和在羌族地区流行的"羌戈大战"传说推测,古羌人在汉代之前就已经来到现今羌族聚居的岷江上游,当时羌族人沿岷江迁徙于此,与本地的戈基人发生冲突,古羌人在神明的启示之下,借助白石最终战胜了戈基人,才得以在此地区定居下来。马长寿先生(1984)在他的《氐与羌》一书中也认为,本地羌民的祖先来自盛产牦牛的地方,可能就是所谓的河湟地带。相比而言,南北朝说和西夏党项后裔说则缺少得力的证据,绝大多数羌族学者都认为羌人应该在秦汉时期就已经生活在岷江上游地区了,现在的羌族人口正是这支古羌人的后裔。

根据笔者在理县平坝羌寨和汶川县雪山村的实地调查来看,以上各种观点都值得商榷,因为这两个村落的历史传说和记忆都难以证实以上论断,甚至存在严重的观点冲突。当地的建筑物最早可以追溯数百年,民间的英雄历史传说也没有超过明代之前,更重要的是,所有的家族历史都难以追溯到明代之前。平坝羌寨的杨家大院据说已有六七百年的历史,但是杨家人说自己的家谱上只有十几代人的记载,祖上来自彭州;而平坝的王家人说自己的祖辈是清朝初年湖广填四川时期从郫县搬迁而来的,至今已传十几代人。雪山村的马家人说自己祖辈来自双流,至今已传十几代人;而余家人说自己的祖辈是湖广填四川时期搬迁而来的,至今相传十代人左右;朱家人说自己的祖辈来自湖广麻城县孝感乡,至今已相传十多代人,也很可能是湖广填四川时期搬迁过来的;何家人说自己的祖辈来自成都新津,至今已传九代,是搬迁到本地最晚的姓氏。从以上的家族历史记忆可以看出,这不仅难以证实本地羌族人与古羌人之间的血缘关系,而且还似乎传达了另外的信息,即现存羌族人口的祖辈在很久之前可能并非正宗的古羌人,只是这种观点暂时还很难找到确切的文献记录。

既然难以判断现居羌族人口与古羌人之间的血缘关系,那么应如何看待羌族传统文化的传承? 一种合理的解释就是:现居羌族人口的祖辈迁徙到这个地区,与原居民杂居后逐渐适应了本地的社会文化,成为"文化上"的羌族人,经过若干年的通婚和演变,原住民人口减少,而后来者成为当地的主体羌民。平坝羌寨的普通村民周鹏利明确指出:

> 平坝人是不同时期搬来的,据说是王家和杨家祖辈先搬来的,之前是什么民族并不清楚,但到了平坝就说羌语,懂羌文化,那就是羌族,别的民族在祖辈时候也不一定就是同一个民族,古代的事情也说不清楚,只能根据现在的特征来认定,从血统上肯定难以判断出羌族与其他民族的区别。

由此可见,古代的人口迁徙和民族融合远比很多学者认为的频繁和广泛,即使一向被看作"生活在封闭环境"中的羌族也不例外,羌族传统文化的传承离不开其特殊的地理生态环境,但是其传承者绝非必然为其祖先的直系子孙,正如汉族农耕文化的创始人也许恰恰是某游牧部落的首领,只是因为迁徙到了适合农耕的地区生存,才顺其自然地适应了另外一种生活方式。关于羌族历史的研究,还存在另外的颠覆性观点:学界通常将石木碉楼视为羌族传统建筑样式的典范,但是平坝羌寨的本土知识分子王俊强则指出,

> 长辈们曾经说过"蛮夷不掌碉",意思就是古代的羌人并不住碉楼,而是当地征服者和官家以碉楼来显示身份,这证明羌族人在很早就与汉族人杂居在一起了,加上相互通婚等,纯粹的羌族人也许已经没有了,所以现在羌人只能记忆十几代人,往上就没记载,

这是不难理解的。

这种观点不仅解释了现居羌人为何难以记忆悠久的民族历史，还对民族史学界的很多常识性观点提出了挑战：羌族地区的碉楼不仅难以作为古羌人"封闭式"生活的证据，而且相反，它证明，古羌人早就与汉族等其他民族的人口杂居在了一起。此外，王俊强先生还向笔者介绍了另外一个颠覆性的观点——苏三夫妇曾提出"羌人南来说"①，其依据就是释比法器和衣冠上装饰的贝壳以及猴头帽，他们说古羌人应该是翻阅横断山而来到岷江上游地区的，之前他们应该生活在南部沿海地区，否则就难以理解贝壳和猴头饰品的由来，内陆地区是不容易找到大贝壳的，更难以成为羌族人共同尊奉的器物。这种观点与主流学者关于羌族人口迁徙的论断形成了鲜明对立，但从某种意义上说，这也并非完全没有道理。

二、明清以来的羌族社会与地方记忆

通过整理相关历史文献并结合实地调查所搜集到素材可以判定：自明清时期以来，岷江上游地区一直是羌族人的主要活动范围，而且现居羌族人口对这个时期的历史存在相对清晰的记忆，因此，采用社会史②的研究方法考察这一时期的羌族社会文化变迁是可行的，明朝推行的土司制度和清朝以后的改土归流政策可以作为讨论的切入点。

（一）明清时期的羌族社会

根据目前羌族人口聚居区的地方志记载，明朝政府在羌族地区曾广泛推行土司制度，利用当地的头人、酋长、贵族作为中央朝廷的地方代表，要求他们向朝廷缴纳象征性的贡赋，在战争期间出兵协助中央王朝平定叛乱等，被册封的土司往往都是归顺中央王朝的地方军事首领。而根据笔者的实地调查资料来看，当时的土司制度主要是中央王朝对

---

① 苏三夫妇的观点也是平坝羌寨的王俊强先生向笔者提供的，王先生曾经亲自接待两位学者的到访，并与他们围绕羌族历史话题进行了深入的交谈，并且感觉深受启发。

② 社会历史方法强调"自下而上"的研究视角，提倡依托民间社会记忆与口述历史方式获得有关信息材料，与主要依托文献记录进行历史研究的方式存在着较为鲜明的差异。

藏族人口的统治方式,很多羌族地区都未实行土司制度,雪山村的知识分子明确指出当地未曾存在过土司,他们说:"以前有个梭磨土司控制着99沟半的地区,现在的映秀、通化、平坝、三江,包括黑水的部分地区都是他的地盘,都是藏区,但我们这里的羌区没有被他们控制"。平坝羌寨则有贾开允"贾大爷"的传说,据说他们祖上是山西人,明朝万历年间被派到了理县一带,是镇守本地的总兵,明朝灭亡之后,其后人请求清王朝允许他们家族搬迁到成都平原,但这时"湖广填四川"已经结束,难以再统一安排。于是,贾家当时的兄弟五人留下贾伯根一支来看守祖坟,其他四兄弟分别迁往茂县、璇口、彭州和重庆定居,贾开允就是贾伯根的后代。由此可见,明朝土司制度并没有遍布整个羌区,中央政府对地方的直接控制不但没有放松,而且有所加强,这也可以解释羌民当时为什么不断发动起义来反抗明朝政府。

有史料记载,张献忠领导的农民起义部队在成都平原遭到失败之后曾来到羌族地区,因此有大量汉族人口来到该地,"大批汉民的移入,带来了内地的生产技术和生产工具,对羌族地区经济发展起了积极的推动作用。"(《羌族简史》,2008:40)这一点与当前羌族人的历史记忆有很强的契合,平坝羌寨、雪山村的主要姓氏起源大多都可以直接追溯到这一历史时期,当地人对祖辈的记忆也大多都始于这个时期,关于此,前文已有介绍。这再一次印证了羌族社会文化的"汉化"趋势早已有之,在明清中央王朝的统治下,羌族人不仅在血统上与其他民族有了新的融合,而且其传统文化也在各种外界力量的干预下发生了重大的转变,清王朝实行改土归流政策之后,这点显得更加明显。根据史书记载,在雍正十三年,朝廷曾下诏命羌族人用棺木埋葬死者,要穿六衣进行土葬,以化番人。羌族传统文化的汉化趋势从此以后不断加剧;到嘉庆年间,地方贵族开始主动改火葬习俗,"殓用棺椁,筑坟以葬,悉如华制,人羡其善变。"(《古今图书集成·方舆汇编·职方典》,卷593"成都府部")从此以后,羌族的主要丧葬方式就转变为了土葬,而火葬只适用于"凶死的人",即意外死亡者或者年轻人。这种巨大的文化习俗转变从政府强制和提倡到羌族民众的自愿接纳也不过花费了百年时间,足见中原文化对当地社会的影响之迅速。

清朝政府在包括羌族地区的广大少数民族地区实行改土归流政策,一方面源于地方土司与中央王朝的矛盾加剧,另一方面源于自身统治能力的提高,而随着清王朝中央集权制度的加强,羌族社会文化更多地受到外界社会的影响,其传统文化在国家政治干预下发生了重大的变革,丧葬习俗即为其中一例。此外,中央王朝对地方频繁用兵也对羌族地区的社会文化产生了一定的影响,据说平坝羌寨的寨名即起源于乾隆时期的一位将军。从乾隆十二至四十一年(1747~1776),清廷对四川的大、小金川地方土司进行了两次大规模的军事行动,清军路过杂谷脑河流域,行至现在的平坝羌寨一带驻扎休整,当时正值桃子成熟季节,士兵于是都吃桃子解渴,所弃桃核遍布山野,领兵的将军将本地命名为"桃子坪",后来就改为平坝。这些传说虽然难以确切地从史料中获得证实,但是足以说明羌族地区受外界文化影响之深。在清王朝实行改土归流之后,羌族地区逐渐从封建领主经济过渡到封建地主经济状态,土地的自由转让和货币地租的流行加速了当地的商品经济发展过程,人口与物质的流动变得更加频繁,羌族社会的开放程度进一步提高,当地传统的农作物青稞、荞麦等逐渐被玉米、洋芋等高产作物所取代,人们的生计与生活方式随之发生了重大的转变,这些史料记载都可以从当地知识分子的叙述当中获得不同程度的证实。

在清末民初时期,随着西方资本主义强国的入侵,闭关锁国的政策再也难以推行,不仅沿海地区开始通商建埠,中国广大的内陆地区也开始出现外国人的活动,羌族地区就出现了许多西方传教士,他们在当地开设学校、医院等公益机构,向当地羌族民众传播基督教思想,从此,羌族的传统社会文化开始受到更广泛外部力量的影响。英国传教士托马斯·陶冉士曾于19世纪20年代在羌族地区传教,并根据羌族历史与风俗写成一本名叫《青衣羌》①的小册子在以色列发表之后,有学者发现,羌族的建筑、民俗等文化元素有许多都与以色列很相似。托马斯的后代陶冉士还于1993年专门来中国羌族地区进行考察,企图继续挖掘古羌族与以色列人之间的历史关系。根据平坝羌寨以及附近村落的老年人介绍,解放之前当地的教会学校设在界山寨,有不少人去那里学习识字,其中包括很多女性,有些学员最后成为了虔诚的基督徒;传教士还经常组织社会救济等活动,为当地民众发放各种急需的生活物品,帮助他们治病,教会在当地还是做了不少的善事。但是也有相关历史文献记载,西方传教士借机窃取这个地区的地理资料,挑拨民族关系,引

---

① 这本小册子已经被杨新松编在了《云朵之中青衣羌》(大众文艺出版社,2009年)这本新书当中,方便查阅。

起了羌族民众的反抗,但是当地民众对此并无记忆,甚至认为这种说法很可能就是一种对事实的歪曲,而且至今还有很多当地人信仰基督教,特别是在老年人群体当中,这种现象显得更加普遍。由此可见,西方传教士对羌族社会文化的影响十分深远,近百年之后,当地人在这方面的社会记忆仍旧显得格外深刻。

(二)1949 年前后的羌族社会文化革命

民国之后,羌族地区的社会开放程度进一步提高,其社会文化继续发生着深刻的变迁。根据羌区各县的地方志记载,红军长征途中在羌族地区停留达四个月之久,红四方面军曾在这个地方与国民党军队进行了著名的土门战役,确保了与红一方面军的胜利会师;共产党的到来激发了羌族民众的革命热情,红军在当地广泛宣传党的民族政策和革命思想,对羌区的社会思想变革产生了深刻影响,同时赢得了广大羌民的拥护。但是在理县的嘉戎藏族地区,发生了红军与当地土司、喇嘛之间的冲突,引发了流血事件,红军焚烧了当地著名的宝殿寺。陈永龄先生(1947)在其硕士学位论文《嘉戎土司制度下的社会》中讲述了这段历史。同时,笔者在平坝羌寨的调查得知,当地也曾发生过杀害红军的事件,而且一些老人还记得当时的紧张局面,红军与当地人的关系远没有当地县志材料上所述的那样和谐。尽管如此,在红军北上之后,共产党的影响还一直存在,村落建筑上"打倒刘湘"[①]的标语至今还清晰可见,理县界山寨还保留着当时徐向前元帅居住过的碉房,现今汶川县城的红军桥也从那时候起就已经名声远播。汶川 5·12 地震后,红军桥得以修缮一新,桥头的碑文上还记载着当时羌族民众帮助红军渡过岷江的故事,但是真实的历史也许早已成为了无法挽留的烟云。

民国时期,羌族地区的商品经济虽然有所发展,但是仍处于较低的阶段,据平坝羌寨的王俊强先生介绍,当时本地的某富户在当地开设了第一家小商店,出售火柴、食盐等日用品,但是几年都未开张,因为大家尚未习惯于购置这些生活用品,长期形成的自给自足生活方式已经根

---

① 刘湘(1888—1938),四川大邑人,民国时期的四川军阀,1933 年被蒋介石任命为长江上游"剿匪"总指挥,1935 年任四川省主席,他的部队与红四方面军进行了多次战斗,并成为围堵中央红军北上的重要军事力量,同时也反对蒋介石对川军的分化策略;抗战开始后,积极争取到前线迎敌,1938 年病逝于汉口。

深蒂固。据有些老人介绍，当时人们的经济生活条件还比较艰苦，青稞、荞麦、洋芋（土豆）还是当地人的主要食物品类，青稞用于食用和制作咂酒，荞麦、洋芋是人们的主食，玉米虽然也有种植，但是尚未成为大宗作物，大米更是只有极少数权贵人物才能享用的食物；采药和狩猎活动可以给人们提供其他营养品（虫草等）和肉食，但是对广大平民阶层来说，这些都是只能在特殊时期（如春节）才能享用的奢侈品。当地还有老人告诉我说，民国时期虽然也存在着社会贫富的分化，地主、富农拥有更多的土地和家庭财富，但是社会对立情绪并不严重，人们大多都将这种财富拥有上的分化归结为各自勤劳程度的差异或是命运所致，因此相互之间大多都可以和睦相处，即使内部发生纠纷矛盾，也会有当地权威人物进行调解，不会演变为"民变"。当地人的这些社会记忆与地方州县志的某些记载也有很大差异。

在抗日战争时期，中国的人口流动日趋频繁，来羌族地区定居的汉族人口又有增加。据平坝羌寨的村民反映，有位山东"秀才"叫宋明智，他为逃避中原的战乱来到了四川理县，虽然当时他已经成家，但以为老家的妻子已经改嫁别人，所以就在理县另娶了一名羌族女子为妻，并生育了几个孩子。解放后，山东老家的那个妻子经多方打听后前来理县寻找丈夫，这时宋秀才已经被安排在理县某乡政府工作，他只好与两任妻子带着孩子在理县一起生活了几年时间，但最后还是和前妻一起回到了山东老家，而他的那位羌族妻子则自己带着孩子在理县独自生活了半辈子，在高龄去世，他们的子女（女儿名叫宋凤龄）至今还延续着宋家的香火，已经是一个大家庭了。这则羌汉两族之间通婚的故事至今还流传甚广，而且宋明智本人也得到了当地多数人的理解，仍然被亲切地称为"秀才"，这体现了羌族文化的包容性和开放性特征。关于抗战时期的社会记忆，当地人经常提到"川军"的故事，他们骄傲地向笔者介绍四川人积极踊跃参军、开赴前线支援抗日战争的情况，甚至有人可以说出抗战期间参战川军的总计数量[1]，显然，这是一种对爱国主义情怀的渲染。

---

① 根据有关文献记载，抗战期间，共计有 350 万川军出川参加抗战，其中 64 万多人伤亡，参战人数之多、牺牲之惨烈，居全国之首；当地人的讲述与此基本相同。郑光路在《川人大抗战》（四川人民出版社，2005 年）一书中对此做了专门研究和论述。笔者所调查地区的村民对此问题的牢固记忆，一度引起了我的关注，最终发现其背后体现的是一种民族自豪感的"地方化"表达。

川西北的羌族地区在 1950 年初解放,笔者所调查地区的老人对当时情景的记忆还比较清晰,他们指出,那时候当地有位威望很高的士绅贾开允,他虽然家住在洞化,但是汶理茂三县的很多地方武装和头人都接受他的领导,当杨森的部队被解放军打败而退守茂州时,他就已经发现国民党大势已去,于是命令由他组织起来的"反共保国军"挂出红白两色的旗子,最后投降了共产党的部队,因此羌区的很多地方都得以和平解放。解放之后,新政权在羌族地区执行了较为开明的民族政策,调停和化解了不少旧社会遗留的民族矛盾和地区冲突,社会治安也有所好转;但是很快当地就开展了大规模的"镇反运动",许多在国民党统治时期担任政府职务的人和地主豪绅被追究和处理,被当地百姓形容为开明绅士的"贾大爷"(贾开允)就是在这个时期被枪毙的。随后不久,国家就开展了"民族识别"工作,当时被识别为羌族的总人口数为 10.3 万,并于 1958 年成立了茂汶羌族自治县,辖现在的茂县、汶川、理县三个县的主要地区,1962 年又恢复了三县的独立建制,原茂县仍继称茂汶羌族自治县,1987 年阿坝州改为阿坝藏族羌族自治州,茂汶羌族自治县又改为了茂县。(《羌族词典》:3)

尽管新中国的成立得到了羌族地区民众的热烈拥护,但从 1958 年开始,伴随着大跃进和人民公社化运动的开展,当地民众经历了一场空前的灾难,很多人因饥饿而死亡。据平坝羌寨和雪山村村民的反映,当时的地方政府虚报粮食产量,大量粮食被上级政府征调,公共食堂很快就无米可炊,附近的丫门乡有不少人因饥饿而食观音土,最终因肠道不通而死亡;平坝羌寨附近山上的增头寨当时的人口共有 300 左右,但因饥饿而死的人就达 40 口之多,雪山村和平坝羌寨因为尚且还可以挖到野菜,才没有人直接饿死,但是当时很多人都吃树皮和草根,因饥饿而得浮肿病的人很多,他们很多都最终病死。关于这场灾难,平坝的周福运说:"要是在解放后接着把地主的土地平均分到户,不去搞集体化,那还算是比较公平的,可惜没有那样做。"他认为搞集体化运动是导致当时发生饥荒的直接原因,农民因此没有了劳动的积极性,而地方政府可以随意支配集体的物资,才酿成了如此重大的社会灾难。

从 20 世纪 60 年代起,羌族地区也经历了大规模和持久的政治运动。据雪山村的很多村民反映,从 20 世纪 50 年代末期开始,当地相继开展了"四清"、"破四旧"和"文化大革命"等政治运动,大量的庙宇和其他古建筑被拆除,释比活动受到限制,日常的仪式活动被当作封建迷信加以取缔,当时的很多老人对此虽然心怀叹惜,但是迫于当时的社会形势,大多都是敢怒不敢言,直到 1980 年代改革开放之后,这些传统文化活动才得以恢复。谈到当时的"文化革命"所带来的社会后果,雪山村的有些村民认为物质的破坏不是最主要的,最主要的是当时的运动带来了一种心理的震撼,很多人亲眼看到并亲自参与到了当时的运动当中,对"神灵的大不敬"现象俯拾皆是,对传统信念的那种彻底抛弃使人们刻骨铭心,但他们同时也看到当时的社会并没有出现异常的自然现象,而所谓的"惩罚"也未降临,这就促使人们开始怀疑羌族传统习俗和知识,特别是对"众神"的信仰,从根本上动摇了许多的传统观念。这种由国家政府推动的"破除传统"运动尽管在短期内并未彻底消灭羌族的传统文化,但是它在人们的心灵深处埋下了"传统信仰危机"的种子,并为改革开放之后的思想解放奠定了坚实的基础,为羌族传统文化的迅速衰落埋下了伏笔。

(三) 改革开放之后的羌族社会发展

20 世纪 70 年代末期的改革开放给广大的羌族地区带来了一场深刻的经济革命,截止到 1983 年,家庭联产承包责任制已经在当地全面推开,农民的生产劳动积极性获得了极大的提高,农业生产力获得了空前发展,当地的温饱问题很快就得以解决。羌族地区的工农业发展推动了当地商品经济的发育,市场经济体制逐渐得以确立,特别是从 1980 年代末开始,当地的交通基础设施状况得到明显改善,进一步促进了当地市场经济的发展,北川、茂县、汶川、理县等羌族人口聚居区通往绵阳、成都等大城市的重要道路(如国道 213 和 317 线)都得到了改造,这促进了羌族地区与成都平原经济区的物资和人员交流,加速了当地的社会开放进程。市场经济体制的确立不仅标志着一场经济革命的完成,而且预示着一场社会思想革命的到来,伴随着市场交换行为的普遍化,羌族民众的个体与自我意识逐渐增强,人们的思想观念开始发生一种根本性的转折。在笔者进行实地调查期间,当地人对于改革开放初期的历史记忆大都进行了"欢快"的表述,可以很明显地感受到他们对这段历史的美好印象,平坝羌寨的某位村民甚至直白地告诉我说:"如果没有改革开放,我们也许还是整天'胡搞'运动,别说大米,也许就是野菜也还吃不上呢。"

伴随着改革开放,之前各种政治运动的结束和自由社会环境的形成,羌族地区的传统文化节日活动得到某种程度的恢复,羌历年和转山会等节日仪式再次回到羌族民众的生活当中,但是之前被拆除的庙宇等古建筑一直未能重建,各种节庆仪式的举办与解放前的场景已经有相当大的差异。在羌族传统文化出现短暂复兴的同时,其深层根基却发生了动摇,随着当地社会开放程度的提高,现代化生活方式的引入,当代科学与理性话语日益占据了人们的头脑,相对封闭条件下形成的羌族传统信仰出现了危机。比如关于汶川5•12地震的起源,当地人大多都会用地壳运动理论来给予解释,还有人提到了生态环境破坏,雪山村的马青山释比说,唯物主义应当是看问题的出发点;羌族人祖辈流传下来"鳄鱼翻身导致地震"的传说几乎被所有人视为无稽之谈。羌族民众已经在历史岁月的磨砺当中逐渐淘汰了很多传统知识,转而接受一套新的科学话语体系,即使在轰轰烈烈的"破四旧"运动中都未曾完全消失的"众神信仰"却在市场经济和开放社会的发展洪流中逐渐淡化,乃至频临消亡。据雪山村有些村民反映,在"破四旧"运动和"文化大革命"期间,虽然政府明令禁止各种祭祀等封建迷信活动,但还是有人暗中祭奠家神,释比在人们的潜意识中还享有较高的地位,羌族的传统信仰并没有从人们的头脑中消失,但是改革开放之后,人们的传统信仰明显淡化了,特别是年轻人的思想几乎与传统彻底断绝了关系。政治运动没有达到的社会文化变革目标在市场经济体制下水到渠成地得以实现,足见社会开放对地方社会文化变迁发挥的巨大作用力。

在羌族社会经济迅速发展的大背景下,当地的经济产业结构也随之出现了根本性转变,其中最为显著的变化就是旅游业的兴起。羌族地区的旅游开发得益于三个方面的有利条件:其一是当地交通状况的改善和开放程度的提高,其二是羌族地区优美的自然生态环境,其三是羌族特有的传统文化遗产。正是在以上三个条件具备的情况下,当地的旅游业如雨后春笋地发展起来。旅游业的发展对羌族地区的生产与生活方式产生了很大的影响,首先是种植业结构的进一步调整,受游客消费需求的启发,旅游景点附近地区开始种植苹果、樱桃、石榴等水果作物,传统的青稞、荞麦等农作物在很多羌族地区彻底消失;其次是推动了当地交通设施的改善和传统建筑的修缮,为满足游客生活方便和猎奇心理的需要,旅游接待景点大力投资交通基础设施,同时对传统建筑进行修缮,使之外观愈加古朴而内部装修却更加现代;最后是带来了羌族民众思想的转型,特别是游客接待中存在的竞争关系极大地瓦解了传统的集体意识,而激发了人们的功利主义动机,人情的逐渐淡漠成为当地人对旅游开发不良后果的最深刻感受,这些都体现了旅游给羌族传统社会文化带来的深远影响。

此外,旅游业的发展还改变了羌族地区不同地理区位的居民之间的关系,在平坝羌寨就有一种充满戏剧色彩的说法,即靠近交通要道的居民本来都是汉族,而靠近山里的居民才是纯正的羌族,前者被称为"大路人",后者被称为"小路人",在解放之前这两个群体之间的交往并不频繁,通婚更是罕见的,并且存在着"大路人"歧视"小路人"的现象。后来当地政府为了行政管理的方便,将两个群体的居民统一定为"羌族",身份统一之后,以往存在的歧视现象有所减轻,但"大路人"的生活状况还是比"小路人"要优越。但是自从本地在 20 世纪 90 年代中期开发旅游项目以后,以上的歧视现象就顿时消失了,由于当地的旅游业是以羌族特色文化风貌为亮点,"小路人"的生活物品和生活方式成为游客关注的中心,而"大路人"则因为缺少特色文化而难以吸引游客的眼球,因此就出现了"大路人"来攀附"小路人"的现象。除了上面提到的两个群体的民族身份统一被定为羌族之外,"大路人"还开始效仿"小路人"的家庭装饰和生活习惯,以此吸引游客的到访。

王明珂先生(2008)在《羌在汉藏之间》这部著作当中提出,羌族社会由于地理位置的区隔化原因,其内部存在着"一截骂一截"的现象,羌族人的认同单位相对而言比较狭窄,笔者对此也有所关注,但是伴随着当地社会发展进程的推进,这种现象开始发生改变,特别是当地的旅游开发对于这种改变起到了关键性的作用。市场经济的开放性特征催生了人们对"返璞"文化的追求,"文化旅游热"的社会心理基础即在于此,而当特色文化成为了一种经济资本的时候,当地社区的民众就会表现出一对相互否定的行为逻辑:一方面是心理层面上的"现实化",体现为"小路人"接近"大路人",而另一方面是生活装饰层面上的"返璞化",体现为"大路人"攀附"小路人"。表象和本质之间的这种差异展现了民族文化旅游所带来的双重社会效果,羌族民众在旅游业发展的浪潮中正经历这样一个"自我否定"的行为调整过程,他们一方面乐于再次发现了传统的价值,而另一方面又在实际生活当中变得更加"现代化",打造传统是为了迈向现代,而那些早已将传统丢失的人群为了寻找走向现代的捷径也开始自觉地捡起了早已丢弃的传统文化遗产,旅游业将"先发"与"后发"优势完美结合在了一起,推动了羌族民众对自身传统文化的"功利主义认同"。

三、灾后重建过程中的旅游开发浪潮

自 20 世纪 90 年代开始,川西北羌族地区开始探索以旅游开发为主导的社会发展路径,但是由于地理环境、各级政府的重视程度等诸多因素的差异,这项工作的进展表现出鲜明的不均衡特征,有些具备旅游开发潜力的地方一直未能正式启动这项工作,汶川地震灾后重建则为它们加入新一轮旅游开发热潮提供了天然的契机。各级政府向羌族灾区的大规模投资,特别是对公共交通基础设施的"高规格"修复,为羌族地区的旅游开发打破了硬件设施方面的瓶颈,各地方政府都抢抓机遇,希望借此启动当地的旅游开发或者提升其旅游业的"档次水平"。在汶川地震灾后重建过程中,羌族地区的旅游业恢复与开发受到了当地各级政府的格外关注,对该项产业的新建或重建演绎出了中国经济社会发展故事的"经典剧本",借助某种"地方性"的表述,我们可以充分领略到其中所包含的各种"发展话语"游戏。

(一)多元主体推动的羌族文化旅游开发

汶川地震灾后重建工作不仅关注到了灾区民众的生产与生活恢复问题,还充分考虑到了当地民众长远的生计改善和可持续发展问题,因此产业重建是整个灾后重建工作中极为重要的内容。由国家发展和改革委员会牵头编制的《汶川地震灾后恢复重建总体规划》第九章就专门提出了有关产业重建的基本方针:"产业的恢复重建,要根据资源环境承载能力、产业政策和就业需要,以市场为导向,以企业为主体,合理引导受灾企业原地恢复重建、异地新建和关停并转,支持发展特色优势产业,推进结构调整,促进发展方式转变,扩大就业机会。"本规划方案分别从工业、旅游、商贸、金融、文化产业五个方面提出了灾区产业重建的有关指导原则,其中旅游和文化产业重建的主要方式就是恢复和新建灾区的旅游景区,规划文本提出的重点旅游开发区域、线路和景点如下表:

表 3 - 1 《汶川地震灾后恢复重建总体规划》摘录

重点旅游区：建设羌文化体验旅游区、龙门山休闲旅游区、三国文化旅游区、大熊猫国际旅游区
精品旅游线：建设九寨沟旅游环线、藏族羌族文化旅游走廊、地震遗址旅游线、大熊猫栖息地旅游线、三国文化旅游线、川陕甘红色旅游线
景区景点：恢复重建都江堰—青城山、九寨沟、黄龙、剑门蜀道、鋬华山、李白故里、四姑娘山、武都万象洞、成县西狭颂、康县阳坝、舟曲拉尕山、青木川古镇、定军山、宝鸡炎帝陵、千佛崖、略阳五龙洞等

在国家颁布的《汶川地震灾后恢复重建总体规划》指导下,汶川地震灾区各县(市、区)依托省际对口援建等外部资源开展了大规模的灾后重建工作,其中就包括一系列的旅游开发规划与精心打造。由四川省人民政府颁布的《四川汶川地震灾后旅游业恢复重建规划(2008—2010)》也明确指出:"进一步加强对四川省受灾地区旅游产业的支持,把旅游产业作为四川省灾区恢复重建的先导产业和优势产业重点培育……对口支援将旅游业恢复建设纳入省外对口帮扶工作重要内容。"灾区的有些地方政府为了进一步提升当地的旅游开发与游客接待档次,在基础设施恢复和重建过程中都高度重视与旅游开发工作的衔接,甚至有的基础设施重建项目本身就是为旅游开发所做的前期筹划,汶川县和理县政府在与作为其对口援建方的广东省和湖南省政府"协商"重建项目时,都不约而同地将当地旅游景点的重建与开发作为工作的重点,笔者所调查的平坝羌寨和雪山村都是被纳入重点工作的旅游景点。

与此同时,中央政府各部委也在不同程度上参与了灾区的羌族旅游开发。2008 年 10 月,文化部正式设立羌族文化生态保护实验区,并将实验区建设纳入到了国家汶川地震灾后恢复重建总体规划;同年 11月 14 日,由文化部命名的羌族文化生态保护实验区授牌仪式在北京人民大会堂举行。为了落实中央政府关于抢救与保护羌族文化的指示精神,文化部与四川省积极配合,共同商讨地震灾区羌族传统文化遗产的保护方案,并组织专家对《羌族文化生态保护实验区规划纲要》进行了多次修改和完善,该规划纲要成为了灾区重建中羌族传统文化保护工作的指南(纲要基本内容详见附录 1)。《纲要》明确提出,要通过发展旅游来保护羌族传统文化。在中央政府以及各部委、四川省各级政府以及各对口援建省的共同推动下,羌族文化旅游开发得到了落实,广大羌族灾区掀起了一股旅游开发的热浪。

根据广东省对口援建汶川县灾后重建的重大项目统计,除了教育、医疗等公共服务基础设施之外,与旅游开发紧密结合起来的重大项目就占了全部项目的半数,而直接提出旅游区品牌打造的项目就有十余个。水磨古镇的重建、三江生态旅游区的开发、绵虒"羌王城"的建设、溪森乡羌人谷的开发、映秀地震中心遗址的营造、雁门乡萝卜寨的恢复重建、卧龙自然保护区的重建等都是依照旅游开发的需要而进行规划的。湖南省对口援建理县灾后重建项目也有近半数与旅游开发"紧密挂钩",比较重大的项目有:平坝羌寨新村的重建、甘堡藏寨的重建、蒲溪沟的开发、米亚罗风景区的恢复等。截至2010年底,广东对口援建汶川灾后重建项目投资已达到82亿元以上,湖南对口援建理县的项目投资超过了20亿元,这些资金的很大比例都被用于了当地的旅游开发事宜,加上中央政府各文化部门的的直接投资,两个县的旅游开发资金已达到相当可观的数额。比如平坝羌寨,新村的重建全部由湖南对口援建方出资,老寨则由国家文物部门负责重建,两个项目合计投资达2亿元以上,一个旅游村寨的重建资金数额就如此庞大,足见当地政府对旅游产业的重视。

作为汶川地震重灾区的汶川、北川、茂县、理县等地都是羌族人口的集中聚居区,羌族传统文化在地震中遭受了惨重的损失,广大的社会科学工作者出于职业责任感,对灾区羌族传统文化的保护也给予了极大的关注。他们要么从维护文化多样性的立场出发,要么从保护民族艺术的角度着眼,要么从缩小民族地区与经济发达地区社会发展水平差距的视角思考,共同将关注的焦点聚集到了对羌族文化的保护和开发问题上。在新闻媒体和学界人士的推动下,中央政府各部门也表现出了对羌文化的高度关注,这一方面出于对羌族灾区民众的心理安抚,另一方面也希望能够借此推动当地的灾后重建工作顺利展开;而来自全国各地的对口援建工作者身处羌族文化的包围中,也会自发地产生了解和领略"异文化"的冲动,而且受灾区地方政府和新闻媒体的引导,对羌族文化的关注也成为一种"习惯"。羌族灾区的地方政府顺水推舟,希望借助羌族文化的"道德感召力"争取更多的经济资源,将当地的旅游业提升到更高的档次和发展水平,从而为自己的政绩提供筹码。在多元主体的推动之下,羌族传统文化保护和文化旅游产业开发逐渐上升为汶川地震灾后重建的一项"战略"任务,社会各界对弱小民族在大灾之后"生存"与"发展"问题的关注正是其动力所在。

在汶川地震灾区重建过程中,灾区各县(市、区)都争相打造本地的旅游产业,因此,文化资源显得愈加重要,在此背景下,中国远古英雄大禹的故乡成为有羌族人口聚居各县的争论焦点。关于大禹的身世,中国学术界和社会上都存在着巨大争议,这种争议在四川省内显得更加剧烈和现实。目前北川县已经成为了由国家正式认可的"大禹故里",但是汶川、茂县的一些学者和政府官员都表示质疑,他们通过对历史文献资料的收集整理和对四川西北地区地理风貌的考证来寻找大禹故里"真实所在地"的证据,"禹生石纽"的历史记录促使很多学者开始集中关注"石纽山"的具体位置。汶川县的绵虒乡高店村飞沙关又称为石纽山剟儿坪,因此当地人断定这里才是大禹的出生地,据说当地的禹王庙虽然在"文化大革命"期间被损毁,至今仅存残垣断壁,但是飞沙关洞口的顶山石还镌刻着"石纽山"三字,至今清晰可见,且沿岷江两岸的禹碑岭、涂禹山、石鼓、禹穴、圣母祠、禹王宫、禹舟渡等古迹遗址都可以证明这里就是大禹故里。汶川县的学者与官员正是凭借这些历史证据打出了大禹出生于汶川的旗号,他们在县城威州镇南部竖起了巨大的大禹塑像,塑像底座部位赫然写着"大禹"两个大字;又在绵虒镇建起了"羌王城",修建了大禹塑像和写有"大禹故里"的碉楼牌坊,以此来向世人宣布,汶川才是大禹的真正故乡。

据阿坝州羌学会的学者说,北川境内的学者和官员对于汶川的言行表示反对,因此汶川和北川两县为了争夺"大禹故里"的名头而相互纠葛不断。同时,茂县的少数学者和官员也宣布在县境内发现了大禹出生地,并且有充足的考古证据,平坝羌寨的王俊强先生也在理县汶山寨发现了关于大禹的遗迹,当地的古碑上记录有"封山禁牧"的朝廷律令,且写明禁令是出于对大禹先圣的尊敬[1],这就出现了四县共争"大禹故里"的局面。但目前来看,争论的主角仍然是汶川和北川两县,来自茂县和理县的声音还比较小。"大禹故里"的名头何以如此炙手可

---

① 笔者在平坝羌寨调查期间,有幸亲眼目睹了王俊强先生在汶山寨拍摄的古碑图片,因为年代久远,古碑上的不少文字已经十分模糊,但大概可以看出立碑时间是在清朝中期,上面也确实写有关于纪念大禹的文字,碑文的主要内容就是要在本地封山禁牧,目前汶山寨已经无人定居,自然环境甚显沧桑。

热？笔者的实地调查发现,这其中最重要的缘由是:受自然生态环境因素的影响,羌族人口聚居区域的工农业发展缺乏优势,旅游是其最适合的产业,因此,"文化符号"就成为了地方经济发展的重要筹码,谁掌握了对某种文化符号的所有权,谁就可以吸引到慕名而来的游客和经济发展资源。同时,市场经济带来的社会信仰缺失等社会问题也激发了人们普遍的"寻根意识",对自身生活意义的追求往往借助追溯和确认本族群的历史身份来予以实现,这也加剧了人们对古代英雄的崇敬,推动了文化旅游的兴起,四县共争"大禹故里"的现象由此而生。阿坝州羌学会的杨成广先生指出:大禹是中华民族的祖先,更是羌族人的祖先,至于出生在哪里并不重要,各地也没必要陷入无谓的争论之中。

大禹故里之争看似一个历史学话题,但是对当前的羌族社会而言,它更是一个社会文化话题,甚至可以说是一个经济发展的话题,因为只要获得这样一个正统的"称谓",当地的旅游产业就等于被注入了"强心剂",对当地政府和民众来说,可谓名利双收。因此,大禹故里之争本质上是旅游资源之争,围绕这一话题而展开的争论背后就是多元主体推动的旅游开发浪潮,在这一浪潮的"席卷"作用下,羌族人口聚居区各县为了打造和提升本地的旅游产业,都努力在这一话题上做文章,而且在很多情况下已经将文章做到了有些"牵强附会"的地步。大禹故里的话题在汶川地震灾后重建过程中得以凸显出来,一方面体现了学术界对羌族历史与文化的关注,另一方面更体现了灾区地方政府急功近利的"政绩思想",这两种主体的不同声音通过旅游开发问题而交织在了一起,进而对羌族灾区社会的普通民众特别是地方知识分子产生了很大的影响,使得该问题表现出了某种"焦灼"状态。在大禹故里之争的背后,我们可以隐约地看到多元主体参与的灾后重建工作充满了"复杂性"特征,特别是旅游业开发本身所隐含的一些独特属性,决定了其必将会成为一项艰难无比的事业。

(二)旅游开发与传统文化保护议题

旅游开发是当前中国很多地区都在大力推行的一种社会发展模式,特别是在相对落后而又缺乏发展资源的地区,旅游业经常被视为促进当地经济发展的"救命稻草",它不仅可以克服传统工业化路线带来的环境污染问题,而且还可以就地解决大量人口的就业问题。旅游开发必然会促进目的地社会文化的变迁,对当地的"地方性知识"带来深远影响,这几乎已成为了相关研究领域的共识,但对这种结果的价值评价却存在着巨大分歧,旅游人类学对此话题进行了广泛的研究讨论,形成了两种泾渭分明的观点:第一种观点主张积极发展旅游业,认为旅游开发不仅是发展当地经济、实现脱贫的有效途径,而且对当地文化保护起到积极的作用;第二类认为虽然本土文化遗产具有经济价值,但是如果对其进行开发,就意味着破坏和毁灭。持后一种观点的学者多来自西方发达国家;而前一种观点则受到了我国很多学者的支持,他们认为若不能找到有效途径来解决居民的生计问题,提高经济发展水平,那么首先面临的就是落后地区的人口流失和村落"空心化",更不用说本土文化传承了。

格雷本教授(2009)通过考察现代旅游给东道国与接待地区的艺术品所带来的转变发现,社会现代化与地方文化产生之间的碰撞、涵化引发地方文化的剧烈转型。纳什通过对"商品化、模仿效应、内在化和社会化、社会矛盾、文化调适、文化重建"等在世界旅游发展过程中的表现之分析,把游客视为一种帝国主义形式。格林伍德发现,旅游的发展使有宗教信仰色彩的大众仪式成为一种商业活动,文化商品化过程改变了文化产品和活动的内涵。麦狄娜则提出,游客对玛雅文化的需求和好奇使人们通过一些新渠道(主要是玛雅文化专家)恢复和发展玛雅祖先的传统,通过传统工艺品的方式复苏、保留了一些玛雅文化的精髓。(转述自路幸福、陆林,2007)格林伍德指出:"旅游业不过是把一个民族的文化现实包装后,连同其他资源一起被拿来出售,但如果没有文化,当地人就无法生存,所以旅游业正施加一种前所未有的对人类的挑战……文化商品化只需要几分钟,而几百年的历史却毁于一旦。"麦康纳也认为,民族文化的商品化不仅会贬低民族文化在当地居民心目中的价值,也会导致旅游者对"原真性"的追求走向失败。(转引自宗晓莲,2001)

郭凌(2008)从费孝通先生的"文化自觉"理论出发思考乡村旅游发展前后的乡土文化变化,指出,正是乡村旅游的发展敲开了乡村封闭的大门,推动了作为弱势文化的乡土文化的自觉,使其开始了从结构到解构的过程,最终达到"和而不同"的城乡文化一体化;文化自觉是乡土文化解构的动力与直接因素,它通过对传统乡土文化的重新认识,在内部产生出对传统文化的集体自豪感,引发了他们对自己文化的认同。马晓京(2002)指出,民族旅游文化商品化对民族传统文化的传承与发展,既有积极促进的一面,也有消极影响;但在商品经济还非常落后的民族地区,其积极影响远远大于消极影响。曹端波(2008)指出,"旅游发展中民族文化的保护和开发,首先应确定由谁来保护与开发,只有文化的持有者才能真正决定自身文化的保护与开发。"覃德清(2006)指出,从根本上说,民族民间文化资源保护的现代价值在于寻找中国文化经验的当代表达形式,让各区域民族拥有文化自我定位、构想、期待的心灵诉求,进而展示自我抱负,实现民族文化的自我辨析、批判、超越和自主发展;应当按照自身文化演进的逻辑自然而然地展开,不必削足适履地纳入"世界文明强势话语"的价值体系之中;在全球化的时代背景下,区域民族文化的自足生存和"文化独白"如同空中楼阁,不切实际。显然,这些观点实际上都是主张地方文化"开放"的必然和必要性。

还有学者更加明确地支持旅游开发,如郭山(2007)就提出:凡能延续至今的任何一个传统,必定具有适应时代要求的新内容;在当前经济尚且处于贫穷落后的民族地区,更看重传统文化的经济价值的"短视行为"不应遭到太多的非议;传统文化得到挖掘和保护的根本在于共同体的"文化自觉"和地区经济的快速发展,这可以使其跳出"文化低度开发陷阱",外因支持和内因激励是跳出陷阱的有效手段。徐明(2007)提出,旅游开发则是文化保护的重要依托,应充分挖掘文化资源的优势,采取有力措施,从更高层次上规划和推动旅游开发与文化保护的有机互动,真正把丰富独特的文化资源优势转化为旅游经济优势,促进地区经济社会又好又快发展。唐勇等(2007)则认为,在乡村旅游的开发过程中应通过政府引导、科学规划对农村文化分类分层实施保护,注重提高农民文化保护的自觉意识,以实现乡村旅游的可持续发展。熊关(2007)指出,要求当地人承担保护原生态文化的责任与义务,以牺牲这些地区的生存发展需要来满足经济发达地区的发展享受需要,是不符合可持续发展的"代内公平"原则的。以上观点都以"发展"的眼光看待经济落后地区的文化保护问题,将地方文化的保护寄希望于当地社会经济的发展和民众文化意识的提升,这与西方发达国家反对进行旅游开发的学者形成了观点上的鲜明对立。

与以上观点相对比,何兴亮(2005)则采取了相对中立的态度,他认为,保护地方文化与现代化并不矛盾,因为它是在相互交流中保护自己的特色,在竞争和比较中取长补短,在求同存异中共同发展,在保护的基础上创新,在不断的创新中发展。一个民族若没有创新的能力,也就不可能保护传统;一个民族的传统文化若不加以创新和变革,也就没有生命力,无法与当代社会相适应,并将逐步失去功能。历史上成功的文化现代化运动大多是一个双向运动的过程,即传统因素与现代因素相反相成,既善于克服传统因素对现代化运动的阻力,也善于使传统文明转换成现代文明。宗晓莲(2004)则从地方文化保护的现实运作中提出了新见解:政府以经济为工作重心的指导思想也限定了其文化保护、传承等工作的方向和性质,形成只限于口号宣传而无法落实到行动的现实局面;"越是传统的,越是现代的",甚至学术做秀被推广到民族文化的重构实践中可能会给民族文化带来伤害;因为文化不仅仅是历史的、积淀的概念,更是现时和现实的概念,它必须随着社会的发展而发展。以上两位学者都主张用发展的思维来看待地方文化的保护工作,注重传统与现代的衔接问题,尽管与激进的文化现代化论者存在一定的观点差异,但本质上还是认可旅游开发之正当性的。

此外,宗晓莲(2004)用"文化再生产"理论考察旅游开发背景下东巴文化的变迁进程,发现这是个多因、多向的互动过程,其中有政府发展地方经济、促进社会进步的政治、经济和社会考虑,也有被"开发"的纳西人借此提高生活水平、提升本民族文化地位的现实诉求;但旅游市场给纳西文化带来的影响不容忽视:在旅游开发背景下的东巴文化再生产场域中,市场、政府、民众是主要的作用力,它们对东巴文化施加影响,并在"文化"这一有机系统的复合作用下共同推动了东巴文化的变迁。赵玉燕(2008:206)也从文化再生产的角度对湘西山江苗族的开放历程进行了考察,在很多观点上与宗晓莲保持相似的态度,她得出结论认为,当地的惧感文化在旅游开发过程中发生着重大转变,当地人的心态由封闭走向开放,各种惧感文化资源在不断向游客的展演当中成为了娱乐文化的组成部分,实现了自身的舞台化和狂欢化,苗族社会正处于从传统走向现代的过程之中,传统和封闭一端的惧感文化内容正在逐渐减少,而以旅游业和民族文化再生产为特征的惧感舞台化内容正在逐步增多。

杨丽娥(2008)也将旅游开发背景下的少数民族文化与社会现代化结合起来分析指出,旅游是少数民族地区对外开放的一道重要窗口,旅游带来的人流、商品流、资金流、信息流使少数民族的生活方式和观念发生了极大的变化,促使少数民族传统文化的功能发生改变,现代化成为少数民族传统文化变迁的总方向;少数民族传统文化在现代化环境中的生存必然以丧失某些文化特色为代价,其生产方式的现代转变、宗教生活的世俗化倾向、旅游与节庆仪式的日常化、歌舞娱乐的作业化、传统工艺的传承与衰落都表明,他们的传统文化已经被烙上鲜明的现代化特征。尽管此观点在很大程度上得到了现实案例的印证,但这种文化变迁是否可以简单地表述为现代化进程还值得商榷,杨慧和陈志明(2001:2)认为:"旅游作为现代化意识形态的渗入,加速了当地社会的发展、变迁……目的地的文化因素很可能在权力操纵下频繁地被换置、重组,进而至少在诸多文化表象上呈现出纷繁复杂又急剧变化的文化景象;然而,社会之发展、变迁,往往是一个动态调适的过程,文化之变与不变,其本质仍取决于民族主体的深层文化内涵。"这就提醒我们,在看待旅游所导致的地方社会文化变迁问题时,不仅要注意变化的方面,也要看到不变的方面,更要关注到这两者之间的关系形态,这样才能更加深刻与全面地考察二者之间的关系。

(三)羌族文化保护在旅游开发中的两难处境

笔者在平坝羌寨和雪山村的调查发现:"不能转化为经济利益的所谓传统文化都很难得到保护"。当地民众已经产生了强烈的"发展"愿望,将改善生活水平作为最为核心的任务,甚至将某些传统文化视为落后的产物。他们对羌族传统文化保护的认识具有两个基本特点:一是更关注现实生活的需要,认为文化保护离不开生产与生活条件的改善,也就是说文化要为生计服务;二是他们更多地希望依靠政府和旅游业发展来保护羌族传统文化,将文化保护与地方经济发展统一起来。显然,羌族民众对抽象的"传统文化保护"概念并不热情,而是更关注现实的经济利益,甚至有人认为保护羌族传统文化是政府的事情,普通百姓与之没有关系,这些现象充分体现了羌族传统文化保护工作的"主体倒置"问题。

关于旅游开发与传统文化保护之间的关系,我们可以从羌族"天仙妹妹"的故事中汲取某些认识。天仙妹妹的羌族名字为尔玛依娜,汉语名余红艳,1985年出生于四川省理县,她于1999年被阿坝州歌舞团招收为舞蹈演员,2001年被分配到汶川尔玛艺术团表演羌舞和藏舞,2002年被分到黄龙格桑拉艺术团,2004年在四川省群众声乐舞蹈比赛中以《藏羌铃鼓舞》获三等奖。2005年8月,杨军(天仙妹妹后来的经纪人)驾车到阿坝州旅游,巧遇天仙妹妹,征得其同意后为她拍摄了一组照片。他回成都后，以《单车川藏自驾游之：惊见天仙妹妹》为题在TOM网的一个汽车论坛上发表了惊遇天仙妹妹的故事，并将她的照片上传，引起了论坛网友的热烈讨论，从此"天仙妹妹"的名字在社会上被叫开。据理县当地人反映，天仙妹妹自从成名之后就很少回家乡居住，父母也被搬到了大城市里，参与当地文化活动的机会也越来越少，俨然已经成为了"另一个世界的人"。当被问及她对羌族文化传承的影响时，当地大多数羌族民众都认为"天仙妹妹"的名气可以帮助宣传当地的羌文化，但并没有具体的实际作用。王俊强先生认为："当她慢慢远离羌族社会的时候，她还是原来意义上的天仙妹妹吗？明星就是明星，与民族文化的关系就不大了。"可以说，旅游开发成就了天仙妹妹，也宣传了羌族文化，但是由"名人效应"所表达出来的羌族文化早已"物是人非"。

平坝羌寨的王俊强先生向笔者还讲述了一则与此相关的故事：1996年左右，有人前来平坝开展社会调查工作，提出了"这里的人吃米饭吗"、"知道电视机是什么吗"这样的问题，引起了当地人的不满。王先生说："他把我们羌族人当成了印第安人，把羌族看成原始部落社会了，与现代文明完全脱轨，这很不礼貌，也不懂最基本的社会发展事实，让我很生气。"这位调查者应当属于典型的传统文化保护主义者，他很希望能够在羌族地区发现原始社会的"残留物"，甚至猜想羌族人是何等地热爱自己的传统文化，多么极力抵制"现代化的入侵"等等，但是最终却受到了平坝羌寨民众的讥笑。从这则当代故事可以看出，如果说羌族传统文化的核心内容是羌人的原始生活方式，那么这种传统文化注定是不可能得到保护的，因为几乎所有的羌族人都想改变传统的生活方式，"跑步进入现代社会"，他们认为落后是耻辱的。但是如果羌族传统文化指的是碉房、刺绣等工艺、生活仪式等内容，而且这些东西可以带给羌族人以经济利益，那么它们就会得到羌族民众的自发保护，他们对旅游开发的热衷即源自这种"将传统文化转化为现实经济利益"的冲动，但旅游业是现代社会的经济产业和产物，它所能保护的只能是传统文化的躯壳，不可能保护其内在的精神气质。

传统文化保护工作在羌族灾区的重建过程中注定是一项艰难的事业，因为"现代性"的幽灵已经将羌族的传统文化紧紧缠绕起来，使之精神恍惚并难以自拔，若要其彻底恢复以前的精神状态已经变得完全没有可能，唯一的权宜之计就是保护其躯体，放弃其灵魂，而这种保护方式又往往为许多文化多元主义者所诟病,因此,围绕这个问题的争论还会继续下去。中国政府在《羌族文化生态保护实验区规划纲要》中明确提出了要通过"生产性方式"开展羌族文化保护的思想,从现实情况来看,这应当算是一种较为明智的措施选择,国家文化部非物质文化遗产司副司长屈盛瑞指出:

> 所谓生产性方式就是对非物质文化遗产的某些项目,比如说对传统手工技艺,可以作为产业支持它们来发展。保护工作要通过保护它的生产、完善它的产品、刺激它的需求才能保护它的技艺,继承它的传统。

从现实结果来看,这种保护方式所取得的效果绝不是那些真诚的传统文化保护倡导者所希望的,因为"生产性方式"的保护措施本身已经改变了被保护文化的本质,这些文化元素已经不再代表一种特殊的生产与生活方式,而成为了"现代人"赖以在市场经济体制中谋生的特殊经济资本,文化符号被经济规则所"殖民化",必然会导致羌族传统文化的保护只能是"功利"性质的,甚至已经不再是保护,而是纯粹的"利用"。在西方开展殖民主义扩张的时代,很多土著文化极力抗争,企图维持自己的特色传统文化,在这种情况下,主张文化多样性体现了对弱势文化族群"话语自主权"的尊重。然而星移斗转,当前世界文化多样性面临的主要威胁不再是所谓的"文化殖民",而是经济落后民族的强烈"发展"诉求,因此,主张保护这些民族的传统文化恰恰成为了对他们话语自主权的另一次"侵略"。这种吊诡的历史演绎过程告诫我们,与美好的理论想象相比,尊重文化主体的自主性更加值得赞赏。

羌族民众已经通过朴实的语言向我们传达了这样的信息:保护文化多样性的事业是国家乃至世界人民共同的任务,而不应当以牺牲经济落后民族民众的生活福利来完成这项事业。面对这样的现实情况,我们只能哀叹"无可奈何花落去",有些学者所极力推崇的"活态"羌族文化将伴随着当地社会的迅速变迁陷入萎缩乃至消失,最终所保留下来的只是可以作为经济资本的传统器物、工艺和仪式表演,这也许被很多人视为一种"甜蜜的悲哀"(萨林斯,2000),但事实似乎已经无可挽回。不过从世界范围来看,在经历一场"多元文化的趋同化"过程之后,随着现代生活方式的缺陷不断暴露,人们会自发地回头去寻找失去的

"传统",这可以看作是继"文化资本化"之后的第二次"文化自觉"过程（费孝通,2003）。相信,羌族文化也会经历这样一个过程,待羌族民众进入经济发达的状态,羌族文化将迎来另一次的"凤凰涅槃",那时候,羌族民众对本民族传统文化的保护将不再是主要受到功利之心的主导,而是更多地怀揣着某种"纯洁"的民族自豪感来开展这项工作,即使没有外部力量的干预,他们也会自发地珍爱自己祖先流传下来的精神与物质财富。

从以上介绍的现象可以发现,少数民族传统文化保护工作应当走出所谓"原生态"诉求的误区,承认文化"自发性"变迁的现实,尊重多元文化群体的现实利益选择,防止出现新的文化权利话语霸权。而针对羌族地区普遍出现的"文化符号资本化"现象,政府应当做好对羌族传统文化的搜集整理工作,尽可能地将那些必然会消失在民间的文化元素放入博物馆等专门陈列机构之中,同时还应采用"生产性保护方式"调动羌族民众维护自身传统文化的积极性,等待羌族民众的第二次"文化自觉"。在从事羌族文化保护工作的过程中应当随时对当地民众的朴实话语保持一定敏感性,比如他们很多人都说:"穷下去,什么也保护不好;大家富裕起来,也许还能保存一些"。阿坝州羌学会的杨成广、张立祥等向笔者介绍说:

> 羌族传统文化有着深厚的底蕴,现在全国都在关注羌族文化,让羌族人特别是研究羌族文化的学者深感欣慰。但是实际情况是很多不懂羌族文化的人在做着管理羌文化事务的工作,地方政府打着保护羌族文化的幌子到处争取资金,但并不认真做事,或者根本就不懂怎么保护羌文化。国家对羌文化保护还是很重视的,关键是地方政府不认真执行,国家给汶川投入 30 多亿元进行风貌改造,但做的工作很少,就是因为地方不想搞这些,他们要去做别的,搞政绩,老百姓也有人没热情参与,因为他们也主要关注自己生活条件的改善。因此,尽管社会上有很多的人都在关注羌文化,但是想真正做好保护和传承工作还是不容易的,单纯有一些学者想真诚地保护羌文化是不够的,地方政府不真心做事,老百姓也不怎么懂得怎么做,事情就很不好办,必须让大家自愿自发地做这件事才会有效果。

　　由此可见,在汶川地震之后,羌族文化虽然受到了全社会的高度关注,国家政府也投入大量的资金开展羌族文化保护的工作,但是其最后的效果并不理想。这其中最主要的原因是羌文化保护工作的"执行人"还不能完全认识自身工作开展的艰难性,尚未找到合适可行的工作方式,特别是地方政府将主要的工作精力放在经济增长的问题上,而广大的羌族民众又在市场经济发展的大潮中"迷失"了自我。在这种宏观社会背景下,羌族传统文化保护工作陷入十分尴尬的境地,这一点已经可以从本书中有关此问题的论述中得到清晰的证明。

第四章

政府主导型灾后重建中的羌族村寨

一、走向现代的平坝羌寨与雪山村

从前文已经可以看出,汶川地震灾后重建是被作为国家战略任务来实施的,它虽然涉及多元主体的广泛参与,各项投资更是达到了空前的数额,但是其最为鲜明的特征就在于政府对该项工作的全面主导,笔者将之概括为"政府主导型灾后重建"模式。那么,在这种灾后重建模式中,不同参与主体之间的相互关系呈现为何种形态? 笔者打算以平坝羌寨和雪山村为例,对此问题给出自己的答案。为了更好地理解两个羌族村寨的灾后重建过程所显现出来的错综复杂局面,我们首先应该对它们的相关"历史背景"给予交代。

(一)平坝羌寨的旅游开发进程

围绕平坝羌寨的旅游开发问题,笔者与当地村民特别是关键人物①进行了多次集中访谈,搜集到很多关键信息。据周振莉介绍,从1986 年左右起,平坝羌寨就有四川省一些艺术类院校的学生前来写生,偶尔还在农户家里居住,并给主人家一些伙食费,这是当地村民最早开展的游客接待。龙华秋②介绍说,在 1993 年到 1995 年之间,平坝羌寨开始搞群众自发性的运动会,主要是每年 7 月 5 日的农运会和 3

---

① 本章此处所界定的关键人物指的是在当地旅游开发过程中发挥关键作用的人,如当时的村干部、首批导游、参与当地旅游发展规划和启动工作的村民积极分子等。

② 龙华秋在 2011 年的新一届村委会选举之前曾连续做过两届村主任,目前,已不再担任村委会主任之职。

月 8 日的妇女节,在这些民间活动的带动之下,平坝羌寨的影响力不断扩大,县乡两级领导干部都曾经来参加这些活动,这个时期可以视为当地旅游的萌芽阶段。根据当地著名导游龙泉芬介绍,从 1995 年起,理县米亚罗和古尔沟的红叶温泉节①就已经开始举办,理县政府正在规划新的藏羌民俗旅游区,平坝羌寨的生活比较有"小资情趣",老年人和妇女的集体活动都比较多,所以县领导就想把平坝打造成为民俗文化村;次年,平坝羌寨开始利用节假日搞旅游接待,龙泉芬带着一些妇女到大路边去拦旅游车,上车推介平坝,引导客人到家里喝咂酒,请人到寨子里跳锅庄舞,借此宣传平坝羌寨,这成为了当地旅游启动的第一步。其他一些村民大多也回忆说,平坝羌寨在 1996 年前后开始正式从事旅游接待,从那时开始,人们才开始有意识地去主动吸引外地人前来参观娱乐,而不是坐等客人前来。在各种内外部条件都趋向成熟的有利情况之下,1996 年成为平坝羌寨旅游开发正式启动的时期,而且这种启动工作明显是由当地村民自发开展起来的,地方政府只是作为旁观者或建议者出现,并没有直接参与到这项工作中来。

从平坝羌寨于 1996 年正式启动旅游开发开始,当地政府对它的关注明显增加,并酝酿出台新的规划方案,但是由于初期的不确定因素尚多,他们的参与形式主要停留在日常安全的管理工作方面,最为关键的收益分配权还基本掌握在村集体的手中。当时的游客接待实行的是村民分组和轮流招待的方式,即将羌寨全部的农户平均分为几个小组,每当有游客前来,就根据抽签确定的顺序由其中某个小组负责安排接待工作,小组带头人再负责将游客安排到其下属的各农户当中。当该小组的所有农户都接待到了游客,下一批的游客就会由另外几组的农户负责接待,以此循环往复,轮流进行游客接待。在这样一种规则安排之下,平坝羌寨的旅游收益分配基本达到了广大村民对"社会公平"的期待,村民们对那些起初为平坝旅游启动做出贡献的龙泉芬、王俊强等带头人也深怀敬意,整个村寨形成了和谐共处的良好局势。笔者在平坝羌寨调查期间发现,村民们每当说起这段时间的事情都会兴奋不已,他们认为当时的旅游管理模式与方法是最合适的,真正做到了"利益均

---

① 理县米亚罗红叶旅游区与古尔沟温泉旅游区是理县最早进行开发的景点,从成都前往当地旅游一般都要经过国道 213 线并转 317 线,平坝羌寨就成为了这一旅游线路的必经之地。

沾";但是好景不长,这种旅游经营模式很快就受到了新现实的挑战,他们对之后发生的故事大多都是气愤不已,认为从"轮流接待"制度结束之后,一切的变化几乎都让他们"恼火"①。

大概从 1998 年开始,平坝羌寨旅游业的集体经营模式开始面临着边鼓:理县政府加大对平坝羌寨旅游的宣传力度并着手投资完善当地的基础设施,旅游局开始在当地销售门票。理县政府领导认为平坝旅游需要进行系统与全面的规划,以提高其接待档次,这就需要加强统一管理,而当地村民认为政府管理当中存在收支不透明问题,必须有村民参与监管,最终协商确立了"分成提取"的门票分配制度②,并由村民自发选派代表组成门票监督小组,对县旅游局的门票管理工作进行日常监督。但这种制度设计最终被证明是失灵的,村民代表的监管职能形同虚设,门票收入的计算与年底分成也缺乏应有的透明度,导致村民的极大不满,他们认为旅游局一定是在少报门票收入,而故意夸大在基础设施与日常管理工作中的支出,不仅如此,这种做法还导致了普通村民与门票监督小组成员之间的不信任。与此同时,游客接待的"小组轮流"制度陷入了瓦解,个体农户接待游客的现象开始出现,与旅游管理部门关系较好的农户可以接待到更多的游客,而其他普通村民则难以取得客源,因收益分配不公而导致了村民之间的对立情绪日渐明显。随之出现了少数农户带游客走小路"逃票"或买通门卫私占门票收入的问题,对游客的无规则竞争引发了很多的社会问题,旅游管理部门倍受村民责怪,但最终村民与政府之间争夺管理权的斗争演变为村民内部的恶性竞争。

纷繁复杂的利益争夺战一直在平坝羌寨持续了四年多的时间,在这期间,村民内部的经济收入已经出现了明显的分化,相互之间的信任感与亲和力出现了急剧的衰落,当地政府与平坝村民之间的对立关系更见鲜明,而双方争论的焦点就是门票收入与游客资源的分配。从2003 年开始,理县政府开始策划平坝羌寨旅游开发的第一方案,企图

---

① "恼火"是当地人经常使用的一个"词语",意思是某件(些)事让人们感觉不舒服、生气乃至痛苦。

② 这是一种分割门票收入的口头协定,即理县旅游局答应将平坝羌寨旅游门票收入总额的50% 在每年年底统一分配给平坝村民,开始主要是按照每户的人口数量进行股份制分配,后来则是综合每户的住房面积和人口数量进行统筹分配,具体的数额标准经历了多次变化,多数年份都是每人可以分到 200 元左右。

通过全新的"打造"工作来提升平坝旅游业的档次,结果因资金、经营方式等问题的出现而最终流产,整个设计规划胎死腹中。于是,理县政府又于 2004 年开始与四川省加州公司与大九寨旅游公司合作,对平坝羌寨旅游实行股份制经营模式,其中,加州公司占 51% 的股份,理县旅游局占 39% 的股份,大九寨占有 10% 的股份。合作方案商定之后,理县旅游局最终于 2006 年撤出平坝,成立了平坝羌寨旅游发展有限公司。从此,平坝羌寨通过与九寨沟景区"进行捆绑"的方式进入了旅游业发展的新时期,加州公司总裁邓辉对平坝的未来充满信心,平坝村民也在翘首期待着新的旅游经营模式能够给他们带来更高的经济收入和更美好的生活。

平坝羌寨旅游发展有限公司成立后不久,公司领导就着手加大对当地基础设施的投资,迅速出台了筹建"平坝新村"的规划方案: 由公司出资征用本村的一百多亩良田,每亩耕地补偿村民 52000 元的征地款,然后借"经营权置换"的方式帮助村民在新村规划用地上建设新房,即对被征用的土地进行统一规划,划分出面积不等的宅基地,之后平坝羌寨村民通过抓阄的方式获得其中一块宅基地的使用权①,并支付公司少量的转让金,随后就可以在公司提供的宅基地上新建住房,但是新建的住房必须符合公司的统一规划与样式风格。与此同时,公司还会对建房户分批次提供建房资金补贴②,以鼓励村民尽快建起新房。由于平坝羌寨的大多数农户在新村都拥有耕地,他们顺利地拿到了土地出让金之后,再自筹部分款项将新区住房建设起来,专门用于开展旅游接待,老寨则作为文物进行保护起来,专门用于旅游参观,新区住房未来的经营和收益权皆归农户所有,而公司只得羌寨的门票收入,双方各得其所,这就是新村规划方案的设计者最初所设想的结果。这一规划方案出台后,平坝羌寨的大多数村民都表示支持,他们认为自家的土地被征用之后再缴纳少量费用之后可以自建住房,而且还能可以获得额

---

① 每户村民在新村获得的宅基地面积是根据他们的老寨住房面积确定的,因此新村的规划宅基地也被分成了大小不等的几个种类,村民只能在与自家应得面积的宅基地块中抓阄,而不是随意选择新村的宅基地。

② 据当地村民反映,公司的规定是:村民将新村住房的基地做好之后可以得到首批 20000 元左右的补贴,待房子的主体结构建成后,又可以获得第二批的补助资金,而只有在新房装修完毕之后才可以获得全部的补助款,公司的这种做法主要是为了鼓励村民配合新村规划方案的实施。

外的资金补贴,在未来的旅游开发中又可以通过办接待、出售旅游纪念品等方式获得更好的经济受益;而加州公司也认为只要本地旅游发展顺利,依靠门票收入就可以在不长时间内收回 1000 多万元的投资,双方在基本态度上达成了一致。

在平坝羌寨新村设计规划方案被实施之初,加州公司与理县政府之间的合作比较顺利,新村的土地很快就征收完毕,而且全寨有一半左右的农户都在新村建起了自家的新房,眼看整个方案落实了大半,但是随之就出现了严重的问题。公司财务主管部门发现当地不少村民继续通过"走小路"或"收买门卫保安"的方式帮助游客"逃票",而且背后还有当地政府管理人员的参与。加州公司总裁邓辉得到该情况汇报后亲自装扮成游客前来调查合适,结果发现情况属实。当他发现本公司制定的规划方案难以得到完整执行时,于 2008 年汶川 5·12 地震前夕最终撤出了在平坝的投资,但投放在当地的土地征用款等各项资金已经难以收回。平坝羌寨的很多村民都认为,当时有村民私带游客进寨是由于政府管理不善,县旅游局负有不可推卸的责任,若没有政府搞特殊接待[1],没有少数农户独占游客资源,其他村民就不会采用这种方式来抢夺客源,也就不会促使加州公司撤股,且即使加州公司撤走,理县政府也应该归还他们的投资,比如征地款。他们还说,加州公司在平坝遭受了重大经济损失,但是邓辉总裁在临走时向平坝人民宣布,他在当地所投的资金就当是送给了全平坝的乡亲父老。由此可见,平坝村民在情感上是站在了加州公司一边,而对理县政府表示出强烈的不满情绪。汶川地震后,平坝新村遭受了毁灭性损失,新建住房几乎全部成为了不能居住的危房,除了征收的 100 多亩土地还安然无恙外,其他各项基础设施悉数被毁,加州公司收回投资的希望更是彻底变成了泡影,伴随着灾后重建工作的启动,平坝新村引发的问题变得更加复杂。

(二)雪山村的开放与开发进程

在关于改革开放以来当地社会发展进程的访谈中,雪山村的很多

---

[1] 特殊接待指的是由政府出面组织的官方接待,他们通过为前来平坝羌寨的尊贵客人"挂红"这种方式来逃避门票制度,在平坝羌寨引起了很大争议,政府官员认为这是为了宣传平坝,而当地的村民则普遍认为这是以权谋私,是拿公司应得的经济收入讨好官员的上司或者维护他们的私人关系。

被访者都提出了他们村经历过"两次重大转折"的观点,第一次是在新中国建立之后的土改和"文革"时期,第二次就是在20世纪90年代初期发生的生活变化,其最重要的事件是本村通往外界的马路通汽车。前一次社会变革的发生主要来自政治运动的冲击,而后一次变革主要来自市场经济的入侵,而这种入侵得以形成的最核心环节就是当地交通条件的显著改善。在某种意义上说,雪山村出现了"由一条马路带来的社会革命"。从1990年代起,雪山村的农业生产方式、日常生活形态、传统民俗习惯以及民众心理状态都出现了深刻的变迁,村落社区的对外开放过程急剧地改变着当地的社会文化面貌,印证了当地在改革开放之后所经历的发展故事。

根据当地村民提供的口述资料,在1980年代的改革开放之初,本村只有一条通往外界的马路,但是难以通行汽车,只能供人们步行往返,当时村里还在进行木材砍伐,政府组织工人运送木材到村外的方式主要是"漂流",即沿溪森沟顺流而下入杂谷脑河,从而被运送到国道317线附近,然后再装车运往其他地区。伐木工作是由地方政府组织开展的,雪山村的村民只能借此赚取劳务收入,而难以分享由木材出售带来的经济收入。因此,他们的主要家庭收入来源还是依靠农副业,家庭消费品的购买和农产品销售主要是通过物物交换,首先需要将自家种植的洋芋等农产品背到溪森乡政府所在地,然后换回自己需要的大米、烩面、酱油等生活必需品,以现金为媒介的市场交换还较少。由于市场经济当时还不发达,雪山村所种植的农作物主要还是为了满足家庭内部的需要,只有少数相对富裕的农户才会把自家的农产品交换成当时还较为稀罕的大米等食品来消费。当地人所饲养的家禽家畜也主要是用于过羌年、红白喜事等特殊的需要,而他们所采集的各种药材则是自家留用一部分,其他剩余份额则拿出去交换成其他生活用品或者现金,以补贴家庭其他所需之用。总的来说,在改革开放之初,雪山村还处于自给自足的传统小农经济形态时期,但伴随着"物物交换形式"的商品经济现象逐渐成为社会的常态,以及由"伐木"推动的信息与人员流动,这个相对封闭的村寨开始酝酿新的社会开放形式与生产、生活样式变革。

在1986年左右,溪森沟修通了当地林区的马路,但是只能通到附近的邓马村①,而且主要是用于运输木料,普通百姓很少利用这条路运送私人物品,而且直到1989年左右这条马路才从邓马村修到了雪山村,从此结束了雪山村不通汽车的历史。由于当地交通设施状况的改善,从1990年代初开始,汶川县农牧局开始在本村搞蔬菜种植基地,首批试点户开始尝试种植白菜等大宗蔬菜,然后由政府统一收购,但是由于当时政府收购蔬菜的价格较低,很多菜农后来就干脆将蔬菜卖给流动商贩,农民的收入有较大提高。少数农户蔬菜种植试验的成功,诱发其他农户纷纷效仿,将传统的洋芋、玉米等农作物种植改成了蔬菜种植,当地的农业生产方式经历一次重大的转型;当地人与外界社会的交往持续增多,蔬菜贸易成为了大众生活的基本组成部分,先是流动菜贩子前来本村进行采购,后来开始有农户雇佣专车将蔬菜运往汶川、都江堰乃至成都等大城市销售,极大地提高了当地社会的开放程度。在这个时期,雪山村的雪山与西山两寨由于位居半山腰,尚未通汽车②,种植蔬菜的农户就只好将蔬菜背到已经通车的百度寨去销售,起初还主要是出售洋芋,六斤洋芋可以换回一斤大米或相应的现金,后来随着白菜和辣椒的推广,当地的主要经济收入来源逐渐转向蔬菜。

自从在1990年代修通可以行驶汽车的马路,雪山村社会文化发生了巨大的变化,首先是很多外地生产的生活物品引入本地,大米、烩面、白酒、糖果等生活日用消费品进入寻常百姓家,他们的生活面貌出现了前所未有的改变,生活条件有了显著改善。其次是以货币为媒介的物品交换成为普遍的社会现象,逐渐告别了自给自足的小农经济与物物交换的时代,市场经济成为当地经济生活的主要形态,各种市场规则开始为当地人所了解和接纳。再次是羌族社会的很多传统观念受到史无前例的冲击,各种现代思想的"入侵"进一步加剧了当地社会文化的"汉化"进程。百度寨著名释比余荣敬向笔者介绍说,羌族人过去有"习惯法",为了保护村寨的山林不被破坏,防止出现滑坡泥石流等自然灾害,人们会在每年的春季举办"赌咒"仪式,即召集全村人到一个地方,然后竖起一根高高的杆子,把一只鸡吊在上面,随后大家轮流发誓赌咒,说

① 邓马村地处雪山村与溪森乡政府所在地溪森寨的中间位置,是雪山村前往溪森寨和汶川县城道路上必经的第一个村寨,距离雪山村大约有5公里的路程。
② 雪山寨在2002年才修通了通往山下百度寨的机耕道,道路可以行驶汽车,彻底结束了当地村民"背菜"下山出售的历史,村民们可谓是奔走相告,对这一年都是记忆犹新。

自己不会去破坏山林,不做伤害村寨的事情等。等大家全部赌咒完毕,就把那只鸡放下来,然后杀掉,以此警醒大家——谁如果胆敢违背自己的承诺,谁就会像这只鸡一样受到惩罚。但自从 20 世纪 50 年代末期的大跃进运动开始之后,这些活动就几乎没再举办过,政府都在组织砍伐树林,村民就更不会主动去保护这些树木,他们对"大炼钢铁时代"的记忆与之后亲身经历的伐木热潮,使当地人再也没底气去维系传统的"赌咒仪式",当地的山林资源经历了长达 40 年的灾难性破坏。

在 1998 年,中国长江流域遭受了历史罕见的洪水灾害,气象与地质专家认为这与长江上游地区的水土流失问题有关,中央政府于是决定对此问题进行整治。当年,朱镕基总理就前来岷江上游地区进行考察,然后,雪山村开始执行"退耕还林"政策,规定坡度在 20°以上的山坡全部植树,随即,持续多年的林木砍伐工作宣告终结。据当地村民反映,自从实行了退耕还林政策,溪森沟的水质得到了很大改善,当地生态环境逐渐恢复到解放前的状态,青山绿水的历史似乎再次回到了当地人的身边。由于当地自然景色优美,山林深处还保留着原始森林的风貌,不少外地人对此深感奇异,他们于是组织亲朋好友前来观光旅游,雪山村由此出现了第一批"导游",有的村民或者帮这些观光者背包带路,或者为他们煮饭、打猎,已经扮演起正式导游的很多角色,并因此获得了比较丰厚的经济收入。基于此,雪山的村民开始普遍认识到旅游业的"益处",在"旅游开发"的问题上形成了高度一致的认识;当地政府也多次提出要在雪山村进行旅游开发,因此,村民们一度对当地的旅游开发充满了憧憬。但是受各方面条件的限制,多年来,当地的旅游开发迟迟未见正式启动,村民们纷纷对此表示不满,责备当地政府言而无信,特别是在与附近已经进行旅游开发的萝卜寨进行对比之后,这种情绪变得更加强烈。汶川地震后,雪山村村民们期盼已久的旅游开发终于变成了政府的详细"规划方案",具体的开发工作也已经正式启动。

经过几十年的社会开放进程,今日的雪山村已经融入到现代市场经济的整体组织当中,生活资源的获取更加依赖与外部社会的交换,而人们的思想意识也更加关注经济成就和经营能力,传统的社会权威面临着一场新的洗礼,释比老人再也不是可以呼风唤雨的"家长",传统的各种仪式风俗活动也逐渐演变成为历史的"封尘"。雪山村在改革开放以来所经历的社会发展故事,印证了社会开放给羌族村落社区造成的深远影响,此种"社会转型"的过程被当地知识分子称为"千年未有之变局",应当算作一种合适的修辞表达。伴随着当地将要正式开展的旅游开发运动,雪山村将迎来新的社会变革时期,这个过去一直充满神秘色彩①的村寨将何去何从,下文对灾后重建故事的叙述也许能够提供些许微妙的线索。

二、平坝羌寨与雪山村的灾后重建

关于汶川地震灾区重建过程的艰巨性和复杂性,很难通过描述"概况"的方式来加以展现,若要深刻理解其中的运作过程,其最佳的路径就是考察灾后重建工作中的若干"项目工程"案例。通过对平坝羌寨旅游重建和雪山小学重建及旅游开发两个案例的分析可以看出,汶川地震灾区重建工作是典型的政府主导型社会发展样式,尽管存在多元主体的参与,但是政府几乎完全掌握了重建规划方案的制定权和各项具体执行事务的决策权。

(一)平坝羌寨的重建与规划

因为在汶川地震之前已经进行了十多年的旅游开发,理县平坝羌寨的灾后重建工作从开始就显得格外复杂,以至于最后拖延到 2009 年冬才启动重建程序。该羌寨的老区建筑是国家级文物单位,被某些旅游者称为"神秘的东方古堡",当地旅游管理部门为了对其进行保护,在2006 年征集了本村一百多亩土地进行新村建设,村民在获得每亩土地5.2 万元的补偿金之后,再拿出少量资金按旅游部门的统一规划来购买面积不等的宅基地,然后在新村各自建设特定风格与样式的住宅,同时还可以获得当地旅游公司的配套资金支持。截止到 2008 年汶川5·12地震发生之时,平坝羌寨共有 40 多户不同程度地建起了自家新房,但是大多都在地震中遭受了灭顶之灾,成为不易修缮的危房,这些农户认为旅游公司和当地政府应当承担他们遭受经济损失的责任,因为这些房子是他们让自己修建的。

面对这样的现实,理县政府对平坝羌寨的重建做了通盘考虑:如

---

① 据当地人介绍,雪山村西北方向十几公里处的"雪柳"(荒山地名、无人居住)就是羌族释比的发源地,因此,这个地区的释比在过去法力高强,同时也就使这个地方被蒙上了一层神秘的面纱。

果延续地震前的新村建设规划,那么就应当继续由村民各自重建自家的住房,政府提供国家政策明文规定的资金支持,但是这样会导致已经在新区建房农户的不满,因为他们认为原来的住房是政府鼓励和推动建设起来的,支持政府工作的人却受到更多的经济损失,等于让政府失信于当地村民。而如果首先由政府出资对已经建房农户进行经济补偿,然后仍然由农户各自重建新村住房,那么又可能难以确保新建住房的质量安全,因为按照面积进行同样标准的经济补偿实际上更有利于本来住房质量较差而投资较少的农户,这等于去刺激村民的投机心理,从而会对平坝未来的旅游业发展构成威胁。但如果新村重建改为统一由政府规划和施工,就会使旅游公司、理县政府与村民在地震前签订的协议失效,政府就必须承担对已建住房农户进行经济补偿的责任,以换取拆除地震损毁住房的权利,同时还要投入大量的资金进行新村灾后重建,并且确保平坝村民能够获得灾后重建住房的产权,这也是一项不易实行的方案。

由于平坝新村重建工作的复杂性,理县政府在汶川 5·12 地震之后一年多的时间里多次召开会议进行集中讨论,最终于 2009 年岁末确定:由湖南对口援建方负责完成平坝新村的重建工作。平坝新村由湖南援建方负责重建的方案确定之后,理县政府按 500—600 元/平米的价格对之前已经在新村建房的农户进行了经济补偿,40 多户平均每户获得 30 万元左右的补贴款;同时,村民也就不能私自在新区范围内重建住房,而只能以 1200 元/平米的价格购买由湖南对口援建的新房。由于大多数农户①在地震之前并没有在新村建房,因此就没有足够的资金购买重建房,但他们同样不能自行在新村规划区内建房,所以就认为是政府剥夺了他们在新村建房的权利,违背了之前与他们签订的协议,因此对当地政府的抵触情绪十分明显。但是理县政府领导认为,这些地震前在新村未建新房的农户虽然没有获得经济补偿,但是大多都早已拿到了土地补偿款,而且尚未履行在新村建房的协议,因此这笔资金还应该有存留,加上灾后重建的政府补贴与贷款以及香港红十字会答应补贴的两万元钱,每户人家应该有足够的支付能力来购买由湖南援建的新区住房,除非未被征地的农户可能会面临某些经济压力,就大

---

① 根据公安部门的户籍统计,平坝羌寨共有 103 户,除 40 多户已经建房的农户外,还有 60 户左右的人家尚未在新村建房,这些农户也就不能获得政府的经济补偿。

多数农户而言,都是有经济实力在新区购买住房的。村民一方坚持认为自己没有能力以 1200 元每平方的价格购房,理县政府一方坚持认为绝大多数农户都具备这样的支付能力,双方的这场争论成为了困扰平坝新区重建的一个核心问题。

与平坝新村重建工作相似,平坝羌寨老区的重建同样面临着诸多的问题,并且与新村重建工作紧密地牵涉到了一起。由于老区建筑是国家级文物,因此,平坝村民不能单独维修自家的住房,而只能等待国家文物部门的统一修复,但由于涉及中央、对口援建省、四川省地方等多家文物部门和科研院所的参与,老区的修复方案直到 2009 年底才通过专家和政府评审最终得以敲定,平坝村民整整等待了近 20 个月的时间。同时,老区又被划分为核心区和边缘区,核心区建筑的修复必须严格保持"原风貌",而边缘区的建筑则可以进行适当的现代装饰,这就引起了许多中心区村民的不满,因为他们认为在未来的旅游接待当中自己会因此处于不利的竞争地位,等于受到了不公正的待遇,所以对政府组织的老区修复工作表示出了强烈的不满情绪。此外,当地民众没有参与任何关于修复方案的设计讨论,很多人都向笔者反映说"除了等待,什么也不知情,干部说私自动工就是违法",这进一步加剧了当地村民与政府之间的抵触情绪。因此,平坝老寨的修复重建与新区的重建工作交织在了一起,使当地村民与理县政府形成了"势若水火"的对立局面。平坝老寨和新村的灾后重建被完全纳入了理县政府的统一规划当中,当地村民反而成为了重建规划和决策的"局外人",各级专家系统虽然也参与了重建方案的拟定,但几经修改已经很难说体现出多少"专业的精神",而湖南对口援建方的工作也是在与理县政府的反复商谈中开展起来的,用理县政府官员的话来说,"平坝新村重建项目就是理县政府从湖南援建方那里争取来的"。由此可见,平坝羌寨的新村和老区重建规划与最后决策几乎都完全是由当地政府掌控,平坝村民和其他参与主体都处于显著的边缘位置,这必然会酝酿诸多的矛盾冲突话题。

理县政府对平坝羌寨老区和新村重建方案的说明如下:平坝羌寨老区已经不单是村民的住宅,还是国家文物,因此必须请专业人员拟定修复方案,这对当地未来的旅游业发展有积极作用,对平坝群众提高收入和生活水平也是有益的。同时,国家也制定了文物保护方面的法律,必须依法进行灾后重建,而且老区的修复不需要平坝村民自己拿出任何资金和劳力,但是修复后的老区建筑仍作为村民的个人住房财产,因此,村民不应该因修缮时间的拖延和中心—外围区之间的差异而不满,最终的受益者还是平坝群众。新村重建之所以选择由湖南对口援建方统一规划和施工,是因为汶川地震的损失已经证明单户建设的住房质量存在重大隐患,而且政府已经拿出资金对已经在新村建房的农户进行补贴,这等于承担了对政府震前工作决策失误的责任。而正在施工的平坝新村重建项目①是理县政府向湖南对口援建方争取来的,因为对口援建工作本来只针对基础设施而非私家农房,所以建成之后的新村属于理县人民的财产而不是平坝村民的私家住宅,平坝村民只能通过"购买"才能将重建住房转化为私人住房财产,而且这些住房的成本价在 3000 元/平方以上,而政府最终只以 1200 元/平方的价格出售给平坝村民,这对平坝村民来说已是很好的机遇了。国家的政策性农房重建补贴资金只有等村民自建住房完毕或者购买住房之后才能发放,这是统一规定,平坝村民只要在新村或其他符合规定的地方购买住房就可以获得这部分资金,在规划区外自建住房的农户也可以拿到这部分资金,但同样必须是在住房建设完毕之后。

平坝村民对理县政府的解释做出了尖锐的回应②:老区的修缮执行中心和外围两套标准,实际上是对中心区居民的不公正待遇,政府如果要保护文物就应该对中心区的住户进行经济补偿,要么政府就直接出资收购老区建筑,村民另外选择新的住所。新区是湖南省免费援建,重建的住房本来就不应该按照市场价格出售,1200 元/平方的价格仍是多数村民承担不起的,那些汶川地震之前已经在新村建房的农户获得了政府的经济补偿,才有能力支付购买重建房的资金,其他农户就拿不出那么多资金来,特别是那些没有"被征地"又没有在新村建房的农户是绝对不可能一时拿出几十万元的资金。③ 有些农户在老区的住房

---

① 平坝新村重建项目总投资达到 2 亿元以上,全部由湖南省财政厅出资援建,建成后的新村建筑每平方米造价超过了 3000 元人民币,主体工程的质量也基本得到了当地政府和民众的信任。

② 2010 年 4 月 8 日和 4 月 12 日,理县领导干部与平坝村民在平坝礼堂先后召开了两次干群思想交流会,就村民关系的话题集中进行对话,但是相互的分歧并没有因此得到化解,相互的矛盾问题继续存在。

③ 平坝新村的重建住房采用的是连体单户结构和简易别墅风格,平均每套房子的建筑面积在 400 平米左右,因此单套价格在 35 万—70 万元不等。该工程开工之后,理县政府就根据设计方案开始对重建房进行发售,由平坝村民根据自家经济状况选择面积不等的新房,同时需要交纳全部购房款。

处于中心区,因此就必须"修旧如旧",而不能私自改变房屋外观,同时在新村位置又没有土地,所以不能获得征地补偿款,因此地震前未能在新村建设住房,地震后也就不能获得政府经济补偿,目前也难以出资购买新区重建房,只好一直居住在救灾板房里面,等待老区修缮完毕后搬迁回老宅。同时,新区住房尚未修建完毕就要求村民提前缴纳购房款,而国家的各项政策性补贴资金却迟迟不能发放到村民手中,这是村民不能接受的另一个问题。理县政府所执行的重建政策对富裕户有利,但对贫困户形成了排斥,对老区外围住户有利,却伤害了中心区居民的利益,而这种不平衡的政策最终只能进一步拉大农户之间的贫富差距,从而影响到平坝羌寨未来的长远发展,甚至威胁到当地社会秩序的稳定。

平坝羌寨村民与理县政府之间的纠葛持续不断,在理县政府的主要领导前往平坝参观考察之时,有些妇女村民躺在了汽车前面,不让他们通过,相互之间的斗争已经到了白热化的地步。之后,县政府某些领导在当地进行了入户走访,但最终还是坚持既定的方案,开始动员村民参与抓阄以及与旅游公司[1]签订购房协议书,并承诺可以引介部分经济困难农户到银行贷款。在理县政府的宣传与动员下,全寨一半左右的农户筹集到了购房款[2],并且还在缴纳这些款项之后与旅游公司签订了购房协议;但是仍然有半数以上的农户没有与旅游公司签订购房协议书,他们坚持认为房价过高,而且住房尚未建设完成就要缴纳购房款是不合理的,同时,还对那些率先与旅游公司签订购房协议的农户抱有敌视态度,感觉他们没有团结起来对抗理县政府,是村民当中的叛徒。在这种情况下,平坝羌寨村民内部出现了严重分化,在新村购置住房的农户期望事情早点过去,不要再出问题,而尚未在新村购房的农户则希望政府向自己妥协,主动降低新区的房价。理县政府领导最终"放

---

① 由于加州公司已经撤出,平坝羌寨旅游开发有限责任公司实际上完全由理县政府接管,灾后重建工作的负责人也是县里的一位姓刘的副县长,因此有很多村民都认为自己实际是在与理县政府签订的购房协议。

② 平坝村民所要缴纳的购房款是这样计算出来的:按照实际建筑面积乘以1200元得出房屋价格,然后刨除购房户村民应得的灾后补贴款、贷款以及香港红十字会提供的补贴款,最终得出需要缴纳的现金数额。据笔者调查发现,这些率先购买新村住房的农户大多数是地震前已经在新村建房的农户,他们主要是将灾后所获得的住房拆除补贴款来支付新购住房款的,而未购房户大多都是之前未在新区建房的农户。

话出来":愿意在新村购买住房的农户就尽快缴纳房款,签订购房协议书,不愿意购房者可以到其他地方购买或重建,政府不会强迫任何人;但是未购房户仍然坚持不在新村购房,同时也不到其他地方购房或者新建住房,这就使当地的灾后重建工作再次陷入了困境。

截止到2011年春,平坝羌寨的重建工作已经基本结束,本来应该到了乔迁新居的时候,但是却出现了更多的问题。首先是已在新区购房的农户发现自己所购置的新房与购房协议书上的图纸设计有很大出入,甚至有些门窗的方向位置都改换了方位,而且整个新房都是未做任何装修的,也与购房协议的规定存在差距,更重要的是很多房屋的顶部未进行防水处理,这就给下一步的装修工作带来了很大的麻烦。当村民向理县政府提出这些问题时,政府领导的回答是:房子就是这样的,愿意买就买,不想买就退房!于是引起了他们的极大愤慨,有的村民甚至准备拿出购房协议书,与理县政府(平坝羌寨旅游开发有限责任公司)打官司。但是当他们把律师请来的时候才发现,购房协议书上只写明了:如果发生了纠纷,村民可以选择退房,却只字未提对村民进行经济补偿的条款,也就是说按照协议书的内容规定,村民要么接受现实,要么主动撤销协议,政府不承担任何责任。当律师把购房协议书上的内容向村民做出这样的解释之后,购房户村民深感震惊,认为自己被政府"耍了"——明明是政府违约,最后却要由村民承担因此引起的损失,即使选择退房,不能获得其他额外的经济补偿,政府也应该赔偿他们提前缴纳购房款的应得利息损失,这是最基本的常识,但协议书内容却蓄意回避了这些内容。购房户在律师的点拨下明白了,官司是不可能打赢的,最后他们选择集体进行沉默抵抗的策略:既不退房,也不领钥匙,任由新区住房被闲置浪费,看理县政府最后怎么办,这只炙手可热的"球"最后又被踢到了公司与政府一边。

面对平坝羌寨村民的集体沉默抵抗,理县政府领导也陷入了策略选择的泥沼,而与此同时,有些购房户村民则采取了更为"高明"的应对策略,他们将新买的住房转手高价卖掉,从中赚取相当高的利润,成为了汶川地震灾后重建工作的纯粹"受益者"与特殊"经纪人"。据平坝羌寨的很多村民反映,大约有5—7户人家已经将在新区购买的住房转让他人,出售价格一般在1800—2500元每平方,住房整体建筑面积一般是在300—500平方米,因此平均每户可以赚取20多万元;但大多数购房户并未转让,因为他们认为以后开发旅游还需要利用新区的住房搞接待,如果现在为了眼前利益就转让出去是一种短视的行为选择。对于少数购房户将房屋转让出去的行为,理县政府与公司领导选择了默认的应对措施,而且还有部分政府领导在平坝新区购买了新房①,这等于说当地政府领导已经接受了"只有部分平坝羌寨村民在新区拥有住房"的现实。同时,政府劝说成功了20多户人家领取了新区住房的钥匙,似乎纠葛又到此为止了,理县政府耍了平坝村民一把,村民又反过来要了政府一把,因为转让住房本身就是一种对政府采取的"不合作"行为。

随之将要面临的更为尖锐的问题浮现了出来:既然建设平坝新区的初衷在于将老寨的游客接待事务全部移植到新区来,以达到保护老寨风貌的目的,而最终的结果却是半数以上的农户并未在新区拥有住房,谈何移植?如果强制规定今后不准村民在老寨进行游客接待,那么他们的生计问题如何解决?村民的耕地已经几乎全部被占用,再不准他们搞旅游接待,其生存都会成为一个问题。而如果新区与老寨同时都可以搞游客接待,那么对在新区购房的农户就存在着"欺骗行为"的嫌疑,为此,理县政府领导采取了模棱两可的对策——原则上老寨不允许搞游客接待,但是可以适当考虑特殊情况。实际上,很多村民早已着手对老寨的住房进行维护装修,为的就是将来进行游客接待,理县政府领导虽然也知道这些情况,但都选择"视若罔闻",这就等于是默认了"平坝羌寨老区与新区都可以进行游客接待"的现实。值得关注的是,由于在灾后重建过程中,理县政府与平坝羌寨村民之间出现了"此起彼伏"的艰难较量,相互间已经形成了"相互拆台"与不合作的行动惯性,在当地未来的旅游发展过程中,这种不良关系形态将会带来什么新的问题?我们只能是拭目以待。

(二)雪山小学的重建与旅游开发

汶川县溪森乡雪山村是溪森沟最深处的村庄,属于本县最偏僻的村庄之一,又是羌族释比文化传承基地,因此被评为历史文化名村,村

---

① 平坝新区的住房是按照全村103户进行规划建设的,因此一共有103套,但是只有不到五十户农户购买了住房,因此还剩余50多套住房无人购买,于是当地政府有些领导就填补了这个空白,据说负责平坝羌寨新村重建工作的刘县长就率先购买了一套新区住房;此外,附近乡镇乃至理县之外也有人前来购置住房,因为他们认为平坝羌寨以后重新启动旅游开发之后,他们以后可以进行游客接待经营,赚取利润。

小学在 5·12 地震之前当地的"合村并校"浪潮中得以保存下来,是全县唯一列入义务教育编制的村级完小。此外,雪山小学还受到了来自广东的几位摄影师和松禾成长关爱基金会的关注,他们帮助学校组织成立了"羌族同声合唱团",2008 年春曾赴广东深圳演出,以《美丽的羌寨》获得本场民族歌曲比赛一等奖,雪山小学也因此受到松禾成长关爱基金会的更多支持。汶川地震发生之后,深圳东方家园和松禾成长关爱基金会共同出资 600 多万元重建雪山小学,为其配备了现代化的电脑、图书室、餐厅等教学和教辅设备,办学的硬件条件获得了极大提升,当地村民对此深表感激,这应当算作是非政府组织参与汶川地震灾区重建的典型事例了。

在 2009 年秋季开学典礼上,汶川县教育部门的领导和溪森乡政府领导都宣称决心要把雪山小学办好,为传承羌族传统文化创造良好的条件,但是很快就传出"政府决定撤销雪山小学"的信息,原因是教育主管部门难以下派教师前来任教,大多数老师都不愿意到这个偏僻的山村执教。随之就实行了"教师轮换"的制度,也就是让溪森乡的小学教师轮流前来雪山小学任教,每隔几周更换一批人员,这种制度持续了半年的时间。由于教师队伍不稳,雪山小学的教学质量严重下滑,某些村民担心因此影响孩子的学业,将自己的孩子转移到了县城或乡镇里的中心小学就读,半年内就有近半数的学生转学出去,而教师轮换的做法促使更多的家长也不得不考虑为孩子办转学手续,由此本学校面临着严峻的学生流失和师资匮乏问题,雪山村民对此议论纷纷,认为这是乡政府在"捣鬼"。

在 2010 年春季新学期开学第一周,当地政府教育主管部门突然决定要撤销雪山小学,将全部学生转到溪森中心小学就读,随后,就准备将雪山小学的现代化教学设备全部搬运到溪森中心小学,结果搬运人员在途中受到雪山村民的阻拦,相互对峙直到深夜,最终还是将设备送回了雪山小学。有的村民迅速将此事通知了远在深圳的松禾成长关爱基金会负责人,基金会方面又与国家教育部取得联系,在教育部领导的干预下,雪山小学被转移出去的一、二年级小学生又部分地回到母校就读,但其他高年级的学生仍被安排在溪森完小就读,雪山小学是否撤销的问题暂时被搁置了下来。在之后的一年多时间里,雪山小学只有不到二十名学生在此就读,主要是学前班和一年级的"小娃娃",稍微年长一些的学生都到汶川县城和溪森完小就读去了,教课老师也只有两人,一位是原来的校长朱永进,一位是被派来支教的闻政老师①。朱校长是本村人,所以很安心在此教课,但是闻政老师在前来之初就与教育局领导有协定,最多支教两年就可以返回县城的学校任教,因此一直盼望着雪山小学能够早点被取消。截止到 2011 年 3 月底,雪山小学仍旧去向不明,但是在新学期开学之后近一月的时间当中,学校还是大门紧闭,绝大多数学生都早已到县城或溪森完小就读,只有学前班的娃娃们还各自在家里跟随长辈们玩耍。据雪山村村委会主人马云晨介绍说,雪山小学将来会办成一个幼儿园,不会被彻底取消,而刚当选村团支部书记的余国祯则告诉我说,现在自己的孩子上学无门,只能在家里"耍",对目前的现实情况流露出强烈的不满情绪。

关于雪山小学的撤销问题,溪森乡政府领导所作的阐释是:雪山小学地处偏远,教育主管部门"派不下来"教师,本来为他们发放的高山补贴也起不到作用,他们都不愿意因为多拿这一百多元钱前来任教;更重要的是山村的教学质量差,这会影响到孩子的发展前途;集中办学更有利于整合教育资源,改善教学质量。同时,羌族传统文化保护也不一定要借助雪山小学,溪森完小也开设有"羌语班",可以防止羌语的失传;"羌族同声合唱团"虽然对传播羌族文化起到了一定的作用,但毕竟不能代替义务教育,小学不是用来专门培养艺术家、歌唱家的地方,所以也不应该为了这样一个艺术团体的存在而牺牲大多数学生的学业。因此,取消雪山小学是合理的选择,不仅有利于政府对教育工作的管理,也有利于让孩子们接受到更好的义务教育,有些村民因此闹意见是没道理的。

雪山村村民对当地政府撤销本村小学的行为有如下猜测性解释:政府领导没有在雪山小学的重建中获得经济好处,因为深圳的出资方直接通过招投标方式将学校重建完成,政府的直接参与有限,因此领导心存不满;后来他们干脆设法将学校变成村两委所在地,以减少其他方面的重建支出,这才有了企图撤销雪山小学的想法。同时,据说在广东方面开始对口援建溪森中心小学时,乡政府领导宣称未来的生源数量将达到 500 人以上,但是等学校建成之后,实际上只有不到 200 名学生

---

① 河南周口人,1986 年生,2009 年考取汶川县的教师资格证书,被县教委下派到雪山村支教。笔者在前往雪山小学调查期间与之结识,并成为好朋友,他向笔者详述了很多关于雪山小学的办学问题。

在其中就读,大量的教室空置起来,这就让当地政府领导十分尴尬,促使他们下决心将雪山小学合并,以补充溪森完小不足的生源数量。此外,溪森小学的食宿后勤服务已经承包给当地领导的亲戚进行商业化运营,增加其生源有利于为后勤部门增加经济收入,这也是推动当地政府撤销雪山小学的动机之一,而其他所谓"教学质量"、"教师下派难"等理由其实都是借口,不然地震前为何就有老师愿意前来任教呢,在2009年9月的开学典礼上,县乡政府领导不是还在宣称要将雪山小学办好吗?

围绕雪山小学的撤销与保留,溪森乡政府与雪山村民之间出现了尖锐对立,但是最终还是达致了政府的意愿,不管将来是否会将学校改造成一所幼儿园,小学的取消已经成为了不可更改的事实。当然,伴随着村委会办公室的建成,雪山小学也不会像村民认为的那样被转化为村干部的办公地点,在此意义上说,溪森乡政府也没有完全达到理想的目标,只是让这样一座价值600多万元的建筑被闲置浪费,实在是有些可惜,来自深圳的投资方又会作何感想呢? 雪山小学的重建与撤销在当地民众的心目中已经演绎成为了一则荒唐故事。

雪山小学的重建虽然并不是在政府一手主导之下完成的,但是其最终的存亡仍由当地政府所掌握,而雪山村其他基础设施和民房的重建工作更是在政府主导下开展的,当地村民和其他组织机构几乎难以在各项重建规划和决策中发出任何的声音,比如溪山公路①的修建不仅没有当地村民参与方案的拟定,甚至也没有当地的施工人员。"家门口"的工程却未能给当地村民提供就近就业的机会,这让当地村民甚是不满。还有一起令当地村民更为恼火的事情成为了人们不断叙述的故事——雪山小组的马修志组长在2009年夏曾与香港红十字会人员协商,向他们申请资金为雪山寨修建自来水设施,得到对方的肯定答复,香港红十字会还答应为雪山寨的每户村民安装一台太阳能,当时村干部也在申请书上签字表示支持,但是后来当地政府婉言拒绝了香港红十字会的帮助,说广东对口援建方会帮助雪山寨修建自来水设施,而这个地区不适合使用太阳能,所以也不需要为村民提供。就这样,香港红

---

① 溪山公路,即从溪森乡政府所在地溪森寨通往雪山村的山区公路,途中道路狭窄险要,路况不佳,根据村民反映,对口援建方投资了上百万元来修筑这条路,成本相对而言较为高昂。

十字会的慷慨相助被当地政府拒之门外,非政府组织在当地灾后重建工作中的参与又一次被排斥。

截止到 2010 年夏,雪山村的村民在政府贷款和补贴资金的支持下基本完成了民房重建,但是他们中间的大多数人始终感觉自己完全处于"被救助"的地位,缺少了最基本的话语权,用他们自己的话来形容,就是"怎么重建都是干部说了算,我们什么也不知道,村里从来就没有召集我们开过会,我们只能等待上头的意见"。这样一种弥散于当地社会的大众情绪在很大程度上体现了灾后重建工作中出现的中心问题,政府主导了整个重建工作的话语权,而普通民众则只能坐等来自上面的"恩赐",其对社会的感恩心态也就逐渐被消磨掉了。① 特别是由于新闻媒体极力宣传汶川地震灾区重建工作的辉煌成绩,雪山村民更加认为自己受到了不公正的待遇,汶川县的映秀、水磨、三江、绵虒等乡镇作为灾后重建的样板工程点被极力宣传,雪山村民就自发地将自己身边的事实与这些地区进行对比,感叹自己所在的村庄成为了"被遗忘的角落"。他们抱怨村庄没有能借灾后重建的机会进行统一规划,没有上级领导前来参观访问,更没有被拍摄到电视新闻上进行宣传,而最终的抱怨是乡政府领导没本事,没有为当地人争取到更多的利益,或者他们根本就没把老百姓的事情放在心上。由此可见,国家政府为灾后汶川地震灾区重建所投放的大量资金换回来的不是当地社会的安定和谐,而是到处存在的不满情绪与攀比心理,这种结果很值得反省。

在 2010 年 5 月初,笔者曾前往汶川县文体局了解情况。据局里有些领导干部介绍,由广东省文物考古研究所等部门编制而成的《四川省汶川溪森雪山村历史文化村修缮保护设计方案》已经准备进入实施阶段,该工程总投资将达三千多万元,雪山村内的多处文物建筑将得到修复,民房的风貌也会按照羌族传统风格进行改造,同时,还将结合未来当地旅游业的开发事宜修建停车场等基础设施。关于溪森乡雪山村历

---

① 笔者在汶川县文化局访问期间得知,当地县政府正在组织文艺活动,宣传"感恩"精神,而主要原因就在于他们也发现灾区民众并没有表现出对社会的显著"感恩"心理,而且还出现了"宰外地人"的现象,比如当地的商贩在出售商品时专门向持外地口音的人要高价,特别是针对参与当地对口援建工作的广东人,这使当地政府深感不安,认为这样会破坏灾区的形象,影响当地未来的长远发展,所以试图通过文艺宣传活动改变当地民众的言行。笔者的实地调查也发现了这类现象,当地民众自己也坦然承认身边有不少人是极其功利的,认为"广东人有钱,不宰白不宰",对外人的帮助根本就不懂得感恩。

史文化名村的重建,汶川县文体局的干部指出,政府不会忽视任何一个村庄的人民,只是要统筹安排全局,不可能同时都照顾到所有村庄,雪山村的重建规划已经制定出来,只是还没有实施,汶川县十多个重点项目总得有个先后顺序;当地村民也许等得有些着急,所以感觉政府把他们忘记了,其实还是不了解政府工作的难处,同时也可能是因为乡村干部没有及时向他们宣传这些信息。政府部门虽然正在全力筹备雪山村的灾后重建工作,但是由于缺乏信息沟通,当地村民对此一无所知,还以为上级政府在有意偏袒某些地方,而对另外一些地方视而不见,这种现实充分证明了政府主导之下的灾后重建工作当中所存在的重大缺陷,由于民众参与的不足,引发了很多本来不应该出现的信任问题与抵触对立情绪,给灾区社会蒙上了灰暗的政治阴影。

笔者在 2011 年春再次前往当地进行实地调查时,雪山村历史文化村修缮工程已经开始启动,首批风貌改造工程已经接近完成,修建"化粪池"与"三线入地"①两项工程也已经正式启动,当地政府官员还向村民宣传说,将来要将雪山村打造成 4A 级景区,村民们终于亲身感受到了"被关爱"的实事。但是这并未化解当地人对地方政府的不满情绪,他们介绍说:"首期风貌改造工程共计进行了 70 户,花掉了 700 多万元,平均每户用了十多万元,但感觉没有发生什么变化,这些钱再新盖一个房子都够了,其实很多钱还是被当官的和包工头给吃了。"由此可见,雪山村虽然启动了当地村民所期望的大规模修缮项目,但当地人仍然认为其中存在着诸多的社会不公正,除了仍旧坚持认为政府对当地的投资不如对水磨、映秀、绵虒等乡镇的投资规模大之外,还认为这些投资主要是给基层干部与有关系的人提供了发财的机会,而对普通村民的生活并没有多大的影响。显然,当地村民主要是感觉雪山村的这些修缮工程并不能给他们带来直接的物质利益,虽然它对未来的旅游开发有着很宝贵的价值,但那毕竟还只是某种难以在短期内"变现"的预期收益,已经具有高度现实主义心理特质的村民因此就会表现出强烈的"不信任"情绪。

---

① 按照雪山历史文化村修缮方案,本村各寨都要根据人口分布修建"化粪池",将全村人的生活污水集中收集到这些池子中进行沉淀、消毒,然后再排放到溪森沟之中,防止污染环境,沉淀下来的粪便等废物再进行统一处理,全村规划建设 7 个大小不等的化粪池;三线入地指的是将村里架设的电线、电话线及其他生活用线全部埋到地下,以维护羌族村寨的传统风貌不因它们而被改变。

正当雪山村本着"维持原始村落风貌"的原则进行修缮之时,当地政府官员又向村民们传达了新的信息。村民向笔者反映,他们听说县乡政府计划将雪山村列为当地"新农村规划建设"的试点村,将要对村落进行统一规划重建。雪山村民对这一消息表示欢迎,都期盼着村庄的集中规划建设大计能够早日实现,当我问及他们"村民刚刚建设好的民房被推倒,然后重建进行统一规划建设,你们难道不心疼吗?"他们的回答让我十分惊讶——

> 有什么心疼的? 反正政府有钱,他们出钱建设,我们没意见,现在村里的房子建设很乱,很多农户家门口都不能通车,运什么东西都要人背,生活上太不方便。

由此可见,与雪山村已经完成的历史文化村修缮工程相比,新农村规划建设项目更能吸引村民们的关注,他们宁可选择损失部分已经投入的资金,也希望改变目前的村寨布局和生活方式。除了以上两项重大的重建工程,当地村民还说他们还从国家文化部有关部门申请到专门用于文物保护的一笔资金,就这样,雪山村就出现了"多项工程"同时并进的局面。很值得关注的事实是,这些重建项目之间在宗旨上存在严重的冲突,新农村规划与村落原始风貌的保持就属于理念上的尖锐对立,文物保护工作由此陷入了十分尴尬的境地,传统文化与生活条件的改善之间再次发生"冲突性"遭遇。

在雪山村灾后重建过程中,国家各级政府向当地投入了大量资金,尽管与平坝羌寨、水磨古城等一些精品旅游景点相比,这些投资还稍显逊色,但是就单位人口所平均接受到的资金数量来看,已经十分可观①,用当地村民的话来说:"这些钱早已足够重新再建一个雪山村了。"尽管有大量资金注入到了雪山村,但是由于重建方案与各种相关政策缺乏连贯性,很多原则宗旨都存在着冲突,导致这些灾后重建资金被严重浪费。比如雪山小学至今仍然是人去楼空,大批先进的教学设备被闲置浪费,再比如很多刚刚建好的新房就被拆除部分结构进行风

---

① 雪山村一共有700多口人,国家政府与香港红十字会、深圳东方家园等各方累计投资将达到5000万元以上,平均每位村民可以获得7万多元的直接与间接投资,等于每户获得收益达30万元左右;如果实行新农村规划建设,这个数字还将翻倍增长。

貌改造,本来可以节约的开支都因此浪费掉了。更重要的是,如果雪山村一旦进行新农村规划建设,前期所有的大宗投资都可能面临着"推倒重建"的风险,其引起的资源浪费将是十分惊人的。此外,由于外部资金的集中大量进入,雪山村内部也引发了一系列的利益纠纷和权力争夺,人际关系出现新的信任危机,这给当地的乡村治理带来了巨大挑战。

三、文化、政治与发展话语的游戏

伴随文化保护、政治任务与话语关系等多个话题的争论,汶川地震灾区羌族村落旅游开发与重建坎坷前行,看似相互独立的各种问题在一种特殊的社会场域之中牢固的"纠结"在了一起。透过当地两个村寨旅游开发进程的迷雾,发掘其背后隐藏的事实逻辑,认清这场文化、政治与发展话语的游戏,可以更好地领会中国社会发展模式在基层社会的运作形态。

(一)作为资本的文化

从汶川地震灾后重建工作中的"羌族传统文化保护"话题中可以发现,不同的社会主体有着不同的话语偏好,尽管这些主体清一色地在谈论乃至倡导"文化保护",但是其背后的动机无不与自身的现实需要密切地关联起来。可以毫不客气地说,人们对羌族文化保护的关注都有着"将文化作为一种话语资本"的倾向,他们都希望能够借此增强自己在灾后重建工作中的话语权,从而满足自己的特殊需要,作为资本的文化已经不再是纯粹学理意义上的文化。而羌族文化一旦被作为某种话语资本,那么对它的保护工作也就演变成为了一种政治话语权的较量,同时,伴随着当地旅游开发的推进,其背后隐藏的话语关系也鲜明地呈现出来。

最早鲜明提出"羌族传统文化保护"倡议的主体应该是社会科学界的文化研究工作者,他们之所以对此表示出极大的热忱,一方面是出于职业本能和社会责任感,另一方面也存在着争取"社会发言权"的动机。他们一再强调灾后重建工作需要充分关注到灾区社会文化的连续性,而不能只关注到住房、道路等硬件基础设施的恢复重建,这应当算作是十分中肯的提醒。但是当他们将羌族传统文化保护的建议"炒作"成为所谓"原生态主义"主张时,其争夺话语权的嫌疑也就显现出来了。从笔者长期的实地调查经验来看,对羌族传统文化进行所谓的"原生态"主义保护几乎是一种完全的"幻想",羌族民众对"现代化富裕生活"的强烈追求注定了羌族传统文化必将发生重大的转变。相信很多激进的文化保护主义者也不会对此毫无觉察,只是因为自己的特殊利益与品位偏好,他们才不断地强化自己的"呼吁",而且已经超越了单纯的社会责任感驱动,具备了某种"话语霸权"的特质。

作为国家最高权力机构的中央政府,历来坚持"稳定压倒一切"的政治方针。在汶川地震灾后重建过程中,中央政府自然更加重视灾区社会稳定的维持工作,因此,如何把握在灾后重建过程中的"社会道德主导权"成为国家领导层不得不考虑的问题。中央政府对灾区的单纯资金投入可以解决灾民现实的生活问题,但是难以充分表达对灾区人民的关爱,因此,对灾区少数民族文化的"特殊关爱"成为了最好的补救措施,这样可以充分体现党和政府对羌族等少数民族灾区民众的全方面"体贴",从而起到稳定灾区社会秩序的作用。在此意义上说,中央政府对羌族社会文化重建工作的高度重视同样带有着"资本化操作"的痕迹,将羌族文化作为凝聚灾区民心的纽带来进行建设和维护,同样是为了掌握某种话语的主导权,取得社会道德和舆论上的制高点,从而增强自身的政治权威。与此同时,汶川地震羌族灾区的各级地方政府也高调地提倡"羌族传统文化保护",不断打出所谓的"文化牌"来争取外部资源。理县前政协副主席、平坝羌寨旅游开发工作的一线领导张明景说道:

> 理县在2005年提出的口号是"世界的平坝、永远的尔玛",就是说,要真正地保存古羌族文化的某些特色;但平坝未来的旅游接待一定要提高档次,我们的设想是"没有星级酒店,但要有星级房间",否则就不能推动地方经济发展。平坝新村的建设主要是为了更有效地从根本上保护老寨,老寨正在申请世界文化遗产,它之所以能够保存下来,应当感谢过去的贫穷,本地要是提前几十年就富裕起来,也许这些老建筑早就被拆除了。目前,发展旅游可能会破坏原生态文化,但是也会促进区域经济发展,新村建设的目的有两个:保护好老寨和解决民生问题。

张明景的谈话表达了地方政府官员的基本观点,即羌族文化必须保护,因为它有其独特的价值,发展旅游离不开有特色的民族文化;但是最根本的还是要提高当地的经济社会发展水平,为了创造地方政府的政绩,也必须让"让文化塔台唱戏"。因此也可以说,地方政府也是将文化作为一种创造政绩的资本来看待的。与之形成鲜明对比的是,羌族灾区的本土知识分子和学者对本民族的传统文化有着更直接和深刻的感受,并成为倡议开展羌族文化保护的中坚力量。阿坝州羌学学会会长张立祥先生指出:

> 现在政府和社会上都谈羌族文化保护问题,那必须弄清楚保护什么,怎么保护,要想让羌族人的传统生活方式保持下去,这是不可能的,要保护的应该是那些物质设备、技术和艺术、传承人,但是这都需要有经济条件,国家政府必须拿出钱来去保护,羌族人自己缺少这个能力。问题是政府现在还不能公正对待羌族文化,藏族的活佛、喇嘛每月都拿工资,但是羌族的释比就不给一分钱,羌学学会是在四川省民政厅注册的民间组织,但也没有任何的资金帮助,宣传的很响亮,但实际上保护羌族文化的行动并不多。说白了,政府就只想着创造政绩,没有真心真意想着怎么去保护羌文化,真正懂羌文化的人说不上话,也感觉很无奈了;在这种情况下很多问题都是处理不好的,必定会影响到羌族文化的保护。现在人们的思想都关注金钱,这是没办法改变的,所以必须要采取政府说的那种"生产性"保护方式,这样才能调动大家的积极性。旅游开发是需要搞的,但不能到处都搞,旅游必然增加羌族地区的社会开放程度,所以必然加速羌族文化的现代化,特色必然也会消失一些,但是都不开发,一直贫穷也会导致羌文化的丢失。

显然,与"原生态主义"的文化保护倡导者相比,羌族的本土知识分子和学者更能理解文化保护的可能性选择,他们很希望国家投入的资金"用在刀刃"上,真正将这些资金投入到有利于传承羌族传统文化的地方。但是在这种话语表达的背后,实际上还是存在这对话语权的一种向往,他们也将"文化"作为了一种争取话语权的资本,希望自己的主张能够更多地在灾后重建过程中得到落实,从而增强自己在当地社会发展当中的话语地位。

面对纷繁复杂的"文化解释",普通羌族民众陷入了左右为难的境地。从内心深处来说,如何改善自己的生活状况是他们最为关心的话题,但是对于如何达到这样的目标,他们并不清楚。地方政府官员告诉他们"只有配合政府做好文化保护和旅游开发工作,大家才能共同致富",他们从旅游带来的巨大经济利益中也相信这一点;但当政府要求他们维持老旧房屋的原始风貌而不能私自装修时,他们就感觉不自在了,认为这与自己的诉求完全背离。在与外来人口的不断接触中,羌族群众逐渐体悟到了本民族传统文化的"经济价值",外地人对当地老旧房屋、传统服饰、释比传承人的关注,使他们开始懂得"传统"可以作为获得经济利益的资本,而且是一种方便操作的"经济资源",因此,他们也开始向外人宣传本民族的传统文化,并且主动刻意地将自己的庭院装扮成"文化的展览馆"。笔者在实地调查中发现,平坝羌寨的很多村民都在主动学习早已被丢弃的传统知识,以此作为吸引游客的资本;雪山的村民也开始理解对新建房屋进行风貌改造的"文化与经济意义",主动担当起了保留自家传统器物和个人技能的责任,为当地未来的大规模旅游开发做好了准备。

当所有的参与主体都将羌族文化作为了一种"资本"来看待,那么对它的保护工作就会变得十分微妙,最终可能出现的结果就是:一场关于文化的讨论演变成为一场争夺话语权的政治游戏。这种结果已经在汶川地震灾区的羌族村落旅游开发过程中鲜明地呈现出来,由此,关于"发展"的话题登台亮相,将这场关于文化的游戏引向了深入和高潮。

(二) 作为"发展"的旅游开发

在汶川地震灾后重建过程中,文化成为一种"话语资本"并备受关注,但这只是某种表象的浅层写照,其背后更深层次的问题在于对"发展话语权"的争夺。因为所谓的"文化保护"是与旅游开发紧密结合起来的,而旅游开发就是当地的"发展",人们对"文化保护"话语权力的争论本质上是对"发展话语权"的争夺,这可以从不同社会主体对于旅游开发和灾区羌族社会发展的基本观点出发来进行考察。

广大普通羌族民众对于旅游开发的基本观点有着浓厚的现实主义色彩,他们实际上对于那些与自身生活关系不大的话题并不十分感兴趣,比如民族身份的界定、文化的传承等等,唯一最为关心的核心话题就是如何改善自己的生活状况。在笔者所调查的两个村落,基于对周边和外界信息的了解,当地人几乎全部都希望和支持本村进行旅游开发,认为这是提高其生活水平的最佳途径,在"追求发展"的基本态度上与当地政府官员保持着高度的一致。但他们同时也认为,旅游开发是集体的事,因此要集体决定具体的运作方式,不能单独由哪个领导和机关决定,更重要的是要确保公平受益;而目前当地所采用的旅游开发模式完全不能达到他们的设想,凡事都是由政府和官员做决定,与他们有关系的人才能得好处,其他人就什么也得不到,或者只能是"看别人吃肉,自己喝汤"。如何确保旅游开发能使绝大多数人受益成为两个村落民众最为关心的话题,雪山村有少数持极端观点的人指出:

> 如果村里搞旅游开发不能让我们得到好处,我们就去把路截断,也不让他搞,凭什么只让少数人得到好处,其他人一边看着呢?现在村里做什么事都不找村民开会商量,全都是当官的说了算,老百姓能得到什么呢?最多是他们得好处得够了,像撒盐巴一样地给其他人分一点。

很显然,普通民众希望更多地参与当地的"发展事务",他们不相信在没有任何话语权的情况下也能够分享到应得的那部分"发展成果"。与当地普通民众的观点形成鲜明对比的是当地的政府官员,他们的基本观点是:社会发展需要进行长远的统筹规划,进行旅游开发更需要规范管理和统一步调,不然就难以打造出"精品景区",因此,政府必须担当起组织和规划地方社会发展大计的重任。理县前政协副主席张明景说:

> "发展"是国家和民间的共同信念,但是在发展的过程中存在差异,老百姓只关注个体和眼前的发展,政府关注可持续的总体发展,宏观与微观的发展应当相互结合,但要以整体发展为中心。

言外之意,在他看来,地方经济社会的发展应该由政府主导,只有政府才具备长远眼光和组织具体发展事务的能力,但是针对当地民众提出的"如何确保公平受益"的问题,他也只能含糊其词,最终指出"绝对的公平是没有的"这样一个常识性的结论。其实并不难理解,地方政府官员完全知道,缺少了对"发展话语权"的掌握就难以分享到应得的

"发展成果",正因为此,他们才以集体利益代言人和统筹者的身份为武器,将地方社会发展的话语权牢牢掌握在自己手中。旅游开发被当作一种"发展"的载体,同时也被地方政府当作了论证自身"话语合法性"的依据,旅游区出现的环境污染、坑害游客、恶性竞争等不良现象都被官员拿来作为论证"政府主导型发展模式"合理性的现实证据。但是这并不能掩盖他们对"发展话语权"的争夺,而且其最根本的考虑也就在于这种话语权背后所携带的物质利益。

在普通民众与地方政府围绕"发展话语权"展开激烈斗争的同时,羌族灾区的地方社会精英则显现出了"左右难逢源"的难堪处境。他们也在整体上认同当地进行旅游开发的总体发展思路,但是政府对"发展话语权"的垄断也使他们感觉不自在,特别是在自身的利益也遭受相对损失的情况下,这种情绪显现得更加强烈;而与此同时,他们又往往是旅游开发中的"相对受益人",因此不容易被普通民众视为"同路人",加之在很多问题上的基本观点与普通群众有所差异,相互之间的关系也就变得很难融洽。平坝羌寨博物馆的王俊强馆长就向笔者讲述了自己所面对的这种艰难处境:

> 政府曾给过我资助,四川的一位副省长就批准了四万元钱帮助我开办博物馆,这对平坝羌寨的旅游开发有好处;但是关于旅游开发的具体事务决策,我是参与不上的,用得着我时就请我做个参谋角色,用不着时就一边站。但村民都认为我得了很大的好处,感觉我和当官的是一伙的,其实就是羡慕我从公司拿工资,他们看不到我对村里旅游开发做的贡献,只看我比他们多得到了什么。

以王俊强为代表的地方社会精英实际上并没有真正与政府官员分享到地方社会发展的话语权,但是由于他们对当地的旅游开发有着其他人不可替代的价值,因此必然会在当地的社会发展过程中"多分得一杯羹",但是由此而导致了自身在村落社区中的"孤立"。当然,这些地方社会精英也希望自己能更多地掌握当地社会发展的话语权,但由于自身"相对剥夺感"的淡化,这种愿望往往是隐藏起来的,他们将主要的精力放在了如何借助现有的"社会发展模式"最大可能的实现自身的利益诉求。

从以上论述中可以看出,不管是灾区的羌族民众,还是当地政府官员或地方社会精英,他们在进行"旅游开发"这一社会发展大计问题上并无异议,相互争论的焦点在于如何分配社会发展的成果,其中对发展话语权的争夺成为了最热烈的斗争场域。作为"发展"之地方实践的旅游开发充满了不断的利益纠葛,多元利益主体在伸张自身愿望的时候,无不借用了发展的话语,他们要么强调"整体的发展",要么主张"公平的发展",要么提出"合理的发展",但其背后无不存在着争夺社会发展话语权的动机。在某种意义上说,当地的旅游开发已经演变成为一场"发展政治"的游戏,不同参与者都将"发展"作为了论证自身利益诉求合法性的基本话语依据,表面上呈现出来的各种良好初衷与观点背后隐藏着一个激烈的话语斗争阵地,人们于是养成了一个习惯——明知道大家都在抢夺某种相同的东西,却坚持宣称自己与他人的不同之处,最主要的宣称就是"自己更能体现集体的意志和社会的公正性"。因此,文化保护与旅游开发最终被"发展"的话语所粘合在了一起,两者都成为了"发展的婢女",在对发展形成高度的共识之后,就是发展模式的选择和成果分享的话题。

第五章

捆绑式发展与支配型政治

一、村落社会发展与利益纷争

总的来说，广大基层民众的强烈发展诉求与国家的"发展主义"意识形态相结合，共同和直接创造了中国乡村社会当前的持续发展态势。从汶川地震灾区羌族村落旅游开发实践中可以看出：当地的经济社会发展离不开政府的投资，以单户经营为基础的乡村经济难以支撑大规模的旅游产业开发，因此广大基层民众再一次与政府因为共同的需要而捆绑在了一起；但是这种情势并不意味着中国乡村社会发展会一帆风顺，在大家都期盼着"蛋糕被做大"的同时，如何"分割蛋糕"的问题成为中国基层政府与民众最为关心的话题。

（一）政府投资与村落旅游开发

从前文关于平坝羌寨与雪山村的灾后重建两个案例当中可以看出，政府的全权主导是汶川地震灾后重建工作最为鲜明的特色。其实，不仅灾后重建工作如此，灾区羌族社会发展的很多重大事项都是在地方政府的主导之下得以实施的，因为当地任何重大的基础设施建设工程都离不开政府的投入，民间资本的力量相对于这些大宗建设项目可谓杯水车薪。在经历毛泽东时代的农业集体化经营时期之后，中国广大农村地区已经失去了原始资本积累的基本条件，羌族地区本来就十分落后的生产力状况决定了当地民间资本的极度困乏，而改革开放的资本积累政策效应在这些偏远的山区也未能充分显现，因此，地方经济与社会的发展更加依赖政府的资金与资源投入。平坝羌寨 20 世纪 90 年后期进行的旅游开发就是在理县政府的大力推动之下正式开展起来的,否则当地旅游也只能停留在零星的单户接待状态;雪山村的旅游开发更加需要政府的基础设施投入,当地几乎所有村民都认为只要政府不参与投资,雪山村的旅游开发是永远也实现不了的。因此可以认为:政府的"主导性参与"是中国乡村经济社会发展的关键性启动力量,公共资源的积累和集中投入是实现地方经济与社会跨越式发展的核心环节,对于经济落后的偏远山区而言,这一点更加突出;旅游开发作为一项需要综合与大宗投资的经济产业,自然更加离不开政府的主导与全面参与。

尽管当地政府官员和民众都认为旅游产业的开发离不开政府的参与,但是在达成这种共识的同时也产生了重大争议,其中的两个核心争议问题很值得关注:其一是话语权的争夺,即开发模式与管理方式的决定权问题;其二是收益的分配,即旅游开发受益人群的分布问题。两个问题之间存在着密切联系,所以又经常集中体现为对其中一个问题的争论。以灾后重建资金的使用问题为例,在地方政府官员看来,国家投入的灾后重建资金应当集中使用,主要用于那些对灾区经济社会长远发展有益的公共基础设施投资方面,只有这样才能取得效果,而当地村民往往眼光短浅,内部的关系协调也比较困难,因此旅游开发应由政府主导与管理,并且尽量确保当地人的整体性受益。而当地民众普遍认为,国家投入的灾后重建资金是中央政府用来帮助灾民重建家园的,如果用于长远的公益事业投资就需要由广大民众集体讨论,由地方政府私自决定使用方式就不能确保公平受益,而且肯定会导致少数人中饱私囊;开发旅游也需要由集体讨论制定方案,而不能由少数人决定。当地很多人都曾说:"国家向我们这个地方投资,我们都感谢中央,但是如果投过来的钱只让少数人受益,大多数人都没什么好处,那还不如不投资。"由此可见,关于如何进行旅游开发的争论首先在灾区民众与地方政府之间凸显出来,而这种争论的背后就是中国基层社会中当前普遍存在的干群冲突与信任危机问题,外部资源的合理分配办法成为争论的直接对象。

在中国现行的政治体制之下,地方政府是国家必须倚重的核心社会组织,这已经可以从汶川地震灾后重建过程当中深刻感受到,但是地方政府的"盈利型经纪人"角色又不可能在短期内得到改变,因此,由国家注入资金所进行的旅游开发不管采取何种管理措施,地方政府都是首当其冲的受益者,而其取利的最佳方式就是集体管理制和相关收支的非公开化,这恰恰又是当地民众最不能接受的现实。同时,当地干群冲突的另外一个焦点在于两种思维习惯之间的差异以及由此而带来的信任危机:政府官员习惯从"代表整体"的立场出发思考问题,有着根深蒂固的"政绩创造"思维,而普通民众更习惯于从比较和联系的角度看问题,属于典型的现实主义思维模式,两者之间存在着难以跨越的鸿沟。从平坝羌寨与雪山村灾后重建的案例当中可以发现:关于灾区地方政府与民众之间存在的话语分歧,其实际内容很难给予彻底清晰的解释,而且双方对对方行为动机的许多揣测也根本无法证实,问题的根本并不在于话语分歧背后的事实载体,而在于这种分歧所表现出来的信任危机。政府官员习惯于将村民想象为不能顾全大局的"刁民",而村民习惯于将政府干部想象成自私腐败的"贪官",这种已经长期存在于中国乡村社会的思维习惯在汶川地震灾区重建过程中的大面积出现给灾区社会的未来发展埋下了不稳定和其他隐患的种子。

除了灾区基层政府与民众之间的争论与分歧之外,当地普通民众之间也存在着尖锐的矛盾,只是这种矛盾主要不是体现为对"话语权"的争夺,而是更为现实的具体利益冲突。比如,汶川县雪山村的村民对于旅游开发存在高度一致的认同态度,但这并不意味着他们在具体的开发方式问题上也存在一致性,因为不同的开发途径会影响到村民之间的受益程度。本村共有四个村民小组,目前只有雪山小组还在高半山上,而其他三个小组已经全部安置在河坝地区,河坝地区是当地旅游开发线路的必经之地,但高半山则需要绕行三四公里的山路才能到达,且不是进入深山核心景区的必经之路。这样的地理布局决定了未来的旅游开发可能会导致村民的经济收益出现差异,比如说,位于高半山的雪山寨村民认为他们可能接待不到多少游客,因此难以在未来的旅游开发中获益,还有的村民说:"如果说政府搞旅游开发只是为部分人提供发财致富的机会,而对我们并没什么好处,我们就会坚决反对,大不了我们就去把路截断,不让他们搞。"而河坝地区的村民则认为"只要政府把基础设施建设搞好就可以,至于游客住在哪里是他们自己的选择,我们不能强制他们去哪里居住",特别是一些社会关系较多的村民更是认为"贫富分化在未来的旅游开发当中是难以避免的,但这并不代表着不公正"。由此可以看出,雪山村的旅游开发还没有正式开始,利益的冲突已经在村民内部显现出来了,而这种冲突的社会心理根源就在于,当地人普遍认为国家投资代表着公共利益,理所当然要确保民众的普遍和公平受益,任何一个人群如果感觉到某种"相对剥夺感",都会表现出极度的抵触情绪和行为。

(二) 旅游开发及其管理模式之争

国家投资地方经济社会发展事业受到汶川地震灾区政府官员与民众的一致拥护,这为当地的旅游产业开发提供了千载难逢的机遇,但是随之而产生的具体管理与经营模式之争论成为困扰当地社会发展的重大话题,而开发模式的争论背后乃是对经济利益的争夺。这已经可以从上文关于灾区基层政府与民众之间以及民众内部之间的冲突论述当中得到论证,但是围绕旅游管理模式的争论还有更加值得玩味的地方,乡村政治精英、经济精英与普通大众的观点之间所形成的"三足鼎立"局势可以更加鲜明地展示出这场争论背后的基本社会心态,各个人群鲜明的"功利主义"思想得到了一次精彩的展演。

基层政府官员和村干部都提倡旅游业的集中管理制度,他们认为游客的接待也应当由集体统一安排,因为这样既可以防止因村民家庭接待能力不同而带来的收入分化,也有利于规范旅游商品市场的管理,更重要的是可以统一思想将本地的旅游开发提升到较高的层次。这种观点已经有着牢固的现实基础,很多旅游景区的社会贫富分化问题、欺诈宰客问题以及民族传统文化过度开发问题的出现都可以作为论证以上观点合理性的依据,因此对旅游业的集体管理成为羌族灾民民众中的一种明确主张,其中乡村基层干部群体是这种观点的最主要持有者。与以上观点形成尖锐对立的是村落经济与文化精英群体,他们大多都主张实行游客的单户接待方式,推崇公平自由竞争式的管理模式;而且他们还指出:集体办旅游接待必然会导致一个很明显的问题,那就是主要的旅游收益为管理层所控制,而其分配的过程往往是不透明的,这就容易导致管理者在财务管理中"少报收入,多报支出",旅游受益的分配就更加不公平,甚至还会出现严重的腐败现象。少数村民还认为人与人之间的能力差异是天然形成的,公平竞争过程中出现的"收益分化"是可以理解的,这比因少数干部垄断管理权而出现的"利益分化"更加容易理解和被接受。显然,以上两种观点正是两种类型的基层社会精英群体站在自己的利益立场所自发表达出来的,其共同的诉求就在于都希望能够借助自身的相对优势在当地的旅游业发展过程中多分得一杯羹。

在社会精英群体纷纷"亮出"自己的观点之同时,基层民众当中的广大弱势人群面临着显著的"两难选择",他们一方面认为游客接待的集体管理制度会导致基层干部垄断各种经济资源,从而难以分享旅游开发带来的收益,而且对所谓的"财务监管"制度也表示出了强烈的不信任情绪;另一方面他们又认为,完全自由竞争式的游客接待又容易导致少数大户垄断游客资源,凭借其自身的社会关系成为具有强大排斥能力的利益独享者,而其他村民则成为他们依托旅游业发财致富的陪衬。这部分民众并没有明确的主张,他们对当地政治精英与经济文化精英同时保持着不信任的态度,而这种无所适从的观点同样是出于对自身利益的获取角度而产生出来的。由此可见,围绕旅游接待而出现的重大意见分歧,其背后所体现的本质就是利益的竞争关系,单纯从抽象的"社会公正"理论角度来辨别各方的是非,显然是难以做到的,而只有在旅游开发的实践过程中才能发现双方主张的"相对"合理性;其最终的评价标准也许就是能否把蛋糕做大并且使大多数人都能够从中受益。一个显著的事实是,当地人的"经济理性"已经在社会开放过程中被极大地调动起来,他们对旅游开发的"公平受益"问题给予了高度的关注,这种关注背后的两个基本诉求就是:社会要发展,生活条件要改善;公平地分享经济成果,反对少数人对发展利益的垄断。但是一个十分严峻的考验就在于,这种诉求在中国的基层社会发展实践中似乎很难找到相应的"实现"路径。

尽管在旅游开发与管理模式上存在着集体主义与个体主义原则的争论,但从整体来看,政府主导型发展模式仍然是汶川地震灾区社会的基本运行状态,因此,地方政府牢固掌握着发展话语的主导权,而其他社会群体则被严重地"边缘化",这一点已经鲜明地体现在平坝羌寨和雪山村的各项旅游开发与重建事务之中。在平坝羌寨与雪山村重建过程中,地方政府垄断了建筑设计规划、组织施工、风貌改造等各项事务的决策权,广大村民几乎彻底失去了自己家园的建设参与权,用他们自己的话说,"连自己房子上新安一个窗户、新开一扇门都需要经过政府同意",足见"统一规划"的影响之深刻。政府对此给予村民的解释是:旅游开发需要维持羌族建筑的原始风貌,如果村民肆意改变自家的住房结构和面貌,就会对未来的旅游开发构成破坏,特别是平坝羌寨老区已经是国家文物,更不可能随意重建和修复。从这种"整体发展"的视角来说,羌族地区的旅游开发的确需要一个"全能"的组织者,否则很可能会导致旅游资源的破坏和流失,从而影响到当地全部民众的生计改善;关于此,当地民众也有着相对清晰的认识,也认为旅游开发需要专业人员的"精心打造"和村民的"相互配合",集体化的统一管理是必须的。既然如此,地方政府对当地旅游开发的主导权又何以受到了众多的质疑?村民与政府之间乃至村民之间的不信任又因何而起?从上文的分析中可以看出,这主要源自利益分配的失衡。他们对自身话语权缺失的不满并不是源自对话语权的单纯争夺,更主要的是背后的利益争夺;由发展话语失衡所导致的利益分配失衡才是汶川地震灾区羌族村落社会发展过程中纷争不断的根源。

捆绑式发展模式必然会导致发展话语权的失衡,因为发展资源的"政府垄断"决定了政策与政治因素在社会发展过程当中起着核心作用。在这些被集中起来的资源向基层社会的不断"滴漏"过程中,政府不可能直接面对数以千万计的广大民众,基层官员成为掌握这些资源的"当然二道手";而这些官员在分配发展资源的过程中同样本能地希望以此获得政绩,因此就十分强调其整体效益,与此形成天然对立的"平均主义"分配方式必然会受到他们的排斥,对话语权的垄断成为了确保自身意愿得以充分表达的最佳方式。地方政府对社会发展话语权的垄断更主要是出于自身现实利益诉求的考虑,各级政府官员已深刻地认识到,只有拥有了对发展资源分配的话语权,才能借助各项开发事务"搭便车"地获取个人利益,同时还可以拿出"集体需要"作为掩盖这一点的幌子。因此,国家资源只要到了地方官员的手中就变成了他们强化自身话语权的工具,他们就可以名正言顺地进行各色各样的"统一规划",然后一石二鸟地满足自身的政绩和现实利益诉求,这已经成为地方政府官员的"最佳"理性选择。而与之形成尖锐对立的是广大民众对平均主义的奢望,他们认为上级政府下拨的资源理应做到公平分配,否则就失去了合理性,同时,他们还认为,如果缺少了社会发展事务的参与权和知情权,就难以维护自身的合理利益,因此也十分强调自身的话语权,政府对发展话语权的垄断引起了他们的极大不满。

社会发展话语的政府垄断与发展利益分配的失衡引发了一系列极端的社会认知,有些当地村民明确指出:"如果不能确保公平受益,旅游开发就成为了少数人的事情,大多数人都成为了他们发财的'陪衬',那么我们不配合政府的工作就是应该的。关于救灾款,最好的分配办法是将国家下发的所有钱物按灾区人口平均分配到户,不让地方政府官员直接掌握这些财物,然后向全国人民公示。"还有村民提出了更为极端的观点,希望由中央政府直接派官员到当地充当"管理者",杜绝当地人参与地方发展决策事务,以此避免各色徇私舞弊,确保社会发展受益的公平性。显然,以上的认识都体现了某种扭曲性质,而这背后折射出了他们对政府的一种"矛盾情感"与认知,一方面他们需要政府庇护,因为离开政府的政策性投资,所有人都会成为社会发展的受害人;而另一方面他们又对地方政府官员的"公正心"缺乏信任,不希望自己成为社会发展的"相对受害者"。因此,当地民众往往形成这样一种心态——中央政府是公正的,而地方政府是腐败的,只有"上头"的领导才能主持社会公正,正是在这样的心态作用之下,他们才产生了那种"渴望被直辖"的念头。实际上,遥远的中央政府对他们来说只能是一种"想象",日常生活中需要面对的仍然是"腐败"的地方干部,因此在日常行为上就经常表现为一种"不配合的反抗"。

从汶川地震灾区羌族村落旅游开发和重建过程中可以明显看出,政府主导型发展模式在有效降低社会事务的"协调成本"和社会资源流动的"交易成本"的同时也带来发展利益的"权力性"垄断,这又与广大民众的期望存在着巨大的反差,因此当地在取得灾后重建的显著成绩之同时,普遍存在的社会对立情绪不但没有得到化解,反而有增强趋势。大量外部发展资源的注入换来的是美观的建筑等现代化基础设施,却没有获得灾区民众对政府的信任和认可,这足以体现出"捆绑式发展"在基层社会的真实运作形态。国家对发展资源的集中统一分配与民众的平均主义理想有着天然的对立关系,不仅基层政府官员不能接受平均主义的分配方式,中央政府也不会给予真正的认同,当地民众的愿望注定会落空,而他们因此所采取的各种"对策"又注定会导致地方社会发展过程中纷争不断。由此可见,捆绑式发展在基层社会的运作必然会带来"集体本位"思想的强化,如何处理和分配集体收益成为其中的核心话题,而在一个已经引入市场经济体制的社会当中,对该话题的积极回答注定会表现得格外"棘手",这一点已充分体现在了公共资源的困境与社会信任危机问题上。

(三)私有财产与公共利益

在依托少数民族传统文化而开展的旅游开发过程中,家庭私有财产与公共利益之间的关系问题成为一个棘手的争论焦点。杨家大院是平坝羌寨的标志性建筑,更是平坝旅游区中的核心景点,其建筑相传已有近千年的历史,以独特的构造和建筑样式著称,主体建筑一共分为三层,每层都有大厅和卧室,上下有木质楼梯相通,底下是密布的地下水网,房子南侧有碉楼,中间有较大的天窗,整栋建筑共计有 72 道门,给人以"如入迷宫"之奇感。正是这样一座奇特的建筑在平坝羌寨旅游业的发展过程中引出了诸多的"难题":首先是该建筑的产权问题,一方面它一直都是杨家人的住所,从历史继承性角度来说是完全的私人物品,而另一方面它又是村寨旅游开发的集体资本,旅游使它具有了很高的经济价值,那么,如何分配这种参观收益就成为了棘手的问题;其次管理权的归属问题,私人住宅的管理权利自然属于私人,但旅游业开发又在客观上要求对它实行集体管理,以统筹游客安排参观等事宜。面对这种模糊不清的问题,作为管理主体的当地政府始终坚持个体服从集体的原则,同时在对集体收益进行分配时适当给予特殊建筑的所有者以额外补助,而杨家人认为大院是自家的私有财产,应当自行单独收费,由此而引发了一场持久的争论。

由于杨家人对村集体按人口平均分配旅游收益的管理方式不满,曾自己单独向参观者收费,引起了其他某些村民和政府管理部门的不满,最后政府管理部门与杨家大院主人协商约定:除了常规的分红之外,杨家大院每月再额外多分得门票收入 2000 元,以此作为不再单独收费的补偿。尽管双方在口头上达成过这样的约定,但是由于景区管理工作混乱和少数接待大户垄断游客资源等问题的出现,杨家大院又恢复了零星收取参观费用的做法,以弥补不能接待游客而带来的经济损失,本来就十分模糊的问题又因为其他相关利益话题的存在而变得更加难以厘清。这个问题从平坝羌寨开始进行旅游开发直到汶川地震发生之后始终未能得到较好的解决,因此在灾后重建过程中得以再次突出地浮现出来。

汶川地震发生前,平坝旅游管理部门就试图将村民全部搬迁到正在建设中的"新村",将老寨作为文物保护起来,不再让村民居住而专门作为旅游参观之所,这种设想引起了村民的很多议论,但由于未能付诸实施,所以并没有引起更进一步的反响。地震之后,当地旅游管理部门在维持原有规划的同时,又认识到了老寨的"人文价值"问题,因此提出:老寨仍需要有人居住,但核心区要尽量避免接待游客,接待游客的任务主要应集中到新村,以减轻老寨的环境承受压力。尽管老寨已经开始被作为一个整体性文物进行保护，但是杨家大院的问题仍没能解决，因为老寨的其他建筑与作为核心景点的杨家大院在旅游参观中的价值存在着很大的差别，如果不能给予额外的经济补助，杨家人仍会感觉自己受到了不公正的待遇；但是其他农户又认为，如果给予杨家太多的经济补偿，就会对他们形成另一种形式的不公正，大家共同努力维持下来的村寨原始风貌不应该让哪家单独获得独占性收益，否则就等于牺牲大多数的利益来成全少数人的"发财梦"。据村民反映，当地政府旅游管理部门计划对杨家大院给予一定的额外经济补偿，并聘任大院主人进入管理层参加日常管理的旅游管理工作，以换取对杨家大院的统一管理权；但是杨家人认为经济补偿的标准是关键问题，他们原则上也同意对老寨的所有建筑进行统一管理，但认为自家应分配到合理的"收益股份"，而其他村民也将关注的焦点锁定在了这一补偿的额度问题上，因此，具体的数字就成为了最核心的问题——杨家大院的未来将继续演绎私有财产与公共利益之间的"微妙关系史"。

从关于杨家大院的争论中可以看出，在某些社会发展事务中，私有财产权与公共利益是直接融合为一体的，根本不可能存在绝对清晰的产权制度，关键的问题就在于选择一个合理的协调机制，以达到双方的"共赢"目的。显然，离开平坝羌寨的旅游业，杨家大院就是一座老旧房子，根本不具备特殊的经济价值，而缺少了这种精品景点的打造，当地的旅游开发就会失去某些"灵气"与"点缀"，集体需要与个体利益在此意义上获得了融合的契机；如何应对杨家大院引起的争论成为了考验旅游管理部门智慧的试金石。从现实情况来看，结果并不理想，杨家大院主人与其他村民之间的观点分歧一直存在着，杨家人认为政府的补贴太少，自己理应另外收费，而其他村民又感觉自己在"陪伴少数人发财"，双方实际上都对政府管理部门持有"不合作"的态度，只是因为仍存在部分"共同利益"，这种不合作态度才没有迅速转化为敌对性行动，从而维持了表面上的配合。但伴随着灾后重建所带来的新社会矛盾滋长，围绕杨家大院发生更尖锐分歧的可能性也在增加，而且分歧的焦点仍然会是其收益分配的合理性问题，同时也必然会牵扯到关于产权归属与界定问题。

二、乡村社会发展的支配型政治

中国乡村的捆绑式发展实践制造了大量的公共资源,但如何对这些公共资源进行产权界定本身就成为了一个难题,因此引起利益分配上的纠葛;与此同时,公共资源的收益分配经常呈现出以公共权力为中心的"差序格局",不同人(群)对公共权力的支配程度实际上决定着各自受益的程度,这更进一步加剧了各种利益纷争。由此,广大基层民众对集体制度和公共部门的管理者表现出显著的信任危机,并演变成为瓦解集体制度之"合理性"存在的社会心理基础,而且在这种缺乏共识的基础之上推行集体产权与管理制度,还容易导致集体行动的"整体性"混乱,从而导致基层社会的发展进程充满了震荡性的色彩。

(一)公共资源的"关系经济学"

任何社会的发展都离不开公共资源,即使最强调个体利益与私有财产权利的西方国家也不例外,只是它们大多都将社会公共资源占社会整体财富的比例尽量降低,并对之保持着谨慎的处理态度,因为公共资源及其收益分配的困境始终是它们难以走出的"沼泽地带"。正是在这样的境况之下,西方国家形成并流行着"群己权界"的社会组织原则,私人的领域与事务严格遵循"自由"方针,而公共领域的事务则遵循"民主"的处置原则,而中国社会则有着与之截然不同的社会组织法则,其典型的特征就在于公共资源占社会整体财富的比例更高,而且公共资源的收益分配遵循的是"关系经济学"规则①,而不是民主的规则。这就导致中国基层社会普遍存在着由"关系经济学"所带来的社会发展难题,中国传统文化当中根深蒂固的"找关系"思想与社会财富的集体本位制度,共同构成了这些难题得以顽强存在的最深厚社会根基。拥有大量公共资源的社会却未能寻找到公平合理的收益分配制度,而是延续王朝政治时期的家长制管理方式,这必然会导致各种腐败问题的滋

---

① 关系经济学指的是一种社会公共资源的收益分配方式,它不是遵循市场经济的平等与自由交易法则,而是以公共权力的持有者为中心,根据不同人群与该中心的关系亲疏位置来确定各自的所得,依靠私人关系对公共权力的操控来维持特定人群的垄断利益,由此形成所谓的灰色收入;同时,在某些情况下也会表现为市场经济中的不公平竞争等现象,以及由此带来的利益分配不均等。

生泛滥,一个最急需公开、公正民主制度的国家恰恰缺少了这根"救命稻草",于是公共资源的困境在中国社会基层社会发展的实践中表现得格外突出,甚至成为了腐蚀社会道德的核心力量。

平坝羌寨的旅游开发带来了丰富的公共资源,具体可以分为两大类:首先是门票收入,其次是游客接待收入,这些收入的分配都充分体现出了"关系经济学"的基本法则,用当地村民的话说就是,"个体能力与社会关系都重要,但关系更重要"。门票收入始终都是由政府管理部门统一支配,早期还设有所谓的村民监督小组,但后来几乎形同虚设,于是这些收入的收支状况实际上都是由公共资源的直接管理者自行安排,其遵循的"潜规则"就是所谓的"关系经济学"。他们通过"挂红"来接待"特殊游客"的方式来逃避正式门票制度,从而减少此项集体收入,却可以增加自己与这些特殊人群的私人关系;同时在进行公共基础设施投资方面夸大支出数额,以此作为减少"村民分成"的依据;并且通过"吃回扣"的方式从施工单位获得私人利益,这本质上都是公共资源收益的私有化,只是在具体操作方式上存在差异。门票收入作为集体化程度最高的公共利益,也是公共资源"困境"体现最鲜明的部分,在此项利益的分配过程中,在越是靠近管理权力中心的人越可能得到更多的私利,越是远离这个中心,越是难以从这项公共资源中获得应有的收益。

这种利益分配方式同样也体现在游客接待收入的分配问题上,游客作为一种公共资源,他们的消费行为选择再一次展示出了"关系经济学"的法则,这一点可以从两个鲜活的案例中得到充分论证。陈璐是平坝羌寨小有名气的"大老板",他把自己家的小院精心改造成为了一座花园式的农家乐"接待点",依靠独特的"悠然"风格吸引了不少游客的光顾,他在平坝旅游发展的过程中成为了典型的受益者。陈璐更为重要的经营资本是善于与社会的各色人等建立良好关系,当地政府人员特别是旅游管理部门的干部都与之私交甚笃,这更扩大了他家的客源范围,即使在汶川5·12地震之后的特殊时期,他也接待到了大批的游客,成为唯一的农家乐经营者,这让其他的农户深表羡慕。凭借对自家院落的独特设计和自己的经营能力,特别是高超的社会交往手段,陈璐成为平坝羌寨旅游接待的大户,由于游客资源较多,他还雇用了两名外地的年轻人作为"正式员工"来专门打理游客接待等事务,成为名副其实的"大老板"。陈璐之所以能取得超过其他很多农户的旅游接待成绩,与他个人的能力存在密切关系,但这种能力当中最为核心的一点就是与政府官员打交道的能力，也可以说是适应中国"关系经济学"法则的能力，但在有些人看来这又不是真正的"能力"，而是与之相对的"不当关系"。不管人们如何看待"个人能力"的界定问题，实际的情况是：谁越是能够设法靠近公共权力的中心，谁就越可能分得公共资源带来的更多收益；谁越是能够深刻领会和运作关系经济学的基本法则，谁就越能够适应中国基层社会的运作方式，并从中获得更大的经济利益，而离开了这种能力就会被社会边缘化。

平坝羌寨游客接待中的"关系经济学"还体现在另一位具有传奇色彩的人物故事中。龙泉芬对当地旅游业发展可谓立下了汗马功劳，据她自己的回忆，1996 年之前本地的旅游还没有正式启动，只有零星的"写生者"前来作画，平坝羌寨借助老年协会举办集体活动的机会开始筹备旅游发展大计。在 1996 年国庆节前后，龙泉芬与一帮姐妹开始到路经羌寨的 317 国道上拦截过往的旅游车辆，引导客人到平坝羌寨来免费参观，凭借寨子的特色建筑和地下水网以及丰富的文化娱乐活动，前来本地游览的游客渐渐多了起来。1998 年县旅游局开始正式管理当地的旅游业并出售门票，龙泉芬有幸成为羌寨的首批导游。因为在当地旅游启动过程中的出色表现，龙泉芬受到了当地政府的高度关注和重视，于 1998 年 6 月被选作理县代表参加了团中央第十四次代表大会，受到当时国家主席江泽民接见，从此"小龙女"的故事在当地传为了佳话。2000 年 8 月 15 日，世界文化遗产大会主席亨利博士来平坝参观访问，龙泉芬又作为首席解说员全程陪同，名声再次大震。凭借着她在各种社会交往活动中积累的广泛社会网络和信息资本，龙泉芬家成为了当地旅游的"接待大户"，在获得较高的社会声誉之同时也获得了巨大的经济收益，因此引起了其他很多农户的羡慕和嫉妒。龙泉芬的成功经历也与她的个人能力密切相关，但是最为关键的能力就是社会交际能力。据当地的村民反映，她有着"只会喝饱、不会喝醉"的酒量，加上她卓越的谈吐气质，维系与社会各人群之间的良好关系具备了天然的优势，因此能够与公共资源的操控权力中心保持着紧密的联系，并借助关系经济学的规则实现自己的利益诉求目标。

在平坝羌寨，依靠对"关系经济学"的娴熟运作而发迹的另一位成功者是周志文，他是平坝羌寨旅游公司的管理处长，父亲是村里的老党员和理县政府退休干部，妻子是平坝村党支部书记王俊成的妹妹，而王俊成的弟弟又是理县县委宣传部部长①，因此，周志文正是王俊成和理县县委宣传部长共同的妹夫。凭借着这种由家庭私人关系带来的雄厚政治资本，周志文成为了平坝羌寨呼风唤雨式的人物，不仅当上了平坝羌寨旅游公司的管理处长，而且还在很多重大的决策性事务当中发挥影响，在他的得力运作之下，他的三个姊妹家都成为了当地旅游接待的大户。由于后来龙泉芬的社会名气日益上升，大量的游客资源被吸引到龙家，周志文及其近亲属难以与之进行直接的"市场竞争性"抗衡，于是就操纵了一起"冤案"：先是指使个别村民向理县公安局举报，说龙泉芬的父亲砍伐了村集体的葡萄树，然后再暗中进行指证，于是龙泉芬的父亲被派出所"关"了起来，并遭受了毒打，据说被打得遍体鳞伤，而且在没有正式立案的情况下被拘押了长达数月之久。由于没有证据证明龙泉芬的父亲确实砍伐了村集体的葡萄树，理县公安局最终只好将他释放，龙泉芬一家人对此十分不满，不断向理县公安局讨要"说法"，但是由于主管司法的副县长被调走，此事最终还是不了了之。其实，平坝羌寨村民都知道这起冤案的"内幕"，本案件实际上就是周志文等试图通过政治手段进行经济利益竞争所"运作"出来的闹剧。从这一案件可以看出，"关系经济学"法则在当地已经被应用到了出神入化的地步。在汶川地震之后，平坝羌寨新村进行重建，周志文又借自己的工作方便之机，在测量和上报被拆除住房的有关数据时，刻意夸大自己亲属家的住房面积，使之获得更多的经济补偿；而在湖南对口援建结束之后，他与自家亲属又带头将新购买的住房转手卖掉，以赚取额外的经济收益。周志文对关系经济学的娴熟运作给他及其亲属带来了丰厚的经济利益，这一方面得益于其天然的"身份条件"，另一方面也得益于他对这种社会规则的深刻理解与把握，因此有村民称他为"小诸葛"。

（二）利益分配格局与人际关系危机

从上文的分析当中可知：在由"关系经济学"支配的中国基层社会当中，个人能力的核心要素就是处理和维系社会关系的能力，离开了这

① 在2011年春季笔者再次前往平坝羌寨进行调查时得知，王俊成书记的弟弟已经调任茂县担任常务副县长，不再担任理县县委宣传部长一职，王俊成也因为涉嫌贪污问题而被理县政府取消了参加党委选举的资格，因此，在新一届村两委选举之后，已经不再担任村支部书记之职，但是王家人在当地的政治影响犹在。

种能力,其他各方面的能力就很难发挥作用。因此,公共资源的收益分配格局主要是由公共权力的结构布局决定的,不同人群所能获得的最终利益往往取决于自身在公共资源权力结构中的相对位置,越是靠近权力结构中心的人得到的利益就会越多,反之就会越少,由此形成一种利益分配的"差序格局"。这样的利益分配格局所传达出来的基本信息就在于,权力的规则而非市场的规则在决定着地方经济社会发展的实践形态,因此,经济与市场竞争实际上被转化为政治权力的斗争。在这种状况之下,基层社会民众的人际关系困境就呈现得格外鲜明,普通民众与公共资源的管理者之间的信任危机表现得更加突出,雪山村村民何丽华指出:

> 发展旅游主要是当官的受益,门票收入由他们拿着,靠大路的干部和他们的亲戚首先接待游客,有条件、有关系的人家就可能受益,但是这些普通百姓没什么好处,什么也参与不上,就得不到什么好处。

雪山村村民何立虎指出:"钱只要过干部的手,老百姓能得到的就没多少了,说要进行集体统一分配都是骗人的。"几乎所有村民都对基层干部表现出了强烈的不信任情绪,他们在潜意识当中就认为"公共资源就是干部个人的财产,集体体制只是官员谋取私人利益的幌子"。这种观点已经具有了相当的认知深度,隐含着基层社会干群矛盾的"总根子"。

这种信任危机同样扩散到了普通村民之间的关系当中,比如上文提及的关于旅游开发模式的争论可以证明:不少普通村民不仅对乡村政治精英群体表示出不信任态度,也对村落经济与文化精英持有不信任态度,而这种信任危机的共同缘由就在于各社会精英群体在利益索取上的"自发封闭与垄断"倾向。这可以从平坝羌寨村民关于龙泉芬对当地旅游业发展的作用价值的讨论中获得启发。他们对龙泉芬的评价也存在着某些观点上的分歧,有人认为她凭借自身的社会交往能力充当了"形象大使"的角色,广泛宣传当地的特色羌族文化,有力地推动了当地旅游业的发展;也有人认为当地的旅游业发展主要得益于地方特色文化与文娱活动,龙泉芬的特殊角色是被"打造"出来的,是政府刻意培植出来的"典型",但是随着旅游业的深入发展,当地村民的生活更加依赖"接待收入",而旅游客源被集中到以龙泉芬为代表的少数农户家中,因此这种做法是不公平的,等于人为地拉开了当地居民的收入差距。以上的两种观点尽管同时存在,但以后者为主流,因此在很大程度上揭示了普通民众对村落经济与文化精英群体的不信任态度。面对这种争论,局外人显得无所适从,集体性文化资源所带来的经济收益如何分配才能算作合理,如何评价"关系经济学"所导致的"利益分配的差序格局"? 这成为了一个不得不思考的话题,更是龙泉芬带给我们的基本启示。

除了普通民众对基层社会精英群体的信任危机之外,不同类型的社会精英群体之间也存在着信任危机的情节,从上文所述周志文与龙泉芬之间的斗争故事中已经可以看出,陈璐的有关见解也可以充分说明这一点。陈璐虽然算作乡村经济精英的典型代表,甚至可以称得上是"春风得意者",但是他对中国当前的基层社会状态并不满意,自己违心地去适应当前的"关系经济学"规则也使他感觉很不自在,因此他希望出现一个能够给每个人自由发挥才能的社会环境,而不是要人们依靠"隐秘"的社会关系去拉拢生意和维持营生。因此,他一方面对官场的潜规则表示出深恶痛绝的批判态度,另一方面又努力去理解和利用这些规则,以换取达到自己经济目标的社会资本,实际的行动与其内心深处的观念形成了鲜明的对立。他的观点代表着市场经济环境下小资本所有者的心声,他们并没有在社会发展的大潮当中沦为社会的底层人,但他们有着一种追求公平与自由竞争的本能,而对传统的官僚政治和阴谋权术表示出强烈不满,只是出于现实客观环境的制约,他们才不得不主动去适应自己内心深处并不接受的一套社会规则,这种心态在经济相对发达的地区已经明显表现出来,它可以作为分析中国基层社会很多经济精英社会心理的重要依据。

根据西方国家的社会发展经验,不管是遵循政府主导型的发展模式还是自由市场发展模式,社会的贫富分化都是必然出现的,只是在前一种发展模式下,政治性能人更容易获得额外的利益,而在后一种发展模式下,经济能人更能获得超出常人的收益。从本文以上论述来看,基层政治精英群体都明确主张实行集体制度和政府主导型社会发展方式,而基层经济与文化精英群体则主张实行个体主义和自由市场发展模式,这两个群体都是立足于自身优势而提出相应的社会组织原则,而其他弱势人群则陷入了犹豫彷徨的境地。因此,可以认为,关于社会发展方式的争论应当主要发生在社会精英群体的内部;而十分吊诡的现实情况是,这种争论在中国社会的特殊场域中被遮蔽了起来,由各色精英组成的联盟在"关系经济学"的法则操控之下成为了公共资源收益分配的"特权俱乐部",通过排斥其他社会群体的受益,这种联盟得以持续维系下来。但中国基层社会人际关系的信任危机也因此而"扎根"下来,不仅普通民众与社会精英之间的对立情绪持续上涨,而且各色社会精英群体之间及其内部也保持着某种"貌合神离"的关系状态,这成为了乡村社会整合的重大隐患。

(三) 外部资源的进入与支配型政治的强化

延续上文的论述,在捆绑式发展实践之中,公共资源与集体管理权力成为了两个核心利益焦点,人们为了实现自身的利益诉求,都会极力抢占有利的社会位置,以求最大程度地获得对它们二者的支配权,谁获得了这种支配权,谁就会成为享有社会发展利益的最大赢家,我们可以将这种状况归纳为"乡村社会发展的支配型政治"。在汶川地震发生后,国家各级政府以及各种非政府组织(个人)向灾区捐助和投入了大量的灾后重建资金,外部资源得以集中进入羌族人口的主要聚居区。在笔者调查的两个羌族村落,这种现象都十分突出,关于此,前文也已有交代。在这种灾后重建的背景下,当地的政治生活发生了微妙的变化,其中最显著的变化就是"公共权力"的经济价值急剧提高,人们对"支配型政治"的规则有了更深刻的理解与体会,对公共权力的争夺战也进入了白热化的状态。

通过对当地村民的长时期调查,笔者总结出了他们眼中的乡村基层干部形象,在他们看来,汶川地震为当地的乡村基层干部提供了"发财"的机会,他们借助各种精巧的手段与策略谋取了大量的钱财,扮演了鲜明的"盈利型经纪人"角色(Prasenjit Duara,1988)。总结他们提供的相关信息与案例,我们可以发现当地基层乡村干部的盈利策略大概包括三种形式:其一是向上级政府谎报户口数量,从而争取到更多的补贴资金,比如将本来属于一个家庭的人口拆分成两三个家庭,然后与被拆分的家庭共享争取的补贴资金;其二是担任当地灾后重建工程的村落协调人,从而换取施工方的回报乃至贿赂,甚至直接承包某些工程项目;其三是截留乃至扣押上级政府拨付的部分救助物质与补贴款项,直接将这些钱财据为己有。从总体上来说,当地基层乡村干部的赢利型政治"经营策略"基本可以归纳为以上三种,但每一种策略的具体操作方式却是多种多样的,这可以从当地提供的相关案例中看出来。

根据平坝羌寨村民的反映,在汶川地震灾后重建期间,当地出现了很多不公正的现象,有的农户本来就是一家人,但因为与村干部关系亲密,就开具出来已经分家的证明,到乡里派出所修改户籍,将家人分成两三个户口申请各种灾后补贴资金,有些家庭是夫妻两人或者尚未成年的子女都被当成了单独的户头,村干部帮助他们申请到资金就会从当中"得好处"。此外,村委会主任的儿子与本村的一些"混混"共同承包了老寨重建工程的某些小项目,如修建围墙、运输建筑材料等,然后再由他们寻找工人施工,这些人都从中获利匪浅。让当地村民感觉更难以理解的另外一个现象是,有些平坝户籍的村民所得到的灾后重建"待遇"被打了五折,具体来说就是有些村民被当成了"半股"身份享受各项补贴,并且被限制在平坝新区购置新房。这些人往往是在外务工的年轻人或者已经出嫁但户籍尚未迁出的女子,总计大概有十多人属于这种情况,他们的亲属对这种情况十分不满,所以就向理县政府有关领导询问情况,得到的答复是:所有补贴资金的发放与制度的执行都是根据村里上报的名单;而他们去询问村干部的时候,得到的答复又是:这是县乡政府确定的名单,村里不知情,于是,这一问题在相互的推诿之中陷入了难以解决的僵局。村民们说,这显然是干部们共同"搞的把戏",他们把村民本应获得的补贴私吞了,最后只能通过回避的办法来应付老百姓。

无独有偶,雪山村的很多情况与平坝羌寨极为相似。据当地村民反映说,在汶川地震之后,村里本来接收到了很多救灾物资,但最终发到村民手中的东西微乎其微,先是由县乡政府挑选一部分,然后下发到村干部手中,他们再进行挑选,最后才把他们挑选剩下的物资发到村民手中,因此很多衣物根本不能穿,除了大米、清油等主食之外的各种稀有食品很少能分到村民手中。有的村民亲眼看到村干部家中堆放着上百件的棉被毛毯和各种名牌服装,还有人看到村里其中一位小组长将被老鼠破坏的物资背到河边扔掉,这引起了当地很多村民的不满情绪。此外,雪山村也存在"拆分家庭户籍"的情况,据说有一位村干部将自己家里的六口人分为了三个户头上报,还将已经出嫁的姐妹也统计到报表中,共计得到了十几万元的各项补贴,同时也有村干部帮助自己的亲属"拆分户口",以获取更多的补助资金。同样也与平坝羌寨类似,当地村干部①也有人承包了灾后重建工程的部分工作,并赚取了相当数额的劳务收入;而且同样有村民反映说,当地灾后重建工程的施工方在进入村落之前一般都要首先与村干部"搞好关系",通过给予物质或金钱方面的好处换取他们对工作的支持,这种情况已经成为了众所周知的秘密,因此当地村民对此并没有表现出"惊奇"。

除了关于平坝羌寨与雪山村的情况,笔者还调查到了附近其他地区所发生的类似情况,据当地村民反映说,有的基层干部将救灾物资偷偷转运到自己亲属家中,在小卖部当众销售,做起了无本的生意。还有些基层干部则直接向在当地进行灾后重建工作的工程承包方索贿,甚至人为地制造纠纷,以换取施工方对他们的"地方性依赖"。由此可见,在大量外部资源进入汶川地震灾区之后,当地基层干部成为了典型的"受益"人群,他们所采取的各种赢利策略更加强化了"支配政治"的法则,公共权力更加充满了"诱惑力",于是人们也对获取地方社会的这种权力更加着迷,不惜手段地参与到地方政治斗争当中。据雪山村村民介绍,在2011年的新一届村两委选举中,有七人参加了村委会主任的竞选,其中包括两个特殊的人物,一个叫何永强,他早已将户口迁移到了城里,成为市民已经十多年,村两委选举之前刚刚将户籍迁回雪山村;另一个是马健童,他是在县城"混社会的",也是将近十年没有在雪山村生活了,只是户籍还在本村。但是在第一轮选举当中,何永强就被淘汰掉了,剩下原村委会主任马云晨和马健童进行角逐,双方都十分卖力地拉选票,马健童甚至动用了"责任落实"②的办法开展筹备活动,但是最终还是马云晨连任村委会主任。当地的村民反映说:

> 马云晨之所以能够当选,不是因为他就清正廉洁,而是因为相比于其他候选人显得更为合适,他哥哥在汶川县公安局工作,所以才敢参加竞选,其他没有社会背景的村民根本没机会参加竞选,如果让那些一直都没在雪山村生活的人当选村长,以后的事情就麻

---

① 在2011年笔者前往当地调查时,这名村干部已经在新一届村委会选举中落选,不再担任任何职务,而且长期在外地生活,已经很少回家,因此,当地有些村民认为他是汶川地震灾后的"暴发户"。

② 责任落实指的是这样一种拉选票的办法:候选人将自己的下属和亲信集中起来,分别向他们分派任务,规定每个人要拉几张选票,不管采取什么办法,最终要确保总数超过全部选民的半数。

烦了,找村领导办点事都找不到他们;而且很明显,何永强和马健童也不是真心来为雪山村民服务的,他们是看中了村里的重建项目多,感觉当村里领导有好处才来参加竞选的,动机本身就不纯,大多数村民也都看明白了这一点。

值得关注的是,马健童落选之后,雪山村党支部书记王林杰与村委会主任马云晨之间的关系出现了变化。由于马健童是王林杰妻子的表弟,因此得到了王林杰的鼎力支持,但最终的结果证明王林杰努力失败,这就导致村委会主任马云晨与村党支部书记王林杰之间产生了隔阂,甚至有可能演化成为派系斗争。与雪山村的情况相似,平坝村在2011年春的村两委选举当中,也出现了派系斗争的隐患,周志文的姐夫余贵兴当选平坝村党支部书记,龙泉芬的姐夫"小阿罗"①当选村委会主任,这两位新选当的主要领导分属于两个曾经发生过尖锐斗争的家族,他们之间在未来工作当中的配合让当地村民充满了期待,特别是在灾后重建的特殊时期,这一问题更加敏感。

由此可见,在灾后重建资金与项目的刺激下,广大灾区社会的政治生活出现了微妙变化,人们的"参政"愿望被极大地调动起来,对公共权力的追求已经达到了相当"痴迷"的程度,因此,内部的政治斗争也凸显出了许多值得关注的现象。在新一届的村两委选举当中落选的雪山村民兵连长,一怒之下将雪山寨通往山下其他村寨的小路截断,理由是这条路经过自家的农田,会破坏自己的庄稼,他的这种行为引起了当地村民的愤怒,但迫于某些事实的存在,村民们也没有采取应对措施,只好选择绕道下山。同时,雪山村还出现了"年轻人入党难"的问题。据当地村民反映,村里的党员平均年龄已经达到了60多岁,很多年轻人申请入党都被拒绝,显然这都是老党员为了压制潜在的政治对手而故意采取的应对措施,在新一届村两委选举中新当选的村团支部书记余国祯在三年前已经被批准成为了预备党员,但是至今还没有转正,据说有人谣传他说过这样的话:"我要是转正了,村支部书记就是我的了";由此不难看出,当地的政治生活已经发展到了何等复杂的地步!

综合上文的论述不难看出,汶川地震灾后重建的开展不仅未能改变

---

① 这是当地人对新任村委会主任的日常称呼,其正式的书面名字反而很少有人提起。

当地的"支配政治"规则与逻辑,而且还大大地强化了这种政治形态的存续。由于公共权力的"赢利"功能得以持续增强,人们对公共权力的追求也更加热烈,为获得这种"支配权"而采取的手段措施也更加"高明",而由此最终导致的结果只能是"既有的循环规则"继续顽强存在下去。

三、支配政治的社会心理后果

笔者的实地调查发现,在支配政治的大环境之中,当地人的政治观念与权利意识存在着诸多"难以理解"之处,他们一方面坚定地认为当地的社会发展离不开国家与政府的投资,另一方面又因为现实社会规则的不公,对政府报以仇视的目光,甚至说出"与其只让少数人得利,还不如不投资"这样的话;一方面认为当地的社会精英是因为有能力才发达起来的,另一方面又感觉这种能力缺乏社会道德基础,所以不算作真正的能力;一方面极力责备那些所谓的善于要弄"阴谋诡计"者,另一方面又在很多生活技巧方面向他们学习;一方面坚持认为没有公开与公正的社会规则,就没有社会公平的实现,另一方面又认为社会的公正是不可能实现的,因为自古以来就是如此。显然,他们对自身价值标准的判断已经出现了明显的认知冲突乃至混乱,对很多关于政治话题的社会认知判断已经充满了各色的"矛盾情感"与"认知失调",并且又很难借用各种认知转换的心理机制将它们化解掉,其中最突出的表现莫过于其"口头提倡"与"现实行为"之间的矛盾,这实际上意味着他们在内心深处存在着两套价值标准与行动逻辑。在这种情况下,当地人的社会认知方式呈现出了带有权宜性转换色彩的"模棱两可"策略,但是又与前文所讲述的"权宜性转换"模式存在着差别——他们不是将相互对立与冲突的两种社会认知内容"牵强地"放置在同一个话语环境当中,而是将它们人为的"割裂"开来,不是为它们之间建立"非逻辑"的形式联系,而是从根本上就在回避这两种社会认知要素的"相遇",这种心理运作模式即社会认知的区隔化。[①]

---

① 区隔化指的是,人们当面对相互竞争或冲突的观念时,对它们分别进行独立的内化(或解释),组成相互没有联系的图式,以至于一种观念的表达与其他观念的表达毫无关联,但是又会在不同的情势下得以发生链接,从而使人们再次感受到它们之间的冲突(Strauss,转述自赵旭东,2009:334)。这种社会认知模式与上文所谈到的"整体呈现"模式正好是对应存在的,它体现了人类社会认知的可分裂性特征。

由此可见,支配政治与社会认知的区隔化现象存在着紧密的关系。当人们置身于这样的一种政治环境之中,深感自己所认同的一套价值标准与社会规范难以在现实生活当中"行得通",就会变得在无奈之余,主动地去适应连他们自己也不认同的社会(潜)规则,由此形成了人格上的分裂,矛盾情感与认知失调相互交织在一起,使他们很难对自身的社会认知有清晰的表达。特别是人具有自我保护的本能,在讲述问题时倾向于强调自身的道德优越性,而回避自身的各种言行缺陷,同时却容易将其他人的道德与行为缺陷扩大化,这就更加强化了他们言语和行为内部及相互之间的矛盾性特征,给他们的听众留下某种"叙述混乱"乃至自相矛盾的印象。当地人的政治观念与权利意识已经充分体现了"社会认知的区隔化"现象,关于这种社会认识形式的形成过程,我们还需要回到某些"关键思想"的形成过程中去考察,只有如此,我们才能更清晰地看到其内在的生成逻辑。

下面可以通过当地人的"功利主义"思想演变过程来考察他们是如何实现"自身言行区隔化"的。笔者的调查发现,当地在毛泽东时代推行的"极端公有制"使人们的平均主义想象充满了非理性的浪漫色彩,他们对公共资源天然地抱有"平均分配"的幻想,特别是在市场经济初步形成的时期,人们更加重视发展机会与受益程度的平等,而这恰恰是现实社会当中所缺少的,公共资源的困境注定了公共资源收益分配的"差序格局"。当人们的幻想与现实的"差序格局"之间形成了巨大的张力,当地社会的人际关系随即陷入了"信任危机"的境况。当人们发现自身根本不可能摆脱这种困境而只能主动适应现行的社会规则时,某种颇具"被迫性"色彩的"道德堕落"现象也就发生了,它推动着人们"无原则"地去适应或利用现行体制来完成自己的经济目标,人们明知道一种行为方式不符合社会公正的原则,但是为了自身的生存而不得不去接受并执行这种规则,并且伴随着这种规则的"裂变式"扩散过程,当地社会的绝大多数成员都会自觉与不自觉地演变成为"彻底的功利主义者",因此而出现类似"一切人反对一切人"的社会状态(霍布斯,1985)。

尽管这种状态是广大民众都不希望出现的,但在当前中国基层社会的特殊政治环境中,人们的社会道德衰落与思想功利化已经具备了"充要条件",选择充当"恶人"已经成为了某种理性选择,用当地人的话说"坏人连政府都怕,好人只能被欺负"。由此可见,当地人的功利主义思想之所以普遍蔓延开来,首先源于道德期望与现实社会规则之间的对立,随后产生社会认知失调,经过权衡思考与社会认知调适,最终得出悲观的结论,于是在一种"无力感"的压迫之下,将"判断是非"的两套标准割裂开来,一套作为言说之用,一套作为指导生活实践之用,这就形成了一种区隔化的社会认知结构。在这种认识模式下,自身的"不道德"行为被归因到有责任的"社会"的身上,自己却撇清了干系,于是其人格与言行上的分裂就不再给他们带来"不适感",作为功利主义者的身份也就变得不那么尴尬了。

在乡村社会支配政治的运作与市场经济的运行相互并行存在的环境中,人们的个体功利主义思想已经被极大地调动起来,公共资源的管理者也不例外,他们已经不可能本着所谓的"大公无私"思想来处理公共利益的分配事务,而只会根据自身的利益诉求来采取相应的社会行动。社会发展事务的管理者"同时作为裁判员和运动员"的权力结构决定了中国式的"关系经济学"逻辑将愈演演烈,在这种情势之下,以公平竞争为中心规则的市场经济体制根本不可能建立起来,而广大民众对公共资源的平均主义分配期待和对公平竞争市场机制的追求都会化为泡影。在这种现象的心理驱动之下,人们的物质欲望往往就会变得"赤裸裸",马克思笔下的资本家"本性"在人们的观念与行为中"暴露无遗",他们对财富的疯狂追求既成就了中国经济发展的奇迹,也使中国的基层社会发展陷入了"危如累卵"的境地。

回到政治经济学的常识当中可以知道,在市场经济机制与集体产权制度之间存在内在的冲突,前者遵循的是个体主义理性人假设的逻辑,而后者遵循集体主义本位和政府主导的原则。由这种冲突所催生的"关系经济学"本质上是一种"权力支配的市场机制",它既不可能确保市场竞争主体的"起点公平",从而维护市场经济的纯粹性,也不可能再为民众提供一个公正的"利益庇护者",从而维护毛泽东时代的全能主义政治之合法性,最终只能是制造出一种"权力资本化"与"经济政治化"相互结合的"怪胎"体制。在这种体制之中,公共权力与市场机制的"并行异化"必然导致社会关系时刻处于紧张的状态,人与人之间的信任危机由此而不断膨胀开来;同时,由于社会关系存在着较强的"流动性"与"不确定性",关系经济学法则之下的受益者也会出现变动,这就使人们对自己成为"精英俱乐部"的一员抱有希望,从而表现为积极地争取"适应"这种规则,而不是追求彻底打破它,这已经成为中国社会刚性稳定状态维系与潜在暴力冲突事件发生的共同根源,可以预见的是,这种政治形态将成为制约中国乡村社会未来发展的最大瓶颈要素。

关于当前中国乡村社会的各种矛盾与冲突现象,张静做出过深刻分析。她指出,这些冲突以公共人事的身份更替、而非公共规则的建设为基本目标,他们往往以提出公共规则问题开始,但是又以回到强化权威的政治经济控制力量为终,这等于公共规则建设不断处在重复循环——被挑战,换人,持续,再变质,再被挑战,再换人,再持续,再变质——的过程中。这期间,公共组织的角色没有变化,责任没有增加,规则没有改变,只是影响规则选择的人群及力量对比发生了改变(张静,2006:266—267)。她的这些分析对我所调查社区的社会冲突现象同样也有着较强的解释力,当地旅游开发过程中的历次纠纷大都演绎了以上所述的演变逻辑,但是关于这种现象的社会心理源头,她并未给予进一步的分析。笔者调查发现,人们之所以不对改变“公共规则”感兴趣是因为他们认为这是不可能做到的,与其说是徒劳费力,不如争取自身成为既有规则的受益者。

也就是说,他们并非认识不到自身行动逻辑的“保守性”,而是在某种“胳膊拧不过大腿”的心理作用之下,不得不进行这样一种“短视”的理性选择,这就是上文所说的那种“被迫性”的道德堕落,这背后其实隐藏着对现行社会体制的一种“无力的哀叹”。从个体认知的角度来说,他们已经认识到了中国当前社会形态的病症,但是又苦于找不到对其进行医治的良方,只得去追求一种“得过且过”的生活,通过争取尽量靠近公共权力中心来增大自身的利益分享成为了人们唯一可行的选择。因此可以说,中国乡村社会的支配政治形态之所以牢不可破,并非它得到了广大民众的认同,也不是因为人们认识不到其中的症结,而是出于难以寻觅其“替代形式”,他们才主动参与到对这种体制的适应中来,一旦他们认定了这种规则的可改变性,就会随时转变行为方式,从而克服其政治观念体现出来的“区隔化”社会认知模式。从笔者的实地调查来看,政府官员对于“发展”的认识基本延续了国家主流意识形态的话语体系,而普通民众的“发展”意识则源于对自身生产与生活方式变迁的感知,是有着独特的社会认知逻辑,两种不同的认知方式共同塑造了地方社会发展的实践。同时,若要深刻理解当地人的“发展意识”,必须首先回到他们对生活变迁的感知问题上来,因为正是基于某种社会认知方式的转型,发展的观念才迅速占据了当地大多数人的头脑,而这种观念的产生又反过来推动了当地社会的现代化转向,并制造出了一系列的社会后果。

———— 第六章 ————

"发展"观念的生成逻辑与整体呈现

一、"标签化"："发展"观念的生成

汶川地震灾区羌族民众在社会生活中已经广泛采用"发展"话语，而且在参与地方社会发展事务的过程中对这一概念产生了独特的体验和认知，笔者在实地调查过程中已深刻感受到了他们的"发展观念"。在他们看来，任何社会都是在变化的，这其中必然会伴随着人类知识的积累和技能的提升，因此就会导致生产能力和人们生活水平的提高，而这就是"社会发展"；同时，他们还断定当前是羌族社会发展最快的时期，因为现代科学技术的大量应用，羌族人的生活面貌发生了巨大变化，生活条件有了很大改善，这就足以证明"社会在发展"。显然，当地人的"社会发展观"是一种十分"朴实"的话语表达，但是在这种表达的背后却有着他们自己可能还尚未体会到的社会认知转变过程与逻辑。

（一）社会认知的理性化

根据笔者在实地调查期间对当地民众特别是知识分子的调查，当地人的"发展"观念之所以能够形成，有着深刻的历史背景。新中国成立之后，羌族民众经历了两次重大的社会变革过程，第一次是毛泽东时代持续长达二十多年之久的政治运动和思想政治教育，第二次是改革开放以来伴随着市场经济体制的引入而发生的社会文化变革，这两次社会变革虽然在形式上具有显著的差异性，但在催生当地人的"发展"观念过程中实现了完美结合。

当地有些年长的村民反映说，在"破四旧"运动和"文化大革命"期间，当地的庙宇几乎全部被毁坏或拆除，各种宗教信仰活动（比如，释比

法事活动)被禁止,羌族传统文化遭受到空前绝后的直接冲击,很多人都深感恐慌;但是当地并未在随后时期出现重大的自然灾害,这导致很多人开始怀疑神灵的真实存在,尽管仍然有人私底下继续举行各种祭祀活动,但也有很多村民已经在潜意识当中对羌族的很多传统文化信仰发生"信奉动摇"。加之当时国家正在发动强大的舆论工具,广泛宣传马列主义思想,教育人们要"破除封建迷信、相信科学技术",要坚持"唯物主义辩证法"[1],发挥人们的主观能动性和"战天斗地"的精神,克服艰难险阻与大自然做斗争,要相信"人定胜天"。这些思想教育宣传工作成年累月地在当地进行,当地人在耳濡目染中就逐渐接受了其中的某些说教,虽然并非简单直接的接纳,但是对于这些耳熟能详的宣传内容,当地人已经将它们深深地印刻在心中,并且为改革开放之后的个体(功利)主义思想萌发奠定了基础。

改革开放之后,当地社会一度出现了传统文化复兴的迹象,一些传统的公共宗教仪式和祭祀家神等活动有所恢复,但是很快就出现了逆转,其中最主要的影响因素就是市场经济的引入和现代科学技术的广泛使用。由于当地的市场交换活动日益频繁,人们的生活需要也就随之出现了显著的扩展。从过去强调"勒紧裤腰带过日子"转向"致富光荣"的国家政治理念之变化,极大地刺激了人们追求生活条件改善的各种欲望,于是人们纷纷将日常生活的中心任务转向"创造更多的家庭财富",并对其他各种生活内容形成了强烈的排除。而与此同时,政府还通过开展试点与示范工作等方式推广现代科学技术,并且达到了既定的效果,平坝羌寨与雪山村的农业产业结构在不到十年时间内就发生了彻底的转变,足以看出这种"科技下乡"模式给当地社会带来的巨大影响。面对这样的现实,当地民众开始相信"科学技术是第一生产力"这样的政治宣传,从而导致对各种传统信仰的"情感淡化",于是很多传统的宗教仪式活动开始面临"式微"。由此可见,市场经济与现代科技的推广实践在推动社会世俗化进程当中有着强大威力,风起云涌的政治运动都没有摧毁的传统文化元素在市场经济大潮中却丧失了立足的根基,关键就在于新的社会经济运行模式会极大地推动人们社会认知

---

[1] 在笔者调查期间,当地几位村民都能说出唯物主义辩证法这个概念,让我十分惊讶,他们告诉我说,这都是在"毛大爷"时代读书时学到的,他们那时候读书主要就是背诵毛泽东语录。

的理性化演变,并由此形成对传统知识的剧烈排斥,促其迅速走向衰落。

在改革开放后的二十多年时间内,羌族地区的大多数村落社区发生了翻天覆地的变化,这让当地人开始重拾毛时代的很多政治宣传口号,比如"楼上楼下、电灯电话",当初的理想最终变成了现实,说明人类确实可以利用自己的能动性改变世界,他们在潜意识当中就已经接纳了很多由"科技理性"连带出来的生活哲学。现实生活当中所发生的"变化"与当初的政治口号"宣传"实现了对接,尽管这些变化不是在"大搞政治运动"的社会环境下实现的,但是它毕竟在很大程度上验证了某些宣传口号的"可实现性"。在这种乐观主义的社会情绪熏陶下,当地人开始自发培养起了推崇"实践理性"的生活态度,即对一切的社会行为都以是否可以改善人们的生活条件为价值评判标准,实践证明"有用"的做法就是值得保留的,实践证明"没用"或者没办法进行实践检验的言行都是可以抛弃的,这种社会思想实际上已近十分接近杜威的"实用主义"哲学观。加之国家政府不断强化发展主义意识形态宣传(比如"发展就是硬道理"、"以经济建设为中心"等政治口号),人们更加坚定了努力追求物质财富的合理性,于是他们的"实践理性"极度膨胀。

从某种意义上说,汶川地震灾区羌族民众对"发展"的强烈追求,主要源于实践理性作用下的社会认知模式转变,现代科学技术和一整套的现代话语已经被当地人接受和信服,在现代羌族人看来,祖辈所信奉的知识系统只是一种蒙昧时期的悬思妙想,而且其虚弱之处已经被现代社会实践所"揭穿"。按照经典现代化理论的解释,灾区羌族社会正在经历一场社会世俗化的变革,充满神秘色彩的羌族传统文化在社会大变革的洗礼中已变得面目全非,这一社会变迁进程的核心内容就体现为当地人社会认识的理性化、自我观念的清晰化与传统知识的衰落。由此,当地人的功利思想也变得"赤裸裸",而非像萨林斯(2002)所描述的那样"总是用文化的形式包装起来",这已鲜明地体现在人们的日常生活当中。为争抢游客不惜兄弟反目、姐妹成仇,为了眼前的蝇头小利,不惜置集体形象于不顾而破坏景区风貌,种种屡见不鲜的"利益争夺战"印证了某种文化转变过程中的极端行为现象。

由此可见,社会现代化发展过程必然伴随着"实践理性"的崛起,而实践理性潜质的幡然觉悟必然激发人们对自我利益的强烈诉求,进而造成功利思想的泛滥。从主流社会现象与大众思想行为方式的角度看问题,灾区羌族社会无疑正在发生一场"社会认知理性化"的思想启蒙运动,传统知识的衰落早已显现端倪,汶川地震灾害又加速了这样一场社会革命的发展进程。羌族传统知识的衰落和当地民众的认知理性化趋势日益明显,社会"发展"观念逐渐深入人心,很多人甚至将自己生活中所发生的一切变化都归结为"发展"的体现,这种普遍存在的社会认知现象充分地说明,当地社会所发生的深刻变迁已经被标上了"发展"和现代化的标签,在当地人的视野中,社会发展已经成为势不可挡的必然趋势。

(二)从发展的想象到发展的实践

在人类的潜意识当中历来都存在着促进和推动社会变迁的力量,其中"发展的想象"就是一种可以带来社会变迁的思想力量,它指人们对改变和改善现有生活状态的潜在期待,其典型形式就是各种对未来新生活方式的想象,如"飞翔于天空"、"由机器人来种菜"等。作为一种心理状态,"发展的想象"与霭理士(1987:125)在心理学研究中发现的"白日梦"现象有相同的形式,这种心理潜质是推动社会变迁的个体动力。必须指出,本节所述"发展的想象"指人们所普遍具有的某种"心理模式",而不是严格学术意义上"对发展概念本身的学究式追求",它有时是一种"潜意识",有时又是一种有意识的社会认知;当某种想象与其最终实现的日期相差甚远时,它会停留在空想的阶段,而经过若干时期的知识积累,这种想象就具备了转化为现实的外部条件,从而演变成为人们的发展实践,尽管这种实践在有些时候并不具备明显的"进步"特质,但是它仍然源自某种对"改变"的想象力,且经常被认定为更为进步的事物。总之,"发展的想象"是人类心理潜质的组成部分,是无意识与意识因素的综合,与帕累托(2001)意义上的"剩余物"概念有着相似的特质,当这种心理潜质从"潜意识"阶段过渡到"明确意识"阶段时,其转化为实践的契机也就不再遥远。

改革开放以来,中国政府提倡"以经济建设为中心"的发展主义意识形态,这是推动羌族民众的社会认知从"发展的想象"迅速转化为发展实践的主要契机,现代科学技术知识的引入和政府主导下的"发展尝试"成为了启动当地人实现认知变革的良好平台。当发展的想象转变成为某种"大众集体行动"时,发展的实践也就水到渠成的汇聚成为新的社会运行模式,而与此同时,人们还会形成新的"发展的想象"。汶川县雪山村的马龙城老人回忆说,从前寨子里的人就梦想着能够引水入户,不再"靠背水吃饭",修通上山的马路,不再要背土特产到山下出售或换取其他生活用品,但是直到改革开放之后,这种期待才不再被当地人视为单纯的"想象",而是成为了一种可以实现的规划。在 1980 年代时期,伴随着当地木柴砍伐与运输业的繁荣,人们与外界社会的接触日益频繁,他们开始认识到修建山区马路不再是一桩难以完成的心愿。2003 年,当地又安装了自来水,现有的社会最终实践证实了之前的想象之"可行性"。水管购买自城市,当地的山路修建也是由城市的建筑工队施工完成,离开了这些来自外部的资源和技术,当地人的"发展的想象"也许还会继续停留在梦想阶段,但实际的情况是"外部条件的成熟"成就了他们的发展理想。

20 世纪 80—90 年代,平坝羌寨的自然风景已经吸引了不少外地人前来欣赏,有些来自都江堰、汶川、成都乃至重庆等地的游客前来本地拍摄婚纱照,由于婚纱服装比较"暴露",平坝人感觉十分不习惯,有些人甚至直接斥责她们伤风败俗,让他们离开平坝,一场场活生生的"文化冲突"剧目不断上演。但伴随着当地旅游业的开发进程不断加速,前来平坝的外地人越来越多,当地人逐渐习惯了各色的穿着与不同的生活习惯,特别是在物质利益的刺激下,他们不仅不再抵制外来服装文化,而且开始主动"迎合"外来游客的生活方式。当地青年人的生活习惯也在对外来城市文化的耳濡目染中不断迈向"现代化",很多人都穿着时尚先潮,丝毫不亚于来自大城市的年轻人,当地服饰文化的变迁在短短十余年的时间内发生了巨大的转变。此外,旅游业发展也带来了羌族传统服装文化的复兴,当地人在逐渐地接纳城市服装文化的同时,也开始认识到传统羌族服装的现代经济价值,他们穿着民族服装进行歌舞表演,乃至充当导游,以吸引更多的游客前来欣赏异文化的情调。当然,相同的服饰背后已经包含着两种不同的社会观念,为了满足游客的口味而穿着起来的羌族服装已经与过去日常生活中穿着的羌服有着完全不同的文化含义,这展现了当地服饰文化的新实践。

从"发展的想象"到"发展的实践"体现出了"观念"向"行为"的转变,这种转变往往需要具备三个基本条件:其一是发展的想象已经进入特定人群的意识层面之上;其二是新社会行为方式的先行者证明了其实践的可行性与合理性;其三是外部环境具备了足以支撑新社会行为方式运作的资源、技术等条件。伴随着诸多的"发展的想象"内容在特定的时间内转化为成功的"发展实践",人们很容易形成对"未来"的乐观主义情绪,从而导致人们社会认知的理性化与地方传统知识衰落的趋势日益明显。从发展的想象到发展的实践,再到形成新的发展想象,这样一个"循环往复"的社会认知过程强化了人们对自身实践理性能力的信赖,体现了特定社会范围内大众思想与行动的转换逻辑,也构成为地方社会变迁与发展的社会心智基础。当人们需要为身边社会所发生的变化寻找一个"解释"的时候,国家政府帮助他们寻找了"发展"这样一个词语,于是人们纷纷给这些变化标上了"发展"的标签,这样一种"标签化"的过程构成为"发展"的本土化概念得以生成的过程,这一概念随之在当地民众的社会认知当中"扎根生芽",并在其日常社会生活中呈现出来。

班杜拉的社会认知理论(2001)告诉我们,人们的思想观念等主体因素会伴随有相应的社会行为方式,而这种行为方式又必然会与其所赖以存在的外部环境发生关联,并产生出相应的结果反馈,其中包括环境的被改造,而这种反馈又反过来会促进人们思想观念与行为方式的调整,这就构成了社会实践的基本运作路径模式。在这种社会实践过程中,人的认知要素发挥着核心作用,它是勾连思想观念、行为方式与外部环境三要素的枢纽,其具体的发生方式就包括莫斯科维奇(2011)所论说的"锚定"和"具化"过程。当人们在与外部环境的互动过程中保持某种相对稳定的思维与行为方式时,某种相对稳定的个体(心理)表征就得以延续。在司波博看来,当这种稳定的心理表征体现为社会心理的"集合"时,就是某种社会文化的真实写照了,在"流行病学"原理的作用下,个体表征的变动往往又会导致社会文化发生变迁(赵旭东,2009),个体认知与社会文化的关系由此得以勾连。

就汶川地震灾区的羌族民众而言,他们的发展观念主要源于国家倡导的发展主义意识形态,以及人们对自身生活方式变迁的感知和总结,其核心要素在于对"物质利益诉求"的增强。当地人"发展观念"的形成过程与马克斯·韦伯笔下"资本主义精神"的形成过程既存在相似之处,也存在着显著差异,其相似之处在于两个过程都发端于"物质财富观念"的改变,并由此引发其他方面思想观念的转变;差异在于欧洲的资本主义精神来自其内部社会的宗教改革,而当前羌族灾区民众的发展观念则主要源自于外部政治力量的宣传,借助一种社会认知转变过程而成为地方性概念。总之,羌族灾区民众的"发展观念"实际上源自他们对当地社会变迁过程的感知,尽管这一概念本身并非他们的"创造",但是他们确实在现实生活当中寻找到了与之对应的"对应物",因此,从对社会变迁的感知到对发展概念的接纳,体现出了某种"标签化的"社会认知过程;"发展"的观念得以在羌族社会落地生根。

二、发展思维的"惯性力"与整体呈现[①]

汶川地震灾区的羌族民众对"发展"有着十分鲜明的表述,他们在内心深处已经形成了系列的"发展认识",并且由此而转化为某种新的思维方式,而且这种思维方式一旦形成,就会具备强大的"惯性力",体现出一种"意识形态化"的倾向。于是,发展的思维会依托某种"整体呈现"的机制,促进其他与之有"连带关系"的思想观念的自发生长,而对与之不能兼容的思想观念形成排斥,从而导致人们的整体社会认知方式发生重要转变。

(一)发展思维的惯性力及其意识形态化

在传统知识衰落、社会认知理性化进程推动下,灾区羌族社会出现了社会发展的热潮,并由此形成了某种"惯性力",即人们对发展的追求成为压倒其他所有生活事务的最高目标,并且呈现出"一发不可收"的演变趋势,以发展经济和提高生活水平为中心的社会思潮已经蔓延到几乎所有人的头脑当中。正是在这种社会思潮的推动下,当地社会的经济发展充满了活力,人们为了达到致富的目标不辞辛苦,勤劳持家,充分展示出了资本主义精神的魔力,恰如韦伯(1987)所述的新教伦理在17—18世纪的欧洲所激发出来的一种精神动力。尽管羌族民众并

---

① 本节中"整体呈现"的概念主要是受马塞尔·莫斯在《礼物》一书的启发而借用的。在该书中,作者提出:人的身体、灵魂、社会在此完全融合在一起,它们不是思维这一部分或那一部分的特别事实,而是一个非常复杂的统一范畴,可以称之为"整体性"社会事实,礼物就是这种社会事实的一种典范;而这种整体性事实的象征性表达过程即为一种"整体呈现"的机制。王铭铭等认为,莫斯的这种社会观念有力地驳斥了现代社会流行的将人与物分离的主—客观二元认识范式,对现代社会的各种整合困境有很强的解释力。在本节中,整体呈现指的是人们思想观念体系的整体性,而非人与物之间的整体性,即人们在产生一种新的社会认知或接纳一种新的知识架构时,会导致许多其他方面观念认识上的改变,以保持整个社会认知方式与内容的协调,其背后所能折射出来的是某种社会认知结构的"整体关联性"。

非以此作为上帝赐给他们的荣耀,但是同样将经济上的成功视为最为现实的社会荣誉,因此有着进行辛苦劳作和经营的不竭动力。在这种社会心理的支配之下,当地出现了人情冷漠与淡薄现象,平坝羌寨的周振莉说,在旅游开发之前,当地人之间十分团结,亲属间相互帮助也较为频繁,但是自从开始进行游客接待之后,亲属相互之间的帮助也明显减少,人与人之间的关系也变得十分冷漠,再也没有以前那种亲近感了。他们为了能够接待到更多的游客,习惯性地在展示自家的友好之同时尽力贬低竞争者,以此防止客源外流;当地人也直言不讳地说道:"大家现在除了关注经济利益之外,没别的在乎了。"

发展思维的惯性力主要源自于人们"自我意识"的启蒙,同时也受到了功利主义思想的"裂变效应"影响。在功利主义思想萌芽初步显现的社会中,私有财产的观念就会逐渐变得趋向浓厚,只要有人出于利益竞争的考虑而变得"自私自利",其他人就会群起而效仿,像多米诺骨牌一样蔓延到整个特定的社会空间,因为在这种社会中,个人能力的彰显主要依靠经济成就,它不仅可以获得物质回报,而且还能获得社会名声等,加之市场经济内在的竞争机制刺激,功利主义思想的蔓延就会呈现裂变性特征,可以称之为一种"裂变效应"。市场经济体制的引入、私有财产观念的强化与功利主义思想的"裂变效应"共同酝酿出灾区羌族民众发展思维的惯性力,这种力量既是推动当地社会持续发展的基础动力,也是导致当地社会集体意识淡化和利益纷争不断的直接源头。从本质上说,发展思维的惯性力就是人类实践理性能力突破一定知识极限所必然造成的某种特定社会演变趋势,这种趋势是很多的国家和地区在社会现代化初期都曾经出现过的一种现象,汶川地震灾区的羌族社会目前正是在经历这样一个时期,它类似于罗斯托所说的"经济起飞阶段"(Rostow,1960)。

人们的认知转变存在一种内在的惯性力,即当一种新的思想开始主导大众意识的时候,这种思想会自发膨胀,以至于排斥所有与之不能协调的其他思想,这就形成了具有意识形态色彩的某种特定"观念"。发展的思想也不例外,当某个地方的绝大多数人都接受它为最高理想时,它也会借助这种惯性力迅速主导这个地区的民众认知系统,并对其他观念形成压制和排斥,这种现象可以称为发展观念的意识形态化。"意识形态"一词最早是由法国的德·特拉西提出来的,他认为意识形态是对理念形成过程的研究,因此可以称之为"理念的科学"(巴拉达特,2010)。马克思与恩格斯持有与之不同的观点,他们认为意识形态是特定人群用来自我辩护的一种虚构,因此,它又主要是被视作政治控制的思想手段,但从另外的角度来看,它实际上又可以将其含义扩展为"某种思想观念在特定社会中处于绝对的支配地位",因此十分类似于某种"主义",即整个社会以这种思想观念为中心;当这种思想观念被意识形态化之后,符合这种思想的行为及其结果就具有了无上荣耀。

意识形态化的思想观念可以在较短时期内就发生转变,从毛泽东时代的"越穷越光荣"思想转变为邓小平时代的"致富光荣"观念并没有经过太久的时间,但是这种转变过程显得十分扎实,以个体和家庭为单元的社会发展实践所取得的成功又进一步强化了政府提倡的"发展主义"意识形态,于是,发展的观念很快占据了大多数中国人的头脑,灾区羌族民众的发展主义思想只是这一社会思潮的缩影而已。中国乡村基层社会中普遍存在的"发展观念的意识形态化"趋势是国家政府与基层民众共同创造的结果,国家与政府的作用体现为政治口号与政策方针的调整宣传,民众的作用则体现为认知方式的理性化转变与个体利益观念的普遍强化,两者在乡村社会的发展场域中达成了完美的"合谋"。

发展观念的意识形态化趋势也可以通过个人的思想与行为来加以阐释。汶川县雪山村的党支部书记王林杰,2007 年当选,年仅 35 岁,他在担任村支书后最关心的问题就是当地的旅游开发。他认为,雪山村缺少发展工商业的有利条件,脱贫致富的最可行方式就是发展旅游业,这样不仅可以防止生态环境的破坏,还可以带动交通等基础产业的发展、弘扬当地的羌族传统文化,是一件百益而无一害的好事。为了推动和筹备旅游开发事宜,王林杰提前思考了很多问题,比如,如何寻找投资方,如何处理本村与溪森沟其他村落以及县、乡政府之间的利益分配关系,如何将本地的特色羌族文化转化为旅游资本,如何协调村内四个村民小组之间的关系以及村集体和农户之间的关系等。从这些谈话中可以明显感受到他对雪山村开发当地旅游的强烈愿望,他埋怨上级政府不重视溪森沟的旅游资源,责怪当地村民的思想观念落后,不能与村干部形成共谋发展的凝聚力,他甚至曾试图由自己组织村干部共同出资进行前期的开发工作,最终因财力有限才被迫作罢,这些都显示出了他一副壮志未酬的思想状态。王书记对当地旅游开发的强烈期盼体现了"发展观念的意识形态化"现象,虽然这种愿望也与他试图通过创造经济政绩来加强自己在村庄当中的威信有关,但他内心深处的强烈发展愿望显得更为突出,他的"发展思维"已经具有了鲜明的意识形态色彩。

发展思维的意识形态化还带来了人们对社会发展代价问题的漠视,这一点可以从他们的生态保护观念窥见一斑。对于社会发展进程可能带来的负面后果,当地人并非没有意识,但他们认为这些后果是公共的,也应该由集体来承担,先富起来的人更有责任承担和防范这些不良结果。在汶川 5·12 地震发生之前十多年,四川阿坝州已经开始大力进行水电站开发,沿岷江和杂古脑河两岸已经修建和正在建设的水电站有几十座之多,这为当地经济社会发展提供了廉价的能源,同时也引起了当地一些知识分子的担忧。汶川地震发生之后,就有些人将本次地震与水电站建设联系起来,认为当地环境的破坏是地震发生的重要原因,甚至有人直接将本次地震归因于震中位置的紫坪铺水库,即人为地改变自然地理景观导致了地壳变型引起了如此重大的自然灾害。王俊强认为,当前正在修建的水电站必将危害当地未来的生态环境,地表水系被强制移植到了山体内部流动,正常的空气蒸发就会改变,而河道长期干涸又容易导致碎石积淀,一旦发生洪水则不堪设想,而且山体内部长期有水在流动,是否会对其构造形成影响也值得担忧。尽管存在这样的长远认识,但在强大的发展主义意识控制之下,当地人也无暇顾及未来可能出现的这些情况,而只能追随社会发展洪流"走一步、算一步",他们认为如何应对社会发展的"负面后果"是政府的责任。

发展思维的惯性力与意识形态化还体现在这种观念的"外延扩展"能力方面。在笔者所调查村落的民众看来,"发展"主要是指一种整体社会变化趋势,核心的内容是生产技术和知识的增长,以及由此带来的生活条件改善,是一个经济学范畴的概念。他们的发展思维也主要是指某种"物质状况的改变",以及人们掌握更多的知识和改造自然的技能,而没有太多提及到其他方面思想观念的改变,尽管也有人将其生活内容的所有变迁都归到"发展"名下,但是这种泛化的认知并不会影响其发展思维的核心所指。如果说发展思维的首要内涵是对物质利益增长的诉求,那么与之相关的其他思想观念可以被称为发展思维的"次生物",这些观念主要是关于如何达致其核心诉求的意识或潜意识内容,以及其他由这种思维方式所导致的新认知。根据笔者的调查,发展思维的"次生物"主要体现为个人权利意识的觉醒、社会公正观念的调整、新知识诉求的增强等几个方面。

对个人自主选择权利的关注是一种发展思维的次生物。由于当前中国基层社会的发展在实践过程中基本发生于市场经济体制之中,人们的私有权利意识日益鲜明,特别是在一种对经济成就充满向往的大众心理状态下,个人自主选择权利备受地方民众关注。人们对个人自主选择权利的关注直接源自市场交换行为的发生,以及在此过程中出现的交易理性思维。市场经济内在的"竞争性"特征决定了人际关系的"功利化",导致"人人皆自私"这样的观念得以流行,而这种观念的背后就是"谁也难以代表谁的利益",其自然催生的意识观念就是"个人自主选择权利";离开了这种权利,人们就会对自身的利益保障缺乏"安全感"。在笔者所调查的两个羌族村落,当地人普遍认同"人性自私论"假说,他们认为,只有个人才能真正维护自己的利益,甚至有认为当前的社会就是一个弱肉强食的竞技场,每个人都只能靠个人的能力捍卫自己的正当权益。尽管当地人并没有明确的产权意识,但是其潜意识当中已经对私人产权给予了高度重视,他们对这种产权观念的集中表达即对个人自主选择权利的关注,即要"自己掌握自己的命运"。平坝羌寨灾后重建过程当中的一系列社会冲突和雪山村围绕旅游开发方式所展开的争论,无不体现了当地人对个人自主选择权利的关注,他们已经意识到话语权与自身利益实现之间的直接关系。

对机会平等的强烈诉求是另外一种发展思维的次生物。同样是受到市场经济运行机制的影响,当地人对自身经济利益的关注又迅速转化为一种"对机会平等"的强烈诉求,因为在从事市场交换行为的过程中,人们会自发地寻找"心理的平衡点",即如何确保自身利益的正当性表达,而这种表达的最直接路径就是"平等"观念。对市场交换行为规范的公正性追求又会转化为两个方面的具体内容:其一是信息获取和竞争规则的平等,其二是公共资源收益占有的平等。前者主要是一种对私人交换与交易平等发生的诉求,如平等地面对游客,让游客根据自身的需要决定自己入住的农户,而不是由旅游部门管理者私自引领到某一家;后者主要是对公共财产平等分配的诉求,比如对门票收益的发放,应该坚持按照住房面积和家庭人口数等综合贡献因素分配到各户,而不应该由旅游管理部门和哪几家农户"占大头"。这两种诉求的共同之处就在于对"机会平等"的重视,而且其背后的思维依据也是相同的,那就是"市场经济如果不能做到给每个人的机会平等,那么就会让有部分人通过投机取巧而获得成功,从而导致整个社会规则的混乱"。尽管当地人难以清晰地表达这种观念,但他们的言谈之中到处充斥着类似的观念,他们对管理者的营私舞弊行为表现出了极大愤慨,认为他们的行为是对"坏人"的奖励和对"好人"的不公,这样只能导致所有人都被迫选择"当坏人",而这种结果只能归罪于"发展机会"的不平等。

对"新知识"的向往也是发展思维的一种次生物。在将"发展"视为个人和家庭事务的核心内容之后,人们会产生强大的思想动力去追求这一目标的实现,他们顺其自然地就会对"知识"充满憧憬,希望通过增加社会的开放性来达到获取新知识的目标。尽管伴随着对新知识的接受,他们的心理状态并没有显现出显著的满足感,甚至还带来某种显著的"生活不确定感",但他们仍然对"获取新知识"存在着强烈的愿望,这种状态似乎已超越了人们的"意识控制"范围,成为某种潜意识的"欲罢不能"。当地人对新知识的向往主要体现为对子女教育的重视,平坝羌寨的周振莉就对笔者讲述了自己的教育观念:

> 我家有两个孩子,全部都在外地生活,有一个读书还没毕业,另一个在成都打工,但不仅不能给家里钱,还要家里每年给生活补贴。我们之所以让他们在外面,是希望他们能学些东西,现在这个社会,没文化知识就难以生存,我们在家辛辛苦苦挣钱,让他们在外面学习打工,就是为了让他们多学东西,不指望他们给家里帮什么忙。这个社会变化得太快了,思想跟不上社会潮流就不好混,我们这辈子就在家呆着了,但孩子不能被限制在老家,他们只有学到更多的新知识,懂得更多的现代技术,以后才能立足生存,生活才能过得更好。

由此可见,在追求"发展"的思维之下,获取新知识和了解"外面的社会"已经成为人们的基本诉求,在他们看来,离开了这一点,自己的发展就会落后;更为重要的是,他们已经将更大的发展愿望寄托在了下一代人的身上,并为之做着充分的筹备工作。

(二)现代人格:发展思维的"整体呈现"

从上文可以看出,当地人的发展思维及其"次生物"有很强的内在关联,其发展观念的生成已经体现为某种"整体呈现"的特征,这主要是取决于人们的认知结构形态。可以想象,人的观念世界是一个呈"倒金字塔"型的结构体系,位于该体系最底端的核心观念对其之上的其他观念具有很强的制约乃至决定作用,由此导致观念的转型往往呈现出"整体性"特征,即某一种核心观念的转变连带着受其影响的其他观念也发生转变,从而形成一系列思想观念的总体性转变。同样也可以想象,在很多情况下,人们的认知转变并非肇始于这些核心观念的更新,而是源自某些零星观念的改变,但这不能形成真正意义上的观念转型;只有当这种改变蔓延或传递到人们的核心观念层面后,才会促成最终的观念转型。这里所说的核心观念主要就是人们看待外部世界和现实生活的基本态度和思考方式,它基本可以概括为世界观、价值观与人生观的综合,显然,"发展"的思维就是这样一种核心观念。

从笔者在实地调查期间深刻地感受到,当地人的发展思维与观念并非是一蹴而就地得以形成,而是经过了长时期的酝酿,在一系列的宏观社会变革背景中持续发生各种转变,最终才催生了一套全新的"观念体系",并被标上了"发展"的标签,从而完成了一次具有历史转折意义的社会思想变革。与核心观念的转变发生过程相比,后续的其他观念转变过程往往表现出鲜明的"爆发性"特点,而不再是表现为某种"酝酿"情调,这可以被视为人类认知变迁的"不均衡曲线"定律。发展的思维之所以能成为人们认知体系中的核心内容,是因为其中隐含着诸多的关键话题,它承认世界的物质性特征,关注人类对外部世界的适应与改造,强调人类对自身能动性和创造性潜力的挖掘,接受"以满足人的需要为中心"的人生理念。正是在这种新观念扎根于当地民众的思想深处之后,人们的社会认知才发生了全面与深刻的转变,各方面的思维习惯和行为方式实现了革新,在这种意义上说,发展思维的形成实际上就是一种新的世界观与人生观得以逐步确立的过程,其所赖以实现的基础就是人类社会认知的"整体呈现"机制,而它带来的直接后果就是"现代人格"的形成。关于此,可以通过对那些具备现代人格的典型人物来进行考察,他们在当地发挥着社会发展的领头羊作用。

1. 龙泉芬是平坝羌寨旅游业的民间发起人之一,也是当地的首席导游,因在旅游开发过程中发挥了特殊作用而受到理县政府的重视。在当地的旅游业发展过程中,龙泉芬经历了重大的观念转变,从一个农村中学生最终成为长期定居在大城市的"现代人",这其中最为重要的因素就是其生活圈子的持续扩展。自平坝羌寨的旅游开发被理县政府接管后,龙泉芬就具备了双重身份,平坝羌寨村民兼旅游公司的工作人员,因此要应酬诸多的"外交事务",比如接待上级领导的视察、参加与加州公司等伙伴的合作协商、跟随领导前往其他旅游景点进行考察,乃至接待像世界文化遗产大会主席亨利博士这样的国际友人。参与这些现代旅游产业开发事务必然需要学习其中的基本技能,耳濡目染中就形成了很多现代生活习惯和行为方式,从而导致思想观念上的"强化性更新"。她自己的日常生活经验促使她更倾向于现代价值观,比如,重视工作效率,对新知识有着天然的向往,重视个人能力和机会平等,承认因个人技能水平差异而带来的收入差异之正当性,有强烈的个人成就动机等,这些心理特质与英格尔斯(1985)描述的"现代人格"几乎是完全契合。

2. 余国祯是汶川县雪山村村民,爷爷余海明是羌族地区知名的释比之一,因为出生在释比世家,从小就开始接触和零星学习释比技能,同时又接受了正规的义务教育①,因此在释比文化的弘扬和保护工作中有着特殊的地位。他曾经到四川省内一些旅游景点以及广东、北京等许多地方参加羌族文化展览和表演,在自己家里接待了很多来访者,这些来访者大多都是从事羌族传统文化研究和保护工作的学者,这都极大地开阔了眼界,使他能够更加深刻地体验到传统文化的"现代价值"。他认为在当地的旅游开发过程中,必须保持释比文化的神秘性,如果太过丢弃传统规范,反而会降低其在旅游开发中的价值,不仅不能保护好传统释比文化,还会使之失去现代经济价值。这种认识已经超越了很多前辈释比的"茫然"心态,显示出了更鲜明的"文化自觉"意识,而这背后恰恰是所谓的"现代人格"作用,对传统知识的现代性应用、开阔的思考视野、对新知识和社会开放性的追求无不体现出了这一点。在实地调查期间,笔者发现余国祯家已经按照城市标准建造了一座新房,房子设有标间、冲便卫生间、大厅式的用餐处,还正在筹备建设专门"方便游客生活"的洗澡间和小花园。

3. 王俊强是理县平坝羌寨博物馆的创办人,当地知名知识分子,阿坝州羌学学会理事。他幼年时期就勤奋好学,学习成绩优良,在改革

---

① 很多羌族释比并未接受国家的正规义务教育,甚至所能认识的汉字都寥寥无几,因此,他们虽然也可以从事唱经、皮鼓表演等活动,但是却难以直接参加释比经文的修撰和整理等工作。而余国祯却可以将羌族传统释比文化与现代技术相结合,比如从事录制视频录像材料、整理文字资料等工作。

开放之前,王俊强一直都是默默无闻,直到 20 世纪 80 年代才展示出了自己的才能,曾被当地一家水泥厂聘为技术顾问。平坝羌寨的旅游开发最早也是在王俊强组织的老人协会推动之下搞起来的。平坝羌寨旅游公司成立后,他又被聘请为公司文化顾问,还经常派他作为平坝羌寨的代表参加关于羌族文化的学术研讨会议,因此成为了当地小有名气的知识分子。2000 年,理县政府筹备在平坝建立一个羌族文化博物馆,但上级政府拨付的八万元经费很快被行政部门用完,博物馆建设事宜被迫搁置,王俊强看到这个情形后,决定自己建立一家私人博物馆,于是依托自己平时搜集的民间文物器具和其他物件开办了"平坝羌寨博物馆",名声更加远扬。汶川地震后,王俊强又被湖南对口援建工作队聘请为平坝新村灾后重建项目的技术顾问,被著名建筑艺术专家徐松涛聘为山东省"北川园"建设项目文化顾问。王馆长在与社会各界人士交往过程中逐渐养成了很多新习惯,比如喜好摄影拍照、学习新知识,特别重视办事效率和个人能力的培养,看问题的视野十分开阔,70 岁高龄仍旧为弘扬羌族传统文化到处奔波,他说道:

> 社会的发展进步是必然的,羌族过去封闭,所以落后了,现在社会开放了,羌族人也会追求现代生活,保护羌族传统文化只能主要靠博物馆、录制影视资料、资助技术传承人等方式来进行,企图让人们保持原来的生活方式是不可能的,很多传统文化的丢失是必然的,根本没办法保护起来。

4. 祁莲琼是平坝羌寨的一位普通村民,由于个性鲜明,善于与社会各色人等处理关系,接待游客也很懂得技巧,农家乐办得比较成功,成为了当地小有名气的"女强人"。据她自己和当地村民反映,在汶川地震发生之后,来自新疆的某部官兵前来本地开展救灾工作,当时很多人都心情沮丧,无暇顾及部队的饮食起居事务,但祁莲琼主动担当起为部队"义务做饭"的工作,被救灾部队官兵亲切地称为"羌嫂"。救灾工作结束之后,这支部队出版了关于自己参加救灾的图册,上面就专门记录了"羌嫂"的故事,他们将图册邮寄到平坝羌寨,祁莲琼也拿到了一本,每当有外面的客人前往自己家,她总是喜欢把这段故事讲给大家来听,有时候还拿出画册给客人翻看。祁莲琼热情好客不仅针对来自羌寨之外的客人,对本寨村民也是如此,所以她的家里经常会有人集会,很多年轻人在那里打麻将、"侃大山"乃至唱歌跳舞,在村里人缘甚佳。她谈到自己的性格与外人对她的评价,就会很淡然而又自豪地说:"我对待客人从来都是笑脸相迎,他们离开时,我一般还会送些核桃、苹果等土特产,所以家里经常会有回头客,还有以前的客人介绍来的新客人,但是很多人都和我不一样的,他们对客人就不会这么好。村里也有人说我的不好,但我不在乎,只要自己感觉做的好就行了。"在前往她家调查时,笔者看到了她与丈夫补拍的婚纱照①,她解释说,这算是对年轻时代的弥补;此外,她还对家庭的未来有着自己独特的规划,很希望能寻找到一家投资商与她合作,依托当地旅游业开创生活的新未来,言谈中充满了乐观与自信。

5. 何立朴,汶川县溪森乡雪山村人,幼年时期不喜欢读书,初中未毕业即辍学,但是他具有一种天然的"拼打精神",喜好到处游历,因此锻炼出了一种典型的商人气质,头脑灵活又吃苦耐劳,见多识广又善于掌握外界信息。从雪山村开始种植蔬菜开始,当地与外界的信息沟通与物资交换就空前发展起来,过去零星存在的虫草生意也有了蓬勃发展,何立朴抓住这种机遇进入虫草交易的行当,与周边从事该行业的商贩乃至公司保持着良好的关系,销售渠道得以畅通后,他自然成为了当地人可以信赖的"收购商"。随着与外界社会的接触增多,他的生意不断发展壮大,很快就在汶川县城租赁了一个摊位,专营虫草、花椒等土特产品,基本脱离了农业生产,并将自己的妻子和子女也搬到了县城居住,成为没有城镇户籍的"城市人"。汶川大地震之后,政府拿出大额补贴资助农村居民重建住房,但何立朴仍然没有在雪山村建房,因为他感觉自己的未来生活已经不在农村老家。

龙泉芬、余国祯、王俊强、祁莲琼、何立朴等作为羌族地区的知识分子和经济精英,已经率先理解和接纳了现代商业和旅游业运作的基本规律,较早地接触和领略到了现代科学技术的功能,因此也随之养成了现代的理性思维方式,凸显其"现代人格"的社会认知特征已经鲜明显现出来。而这一切的获得无不与他们的社会生活圈子扩大有着直接的

---

① 祁莲琼是1970年代初出生的,年龄已经将近40岁,大儿子已经成年,小儿子也已经初中毕业,但她与同龄人有着不同的生活方式,她喜欢时髦与现代,在当地村民看来,她的穿着打扮等行为都与其实际年龄不符,其中她与丈夫补拍婚纱照的行为就引起了很多村民的议论。

关联,也就是说,离开了当地社会发展的实践场域,他们的现代人格也就不可能被塑造出来,正是因为这些人能够"占领先机"地参与到当地的"发展实践"中,他们才得以养成新的社会认知,环境对人的认知与行为方式的影响作用在此得到生动的体现。与此同时,他们也通过自己的实际行动对当地的旅游开发发挥着各自的影响,使之留下了这些关键人物的"烙印",这就体现了人的主观能动性对环境的影响作用。当先行者的思想观念和行为方式被大众所模仿,就会造成某种整体性的"社会认知"变革,个体人物的现代人格随之就会转变成为一种新的社会文化模式,最终的结果就是现代经济产业和现代人格的培育同时得以顺利实现。

三、矛盾情感与社会认知的本土化转换

汶川地震灾区羌族民众的"发展思维"承载着现代人格的核心要素,当地人对个人自主权利的关注、对机会平等的追求、对新知识的向往无不说明了这一点。甚至可以认定,当地民众对发展的社会认知已经与"现代人格"天然地结合了起来,他们已不会再盲目接受来自外界的各种说教,而是开始以自己的立场和眼光去观察和思考发生在身边的"发展故事",这种普遍存在的心智状态足以证明,当地社会思想正在经历着一场"现代性的启蒙"。但是当地人的社会认知理性化和思想启蒙过程并非简单的"观念替代"过程,当面对难以用现代话语解释的话题时,他们也会诉诸于传统知识的说明范式;在这种意义上来说,人类社会的现代化进程本质上是"知识积累"的集中突破,而不是完全与传统相隔绝的知识创新;思想启蒙的过程充满着情感与社会认知方面的冲突,从而使之蒙上了鲜明的"地方性"色彩。

(一) 矛盾情感[①]: 社会认知现代化的曲折

实践理性的膨胀促进了人们的认知理性化,进而导致社会发展"观

---

① 弗洛伊德(2005)将人在情感上的种种冲突性体验被归纳为"矛盾情感"。他认为:"就其恰当意义而言的那种矛盾情感——即对同一对象同时存在着爱与恨两种情感——处于许多重要文化制度的根源之中。"也就是说,这种情感作为人类的本性,可以成为探索许多人类文化元素起源的重要起点。

念"被当地人普遍接受,对社会发展的诉求已经成为灾区羌族民众共同的心声。但是我们也不能够因此而忽视另外一种相反的心理力量,这就是人类认知过程当中的信息萎缩和抗拒变迁现象,可以称之为"社会认知的内卷化"[①],这种力量往往会成为人们怀疑乃至否定"发展观念"的思想动力,它主要与社会变迁过程当中的各种不确定性因素有关。奥格本在他的社会变迁理论中总结了阻碍社会变迁的许多要素,其中包括遗俗、既得利益者的阻挠、发明与传播的困难、不快的遗忘、传统的力量、社会压力、习惯等(奥格本,1989),这些因素都体现出了人类认知的保守性[②],而这种保守性特质的维系主要借助"认知内卷化机制"。这种现象主要源于人们对社会实践创新结果的不可预见性和不易掌控性,由于人们的认知能力相对于自身的需求和复杂的外部环境而言永远都是相对不足的,因此会持续存在对"不确定性未来"的迷茫乃至恐怖心理,他们往往最终选择"重复前人"的行为方式,以求确保相对安全。

特定的社会形态一般都会经历其相对稳定的时期,在此期间,外来信息的干扰相对较少或难以发挥足够的影响作用,因此生活于其中的人们在认知上也更多地体现出一种内卷化的趋势。比如明清时期的中国,尽管资本主义生产关系的萌芽形态已经接近成熟,但由于两代王朝都实行过闭关锁国政策以及国内政治权贵势力对其他新兴社会力量的超强压制,中国人仍信守着强烈的"官本位"思想,买田置地仍然是优于投资于工商业的选择,即使像胡雪岩这样的巨商仍然操持着"红顶"的情结,这种社会认知的内卷化现象既源自长期社会实践的理性总结,也源自某种权宜性与无意识力量的作用,而后者可能居于主导地位。也就是说,人们对社会的认知经常会体现出某种滞后性,即使他们身边的生活世界已发生了不少变化,但仍然不足以让他们相信这种变化是真

[①] "内卷化"这一概念最早为戈登威泽和格尔茨所使用,先是一个哲学概念,后来被用于对农业生产方面的分析,最终被黄宗智在中国学界所发扬传播。从戈登威泽和格尔茨的著作那里可以清楚地看到,"内卷化"的基本含义是指系统在外部扩张条件受到严格限定的条件下,内部不断精细化和复杂化的过程(刘世定、邱泽奇,2004)。就本书来说,社会认知的内卷化指的主要是某些思想观念在扩展过程中受到了信息不足的阻碍,最终在寻求认知协调一致性的作用下所出现的认知内缩现象。

[②] 在少数情况下是即得利益者出于利益权衡的考虑而做出的理性选择,试图通过阻碍社会文化变迁来维持自己在社会中的相对优势地位,这种情况就不属于人类认知的保守性潜能,本书对此不作论述。

实与可持续的,在笔者所调查的羌族地区,有老年人反映说,直到 1937 年抗战爆发时,当地还有人拖着长长的辫子,等待哪位皇帝登基坐殿,他们就是认为王朝政治是不可能被改变的,直到 1940 年代末期这种现象才彻底消失。

尽管笔者所调查的羌族村落社区目前正经历规模空前的社会变革,当地民众的社会认知正处于"现代化"转变的过程中,社会精英已在某种程度上具备了鲜明的"现代人格";但这并不意味着当地人就是"照单全收"地接纳所有的"现代观念",他们的社会认知现代化进程充满了各种曲折,具体就体现为社会认知内卷化、各种矛盾情感与"认知失调"①现象的产生。根据笔者在两个羌族村落的调查,尽管当地人已认定"社会发展的潮流不可逆转",而且也已经在内心深处接受了现代社会运行的基本规则,但是他们在很多问题上还是存在着模棱两可的态度,甚至在对有些问题的认知上表现出了"失调"与"混乱"现象,人们在潜意识当中也存在着诸多的矛盾情感成分,不同的情感与认知之间只有经过"反复较量"最终才会形成一种新的社会认知样式。因此我们可以认为,这种"情感与认知的较量"是当地人的社会认知现代化转变过程的曲折步骤,它充分体现了人们在接纳新的思想观念过程中经常会出现某种"不适应感",这进而又成为了认知与行为"调适"的前提。

举例来说,面对将要在当地开设"释比传习所"的政府旅游规划②,雪山村的几位释比在态度上陷入了两难的选择,因为释比技艺的传统传承方式是相对封闭的,而释比传习所的设立会对这些传统规范形成破坏性冲击,因此,他们对发展旅游业的认知与对释比传承规范的认知发生了冲突,导致其出现了认知失调的现象。余荣敬,中年时开始跟随父亲学习释比技艺,现在是羌族地区为数不多的上坛释比之一;作为羌族传统释比文化的当代传承人,他对这种传统文化有着典型的矛盾情

---

① 按照专业心理学理论的界定,认知失调,即一个人的态度或者行为等各认知成分相互矛盾,从一个认知推断出另一个对立的认知时所产生的不舒适、不愉快等情绪(费斯汀格,1999)。它也可以指态度元素与其对态度对象的总体评价或者态度的其他元素之间存在不一致,它往往会导致个体内部的心理冲突和强烈的心理压力,驱使个体力求最终消除这种不一致以实现内部心理平衡(陈志霞、陈剑峰,2007)。

② 据当地基层干部与村民反映,雪山村旅游开发规划的重要内容之一是设立释比传习所,即请本村的释比到固定地点开展教授释比技术等活动,以此作为吸引游客的一个旅游"卖点",将当地释比文化发扬光大。

感体验：羌族释比文化应当得到发扬光大，但是它与现代社会存在很多的不适应，因此需要进行改造。他指出，羌族释比在过去是讲究传内不传外、传男不传女的，但是现在这种传统已经很难继承下来，否则释比文化可能面临失传的危险，现代社会是以经济为中心，不能有利于改善人们生活状况的传统文化都面临生存危机；同时他也指出，释比文化的特征就在于其神秘性，如果为了发展旅游而不顾任何禁忌地随意表演是自己难以接受的，那样会破坏释比文化的独特面目。显然，他对释比文化传承充满了矛盾情感，并最终体现出认知失调现象；若当地的旅游业发展规划尚未启动，这种矛盾情感也许就不会迅速转化为一种认知失调的心理状态；而当这已经成为现实并需要做出行为决策时，各种情感的冲突随之浮现出来，社会认知的现代转变与其内卷化倾向再次遭遇。

再举一例，雪山村的很多村民对自己的家乡在情感与认知上都存在相互冲突的表达。当我们谈到当地未来旅游业的开发问题时，他们热情地赞扬当地的优美自然风光，说这里是夏天的避暑胜地，羌族文化特色浓厚，是典型的"羌语自留地"，空气和饮水都是高品质的，因此是外出旅游的好地方。但一旦谈到当地民众的现实生活状况，他们就会不断向我们诉说自己生活的艰辛，高山地区的饮水和交通不便、超负荷的体力劳动等问题成为她对生活现状的最大埋怨，因此十分希望能搬迁到平原地区，并且对当时已经搬迁到外地的附近村落民众表示由衷的羡慕。他们对自己家乡同时充满了热爱与不满两种情绪，体现了一种鲜明的矛盾情感，但是这两种情感之间的冲突并未引起当地人的觉察，因此尚未转化为认知失调问题；可以预见，他们一旦需要对当地生活的基本状况进行利弊权衡，并做出是否搬迁的最后决定时，其认知失调问题会随时显现出来；"鱼和熊掌不能兼得"的生活常态决定了人们的认知失调问题必定普遍存在，如果说理性搬迁的决心体现了他们的"社会认知现代化"，那么，故土难离的情怀则体现了其社会认知的保守性，二者的遭遇必然带来矛盾情感。

此外，笔者在所调查的两个羌族村落中发现，当地人在日常生活中经常会面临着现代生活观念或生活方式与羌族传统文化的碰撞问题，但是他们自己却并无深刻的觉察，情感上的矛盾体验并没有急剧地转化为社会认知上的失调。比如他们一方面对外来的各种现代化食物视若珍品，另一方面又在日常饮食中保持着典型的传统习惯，腊肉仍然是其他任何食物都不能替代的主要菜肴,洋芋糍粑①还会经常光顾人们的餐桌;他们一方面推崇现代科学技术的推广应用,而另一方面又主张在某些情况下必须沿用传统旧俗惯例,比如婚丧嫁娶等仪式活动,甚至还邀请释比前来为家人治疗疾病;他们一方面认识到"禁止男女游客同居一室"会导致家庭经济收入减少,但另一方面又不想过于轻率地彻底抛弃这一传统习俗,因此经常主动地向游客提出这种地方性规范。这些例证无不说明,面对现代社会文化与传统的冲突,人们的社会认知会经常表现出一种"矛盾与混乱"的状态,如果这种状态尚且还停留在"不那么紧迫地需要做出最终行为决定"的时候,就体现为一种潜意识的"矛盾情感",而一旦需要人们"二选一"的时候,就会转化为社会认知的失调。因此可以认为,当地民众的社会认知现代化过程并非"简单明了",其中存在着激烈的"思想拉锯战",整体趋势的现代转变并不能说明其具体的思想转变环节也是"单向度"的。

笔者还从实地调查中得知,汶川地震发生之初,平坝羌寨和雪山村都出现了空前团结的社会局面,干部群众齐心协力应对这场突发的自然灾难,甚至呈现出所谓"归零的权力"现象(吕乃基,2009),大家自愿将自家能够从危房中取出的粮食凑到一起,吃起了久违的"大锅饭",并且人们很少关注到食物分配公平的问题。但是自从一周之后政府军队进入当地开展救援之后,当地人逐渐恢复到地震前的生活状态,相互之间的高度信任逐步消褪,对物质财富的占有和争夺再次成为了生活常态,在平坝羌寨还出现了"强占救济粮"的现象,少数农户企图占有超过平均数量的粮食,引起其他村民的反对并导致了肢体冲突。短短不到半月的时间,人们的思想意识何以出现如此巨大的反差?这就是人们潜在的矛盾情感所带来的行为冲突现象,人们同时存在着"公、私"两种心理本能,当出现类似原始公社的社会状态时,人们情感当中的"公心"潜能就会呈显性,而"私心"的一面则被隐藏起来,因此就会出现汶川地震发生之初的社会景象,而一旦恢复到之前的市场经济社会状态,人们的"生存意识"就发生转变,"私"的观念会再次支配了人们的社会认知。

由此可见,人类普遍存在的"矛盾情感"在不同情况下会表现出不

---

① 洋芋糍粑是当地的一种传统食品,具体制作方式是:将土豆(洋芋)煮熟,剥去外皮,然后放到一个由大块木板做成的槽子里面,用一根木棒不断击打,最终使土豆变成"泥状",沾上酱油等配料即可以食用。

同的侧面,人类在本质上就存在着相互冲突的情感体验,而这又集中体现为维持个体生理需要与维持社会团结之间的张力;当这种矛盾情感转化为认知失调并迅速得到调整后,人们的行为方式就会发生巨大逆转,从而体现为两种思想与行为之间的巨大反差。当然,以上这种更为"抽象与普遍意义"上的矛盾情感已经超越了现代社会文化与传统之间的张力引发的那种特殊类型的矛盾情感,但是其中所隐含的社会认知逻辑是相通的。按照完整意义上的"现代人格",人们就不应该顾及释比文化的传统习俗,不应该眷恋"穷山恶水"的家乡,不应该对腊肉保持情有独钟的青睐,也不应该保留"非本家男女不得共居一室"的习俗;但是在实际生活中,他们都没有那么干脆的放弃传统,而是出现了不同程度的矛盾情感。因此,我们可以认定,现代人格的背后仍然有着强大的传统因素,社会认知的现代转变必然带有"地方性"特征。

其实,人类在社会认知方面历来就存在着两种截然相反的潜能,"求变"与"求稳"的二元心理从来都是并存的,只是在特定时期往往体现为其中一方占主导地位,而另外一方则被遮蔽起来;当人们的认知内卷化倾向占主导地位时,社会文化的变迁就会呈现出停滞的迹象,反之就表现出发生与实现的趋向。因此,社会认知的保守性和内卷化只能在特定时期内发挥作用,当特定社会文化空间的开放性要素足够强大,其内部信息与知识积累达到一定程度,保守性与内卷化的社会认知取向就会被抑制或发生逆转,社会变迁现象就会自发显现出来,"发展的观念"正是如此"潜滋暗长"出来的,人们用它来概括与归纳当地社会发生的各种变化。汶川地震灾区的广大羌族民众在经历了由"社会认知内卷化"与"追求适应与变化"共同创造的认知冲突与失调之后,逐渐借助某种"认知调适"的心理潜能形成了新的认知模式,其基本特征就是"发展的想象"正在不断地战胜认知内卷化的心理倾向,从而为民众行为方式的集体性调整奠定心理基础,为当地社会变迁提供最原始的社会心理动力。

(二) 现代社会认知的"本土化"转换

前文指出,尽管汶川地震灾区羌族民众的社会认知正在发生现代转变,但是这个过程是在各种复杂的"思想观念交锋"过程中实现的。因此,在强调当地民众社会认知的现代性转变之同时,我们也不应该忽视他们对现代认知内容的各种地方性转换。或者说,当一系列新的思想观念进入到人们的头脑之后,他们如何处理传统与新知识之间的关系,又如何化解两种知识体系之间的逻辑性或形式性冲突? 按照经典的现代化理论,现代观念的形成是一个新知识代替旧知识的过程,从而形成一种系统的"二元转化"过程,帕森斯用五个模式变量的理论来概括传统社会向现代社会的转型(Parsons,1951),鲜明地体现了传统现代化理论学说对社会心理的现代转型过程所作的经典分析。这种理论范式虽然关注到了社会认知转变的整体趋势,但是却忽视了其中的内在衔接机制,难以详细揭示出处于社会转型时期的大众认知转变模式。杨国枢提倡"跨文化本土心理学"的立场,并创立了"文化生态的互动论",以此为基础,通过分析人类对环境变迁的基本适应方式,进而提出"心理区隔化"与"心理解离化"两个核心概念,使"个人现代性"的研究不仅包括对心理成份构成的探索,而且还包括对这些成份构成如何运作的心理机制的探索(杨宜音,2002)。杨国枢先生指出:

> 心理区隔化是避免陷入相互冲突的自我防卫机制,在区隔的作用下,个体自主将引发矛盾感受的事物分别纳入不同的范畴,赋予其不同的性质和运作逻辑,分别对待,从而达到矛盾的心理特质同时并存而相安无事;而心理解离化是在心理上将事物的不同方面加以分解,使其各自运作,有些方面先行改变,另一些方面则依然故我(转引自杨宜音,2002)。

笔者的实地调查发现,人们的社会认知具有"衔接"传统与当前知识的能力,他们不是简单地在接纳一些新观念的同时直接抛弃另外一些观念,而是经常追求某些具有"折中性"色彩的思想表达形式,而且刻意地将传统知识进行"当前性"的合理化操作,以维持两种认知的统一和连贯性,尽管这两者本质上很可能是不能相互协调与兼容的。人们在实现"社会认知转换"的过程当中,会不断对各种社会认知要素进行加工整理,以达到认知协调的最终目的,这其中充斥着实践理性的作用,同时也包含有很多的权宜性与无意识的因素。[①] 我们可以从日常

---

① 加芬克尔提出,人的行动往往都是根据特定的场景,依靠自身的认知努力去完成的,而不是遵循既定的规则(Harold. Garfinkel,1967),这即为社会行动的权宜性;本书这里所指的权宜性与无意识指的是,人们在社会认知方面所表现出来的各种"非理性"特征,后文对此还将有详细的论证。

生活中发现很多这种现象,比如,有些人虽然在整体人格上体现出了鲜明的现代特质,但是也会在某些思想观念上留有"传统"的成分;有的人虽然已经从基本信仰层次上接纳了"唯物主义"世界观,但是在很多情境下却还保持着某些神秘主义的行为特征;再如,有的人已经承认了西方自由市场经济和民主政治体制,但是却在家庭孝道或生育观念上却还保持着典型的"中国传统"特色。这些现象都说明,社会认知的现代化转变过程绝非单向度的思想观念"替换",而是有着鲜明地方性色彩的"知识再造",其中充满了思想观念的折中、整合、区隔等各种社会认知过程。根据笔者的调查,当地人面对相互"断裂"或"冲突"的社会认知对象,主要采用选择性转换、折中性转换、权宜性转换三种社会认知模式。

1. 选择性转换

社会认知的选择性转化,就是面对两种或两个方面相互冲突的认识内容,认知主体选择其中一种或一方面而抛弃另一种或另一方面,这是实现社会认知转变最为简单的一种方式。在社会认知现代转变的过程中,选择性转换主要就体现为人们选择了符合现代性特征的认知内容与方式而放弃其传统的认识内容与方式,这已经可以从上文关于现代人格培育的分析中得到了充分的说明。从整体上来看,这种社会认知转变方式最符合帕森斯意义上的社会认知"二元转变"模式,因为这其中的地方性转换成分并不鲜明,而是经常体现为一种新的思想观念代替旧的思想观念,但事实上里面还是存在着"并非原封不动"的因素,关于此,我们可以考察当地的住房结构与样式是如何被改变和改造的。

汶川地震发生之前,羌族地区已经出现钢筋水泥结构的新型住房,但并不是十分普遍,主要是由一些外出务工或经商的村民效法城市的建筑结构与样式而建造起来的;这些新型的住房不仅在用料上从传统的"石、木、土"混合转变为现在的"钢筋、水泥、砖石"混合,而且房屋布局有很大改变,圈厕与主房屋之间由结合变为分离,火塘的位置从中心变为旁侧,甚至有些新房没有火塘,房间的面积与老式房屋相比大为缩小。汶川地震之后,当地人借助灾后重建的契机全面将传统住房改变为现代住房,新建住房几乎清一色采用了混凝土材料,住房布局与风格也普遍"现代化",当地居住文化的重大变迁已经鲜明表现出来,其中最为关键的动力来源就是当地人已经普遍接受了两种观念:现代住房更牢固和卫生,新生活方式需要改变传统的住房结构。这种观念在汶川地震前就已经普遍存在,地震只是为他们提供了从新观念转变为新行动的机遇,于是,当地的建筑风貌在短期内就发生了巨大变迁;从认知转变到具体的行动方式转变,再到当地居住文化的巨大变迁,印证了当地人住房观念的转变过程。由于笔者调查的平坝羌寨和雪山村都在筹备旅游发展事宜,所以当地都进行了住房的"风貌改造"工作,这是由当地政府推动实施的一项"住房风格复古"运动,但是它从根本上改变不了当地"住房文化"已发生重大变迁的事实,离开了当地人实际的社会认知与行为方式,任何附加的修饰都只能是表面的,因为在这种古朴风格的背后,被装饰的住房仍然在演绎着当地人当前的思想与行动逻辑,这已经很难出现本质性的逆转。

在我们看到当地人住房观念的重大转变之同时,我们也不难发现,他们的现代住房意识仍然隐含着地方性的"影子",比如还是要在固定位置留出传统火塘的空间,只是可能会在使用方式上存在着明显差别;再比如他们还要在屋顶上放置白石,尽管也许仅作为一种装饰,但毕竟还是体现了当地特色。因此,社会认知的选择性转换虽然在整体上体现为一种新观念代替旧有观念的过程,但是其中仍然不乏地方性因素的遗留性影响,这经常为人们所忽视,认为就是新旧观念的简单替换。由于这种认知转变方式相对简单清晰,人们往往不会体现出鲜明的矛盾情感与认知失调现象,而是在某种社会实践效果的印证之下,顺其自然地实现了某种思想观念的转变,并且还可以毫无觉察地使新的观念蒙上地方性的面纱。

2. 折中性转换

社会认知的折中性转换,指的是人们面对相互冲突的社会认知内容所采取的一种"中和化"认知策略,最终所形成的新认知既与其传统认识存在差异,又与他们所接触到的"外来社会认识"有着差异,而是一种类似于"中间地带"的认识方式与内容。在这种类型的社会认知转换过程中,认知主体经常会伴随着一定的矛盾情感与认知失调,经过一种"认知适应"或"合理化操作"思维机制,最终实现折中性转换。关于此,我们可以考察羌族旅游开发中的游客接待规范是如何被"改造"的。

按照羌族的传统习俗,家庭男女同居一室的情况只能限于本家人的夫妻关系,即使已经出嫁的女儿,夫妻同时回娘家探亲,也不能共居一室,前来旅游的游客更不能男女共居一个房间。因为当地人认为"家神"时刻都在照看着自己的家院,不会允许人们做出有违于社会规范的事情,只有本家庭的夫妻才被家神承认具有男女同居关系的正当性,其他人一概不能破例,否则就是对家神的亵渎,会给家庭带来害处。伴随当地旅游业的迅速发展,游客接待成为了一件十分重要的日常事务,很多夫妻结伴前来旅游却要分室居住,有的人就感觉不合常理。由于当地人面临着"游客接待竞争"的问题,于是很多人开始担心可能有人率先破坏这一传统规矩,从而吸引更多游客前往自家居住,如此,遵守传统习俗的农户就会减少客源,处于接待竞争中的不利位置。正当此一问题困扰当地村民的时候,平坝羌寨开始了新村建设,按照政府的规划,以后的游客接待将主要在新村开展,而老寨主要用于游览参观;于是当地人抓住这个机会,对新村进行了"意义上的重新界定"。他们认为新村已不再是严格意义上的"家",因为它在建设之初就是为了接待游客,因此就不必再限定男女游客必须分室居住。由此可见,当地人对传统习俗禁忌的处理方式格外灵活:其实如果他们将来迁居新村,老寨才是真正的游览地,而新村才是实际意义上的"居家",但是他们为了协调传统规范与现实需要的关系,神奇地创造出一套新的"解释",体现了当地人的丰富创造力,同时这也证明他们已经进一步向现代社会规范"妥协",平坝羌寨的祁莲琼介绍说:

> 从十多年前开始搞旅游,人们就突然富裕起来,但人心也变了,大家都只看利益;但人和人还是有差异,有的人更遵守传统,有的人就不那么在乎,比如游客来这里常是成双入对的,有的人家就不允许男女同房,但有的人家就接受,我们家只在老房子安神位,所以可以把新房子作为宾馆,不用顾及老规矩了。

祁莲琼就是率先打破当地传统居住规范的村民之一。伴随当地人的经济意识不断强化,这种传统规范在不久的将来也许荡然无存,某种社会认知的转变往往产生强大的联带效应,新的认知与相应的行为方式成为大众集体行动,某种传统习俗的变迁也就最终得以实现了。不能忽视的是,就当前来看,当地人并没有彻底放弃这一传统,而是采取了一种"折中化"的应对方式,将"可以打破该传统习俗"的居住范围限制在"不是家"的地方,他们定义中的"家"中仍然需要维持既有的传统规范,这种现象就属于典型的社会认知的折中性转换:如此,既适应了社会现实的"变革"需要,又满足了传统文化心理的"情感"需求。

3. 权宜性转换

社会认知的权宜性转换指的是,当人们面对相互冲突的不同社会认知内容所采取的某种颇具"模棱两可"态度的认知解释,在这种类型的社会认知转换过程当中,人们往往会产生强烈的矛盾情感与认知失调状况,而又很难做出选择性或折中性的认知转换,于是两种相互矛盾的认知要素共同作用于人们的思维,使之产生"不协调"感,因此人们会将这两种认识要素之间的对立关系"模糊化",并且给出某种形式上协调但是逻辑上对立的解释,从而将情感与认识上的矛盾状态给予化解或淡化,以达到社会认知的一致性与协调关系。

关于现代人的释比信仰问题,汶川县雪山村下坛释比马青山的讲述颇为意味深长,他说自己学习释比的原因在于兴趣,也希望能够更好地解释生活现象,他现在一方面扮演着传承羌族释比文化的角色,另一方面也在努力将释比文化同已经发生了深刻变化的社会现实结合起来,因此不赞成那种把释比法术神秘化的做法,他甚至提出羌族的释比文化与现代科学是不冲突的,它们处理着不同的人生事务,在日常生活中是可以相互补充的,科学解释不了的事情可以由释比来应付或解答,而科学可以回答的问题,释比就不用再参与。他的这种社会认知看似合情合理,但是实际上,细致推敲起来,马青山的某些观点在逻辑上是讲不通的,因为现代科学在本质上与巫术就是水火不容的,例如疾病不可能既是自然因素导致的,又是神灵或人为制造出来的,最终的归因只能是其中一种。但是总的来看,马青山的努力是切合实际的,因为现实社会中的很多问题不是可以单纯由科学或释比来给予解释的,将羌族传统释比文化与现代科学对立起来的做法很容易造成生活意义的"断裂感",而借助这种认知上的权宜性转换,新的生活方式就具有了相对的"合理化"解释。

马青山是羌族地区知识分子的典型代表,他经历过"反封建迷信"的破四旧运动和"文革"的动荡十年①,更是深刻体会和经历了改革开放之后市场经济的汹涌大潮,对羌族传统释比文化的绝对信仰已经不再可能,但是他与一般民众的不同在于正努力借助自己的知识来沟通现实社会与传统信仰的"统一性"关系,尽管其中也带有某种程度的无

---

① 马青山告诉笔者说,他在 1966—1969 年"文革"初期还是小学生,但已经充当了"红小兵",是"毛大爷"的忠实信徒,参与了当地的拆庙宇、批斗地主富农等社会运动。

奈和失落,但是在某种"胳膊拧不过大腿"的心理作用下,他不得不面对现实。在整体社会变革的大背景之下,羌族释比的社会认知发生了潜移默化的转变,他们的行为方式也随之发生了变化,他们通过创造"链接"传统知识与现代社会的契合纽带寻求新的"自我定位",其传统信仰由此发生重大变迁,释比如此,其他羌族民众的释比信仰变迁已可以想象了。许烺光的研究证实,在很多地方的土著人眼中,科学与魔法是不存在相互矛盾的,人们经常会将两者有机地统一起来(许烺光,1997年)。马青山的观点再次论证了这一结论,但是如果当地人对现代科学的信仰强化到足以迫使其释比信仰继续"无条件退让"的话,目前这种社会认知方式还会继续存在下去吗? 相信那样会带来新的结果,因此可以说,当地人目前的释比信仰主要体现出了社会认知的权宜性转换能力,而不代表着一种稳定的社会认知模式。

社会认知的权宜性转换还与人们对"认知连贯性"的本能心理诉求有关,社会认知的连贯性诉求实质上是对"生活世界"及其意义之连续性的维系。"发展的想象"推动着社会认知的现代转型和现代人格的培育,但是如果这种转变过于迅速或急剧,他们就会产生自身生活世界的"断裂感",因此需借助某种心理协调的机制来克服此种不适感。为了保持生活世界的"连续感",人们就会对新到的思想观念进行"加工"或"打造",使之具备本土根基。从词源学的角度来说,社会发展是一个抽象的学术概念,更是一套具有特定内涵的话语体系和世界观,对于当地广大民众而言,它是一种从外界引入的新知识体系;但当地人却认为,羌族社会一直都处于缓慢的发展进程中,只是在进入近现代时期后才在新的开放社会背景下明白了这个"发展"的道理。显然,他们将"发展"形容一种"发现",而非"发明",以此论证当地社会发展的历史连续性,同时也承认外在因素对他们生活世界所发生变化的影响,他们将自身生活世界所发生的变化几乎一股脑地归结到"发展"的名下,却对该概念本身的来源毫不加以追究。当地人的这种解释也有着浓厚的权宜性特征,因为他们自己应该也知道,现实生活当中的很多现象都不可以用自身的有限知识进行解释,这往往就需要借助于外来的话语,那么也就只能是"得过且过"地将这种外来话语嫁接到本土知识体系的土壤中。

第七章

结论与讨论

一、发展主义的"细胞学"

在当代中国学术界，一种"简化论"的社会发展理论十分流行，它们认为，只要特定地区的生产资料、人力和经济制度等要素齐备，其经济与社会发展就会成为一个自然与自发的过程。在这种"发展理论"视野中，资源和制度成为了关键要素，而将这些把它们转化为现实发展实践的"人"却被有意无意地隐藏了起来，"人"的各种主观能动性更是被遮蔽了起来，似乎人们都成为了受制度和资源支配的"木偶"，甚至"发展"的奴隶。针对这种理论范式，徐勇（2010）曾明确指出，中国改革开放以来所取得的经济社会发展成绩与农民思想意识的理性化过程有着密切联系，单纯强调制度变革的作用是十分偏颇的。他认识到中国基层民众的思想观念转变是国家经济社会发展的基础动力，而制度变迁只是调动这股精神力量转变为现实生产力的外部契机，于是，最终把中国经济社会发展的动力源头追溯到作为最原始主体的"个人"，而不再将个体人视为社会整体的"零部件"，我们可将这种较新的理论分析范式概括为"发展主义的细胞学"。基于对这种理论范式的认同，本书提倡深入基层社会的发展实践过程中来考察"发展是如何可能的"，这其中，不同"参与主体"的思想观念及其相互之间构成的话语关系，可以被作为一个合适的研究切入点。

进一步而言，笔者认为，只有回到演绎中国"发展故事"的社会主体思想深处，关注作为社会细胞的个体人及其社会认知与行为方式，才能真正理解到其中所蕴含的动力源泉，离开了对这一要素的深刻理解，就难以认清中国基层社会发展实践的"大众行动逻辑"。在汶川地震灾区的长期实地调查让笔者深刻感受到了当地的一股涌动暗潮——当地人对改善自身生活状态有着强烈的诉求,"发展"在日常生活中已经占据至高无上的合理性与合法性地位。当地人普遍认可"社会进步"的观点,他们认为这是一种必然现象,生活条件的改善就是其后果表现;社会之所以进步,根本原因在于人类的"需求一致性";因为所有人都有改善自身生活境遇的本能欲望,所以社会进步有永恒的动力,而不同社会群体之所以能相互理解,同样是因为人们有大致相同的"基本需求"。在他们看来,"发展"之所以能成为一种普遍的社会共识,其深层根源在于"人类本能"的相通,即人们对"舒适生活"的共同追求;当地社会的现代化是一种"自然"过程,即使不存在强力的外部干预,这一进程同样会自发地实现,只是由于其他各种外部条件的制约,现代思想观念在当地的"普及"才被推迟至今,而国家的"发展主义"意识形态正是当地社会进步的现实推动力量。

当地人对社会进化理论的理解与"人类的普遍需要"紧密结合在一起,体现了他们对该理论的朴实认识,从此种意义上来说,他们已经将进化论与功能论自然地统合了起来。他们以"实用主义"的思维方式看待周围的世界,很多传统文化元素的"符号意义"都被当成了蒙昧时代的思想残留,现代理性和科学主义的话语日益占据了当地人的核心思想阵地,似乎所有人都已经变成了奉行"利益最大化"原则的现代理性人。他们的这种"社会发展"观念是如何形成的呢?笔者的田野调查证实,这主要源于他们同时在生活世界中找到了这一概念的"实体所指"与"意义界定",前者是每个人都可以深刻感受到的各种生活变化,而后者是国家政府不断向他们宣传的发展主义意识形态,这两者在当地民众思维世界之中的"成功对接"创造了一种普遍的社会认知范式,而这种对接过程就是一个"事实标签化"与"概念事实化"的双向互动过程。一边是无所不在的社会"发展"事实,而另一边是作为国家主流意识形态的"发展"话语,当地人"对号入座"地将这些事实与话语对接了起来,发展概念的"能指"与"所指"也就在他们的头脑中融合为了一体,从某种意义上说,这应该是中国基层社会民众的"发展观念"得以顺利形成的基本"心理"路径。

与此同时,我们还可以发现,当地社会的发展并非简单的"现代理性认知"扩张过程,其中仍充满了各种复杂的不确定性要素,在社会认知的内卷化和追求生活世界连续性的本能心理作用之下,人们对自身的社会认知进行了积极主动的转换,创造出来许多奇特的思想与观念,从而使民众观念的"现代性启蒙"充分显现出了地方化的色彩。这不仅可以化解社会发展过程中的"生活意义断裂"问题,而且为"外源型社会发展"的内源化提供了社会心理根基,从而有效防止发展的"水土不服"问题出现,在很大程度上确保了地方社会发展趋势与模式的可持续性。关于社会认知的调适转换过程,克劳迪雅·司特劳斯的研究发现,人们处理认知冲突(失调)的方法包括五种类型:选择其中一种而排除其他;将相互冲突的认知整合到一个新的图式当中;对相互冲突的认知做出无意识的妥协(对双方独立内化却又动态相联);选择模棱两可的态度;区隔化,即将相互竞争的观念独立地内化,以组成相互没有联系的认知图式(Strauss,转引自赵旭东,2009:334)。这些形式的社会认知转换已经被羌族民众所娴熟使用,关于此,前文已经有较为详细的介绍,不再赘述。

根据笔者的田野调查,社会认知转变的过程一般会包含五个子环节:其一是对人的社会认知持续发挥作用的三要素个体生理、解释本能、社会整合是永远存在的,它们构成人们的认知与行动实践的功能基础,并且都可以直接作用于人们的社会认知;其二是社会的开放性可以作用于人们的认知,是激发人们调整认知结构与行为方式的重要影响因素,其不确定性特征相对于其他影响元素是最为鲜明的;其三是社会的开放性与个体生理、解释本能、社会需要三要素的"综合"往往会导致人们产生矛盾情感与认知失调现象,这就成为认知转变的酝酿阶段;其四是在寻求认知一致性的心理本能作用下,人们就会通过认知调适和转变行为方式的办法克服认知失调问题,其中主要的转换路径就包括前文所述的选择性转换、折中性转换、权宜性转换(包括认知区隔化模式),通过这种心理机制的运作,矛盾情感得以再次隐藏起来;其五是人们的社会认知除了与其行为方式具有直接关联外也具有相对的独立性,某种"传统解释"向"现在解释"的转变可能会带来某些行为方式的相应转变,但也有可能保持某种纯粹的"新观念"特征,而与行为方式的革新毫无关联。

在一个相当稳定的社会文化形态中,人们的社会认知往往也是相对固定的,因此,矛盾情感被遮蔽了起来,认知失调的现象也相对较少发生,但是社会的开放性决定了其文化形态的不稳定性,民众社会认知转变就是这种"不稳定性"的具体表现及个体心智基础。如果说矛盾情感与认知失调体现着社会变迁的酝酿与启动阶段的话,那么,社会认知的调适与行为模式的转变就体现了社会变迁的实现与完成阶段。社会发展作为一种自然的事实过程,其中存在着诸多的动力要素,但是其核心的要素是人们的思想观念转变;人是具有"反思性监控"能力的能动性行动者,正是一种"反思性的行动流"即创造了社会结构,同时又不断改变着既存的社会结构,但是这种行动流具有一定的模糊性和结果的不确定性,因此,社会结构也呈现出不规则的变动性(Giddens,1990)。这就提醒我们,特定社会观念的形成必然需要以某种社会结构为基础,而反过来又会通过其实践活动而改造既有的社会结构,这种循环逻辑正是人类思想观念更新的基本机制,汶川地震灾区民众的"发展"观念深刻地演绎出了这样的逻辑过程,向人们生动地展示了发展主义意识形态的"地方实践"样式。

二、基层社会国家化:发展话语的重叠与分裂

前文提到,灾区羌族社会的快速发展主要得力于广大基层民众对"发展"的强烈诉求,在这种"思维方式"的主导下,人们已经不仅追求物质利益的增长,还追求个人的自主权利、发展机会的平等获得、新知识的学习等次生性需求;然而,当地的捆绑式发展模式与支配型政治生态却让这些次生性需求成为了一种可望不可及的"镜中花、水中月"。这种情况必然会带来"冰火两重天"的尴尬局面:从表象上来看已经形成了国家与民众齐心协力谋发展的气象,双方对"发展"的诉求已经达成了高度的一致,但在相同或相近的"发展话语"表达下,却掩藏着双方不同乃至尖锐对立的利益考量,不同社会主体对发展利益的残酷争夺演绎出一幅"貌合神离"的社会画卷。基层政府与民众之间、不同民众之间不是围绕着"是否要发展"而是"如何发展"产生了深刻的思想裂痕,显然,这背后的核心话题就是"如何分配发展的成果"。围绕该话题展开的无休止争论使得社会结构与人格结构之间的对立关系得以鲜明地呈现出来,并且由此而演变成为一种社会体系内部的"整体性紊乱",这种现象可以被视为中国乡村"社会发展生态"的概括性写照。

笔者所调查地区的羌族民众已经主动接纳了国家的"发展主义"话语,并且将这套话语转化为他们的地方语言;又由于支配型政治与关系经济学规则的强力运作,他们从这套话语当中选取有利于实现自身愿

望的部分内容作为与基层政府开展利益"较量"的武器,不断地借用国家的政治宣传话语与行动逻辑来对抗作为国家"实体性存在"的地方政府,从而导致"国家"在地方社会的鲜明"呈现",由此而体现为"基层社会的国家化"现象。① 在中国的民间宗教研究中,王斯福(2008)发现,民间社会的宗教仪式经常伴有"国家仪式"的影子,因此将这种现象称为"帝国的隐喻"。从某种意义上来说,"基层社会国家化"正是另外一种"帝国的隐喻",只是它所隐喻的内容主要不是宗教仪式的过程,而是某种"话语的构造";地方民众将国家的发展话语转化为自身开展政治抗争的思想武器,由此获得了底层政治斗争中的道德优势;而基层政府反而与道德理念中的"国家形象"却渐行渐远。从另外的角度来看,发展主义话语体系由此具备了鲜明的"显功能"与"潜功能"二元分野(默顿,2006),从表现上看,它成为中国政府与民众实现社会"现代化"理想的共同思想动力,而实际上它更主要地扮演起了不同社会主体争夺社会发展"利益"的话语工具。

当地民众借用国家话语的最鲜明例证就是不断强调中国的"社会主义"国家性质。他们从毛泽东时代的"集体化"时期开始就已经滋生出了"平均主义"的心态(卢晖临,2006),在这种心态的促动下,他们将国家后来一再宣讲的"先富带后富,最终实现共同富裕"这样的政治口号进行"放大",以此论证当前社会发展中的"利益垄断"现象是不符合国家正统政治理念的。显然,他们在潜意识当中已经感知到"共同富裕"理想的虚幻,但是仍然不断提出这些来自"国家最高层"的政治话语,以此为自己的各种"不满情绪"或"不合作行为"提供强大的政治道德支撑。同样,基层政府官员也以国家的"发展话语"为工具来论证自身主导地位的合理性,他们不断强调"发展的整体性",明确指出"国家投放的发展资源"是为地方社会协调发展服务的,而不是针对个体农户,只有政府主导下的发展才能确保民众的共同受益,共同富裕不等于"平均分钱"等。由此可见,基层政府与民众之间在发展话语的表达中既存在着重叠,又存在着明显的分裂,重叠是双方都在借用国家的发展

---

① 本书所提出的"基层社会国家化"概念主要指的是,在中国乡村社会当中,广大民众的日常言行已经被作为政治控制机器的"国家"所浸染,其中最核心的表现就是国家政治话语被借用与模仿;而同时,作为国家执行部门的政府机构之行为方式遭到民众的抵抗性"解构",并因此而导致基层干群冲突蒙上了"平等政治主体间权谋斗争"的色彩,而不再是体现为传统的"反抗政治"形态。

话语,而分裂是双方所强调的侧面有很大差异,前者通过论证基层政府的"腐败"来抵制政府主导,后者则通过论证基层民众的"狭隘自私"来反对自由发展。人们纷纷通过"国家"话语提出各种各样的利益与权利诉求,而作为国家形象之地方代表的基层政府同样也借助国家话语来论证自身行为的合理性,结果两者在同一个话语体系内发生了激烈的冲突。

在当地社会发展实践过程中,发展利益的分配结构与社会权力的运行结构之间具有明显的对应关系,以公共权力为中心而呈现出来的"差序格局"成为了不同人群受益程度的真实反映;越靠近公共权力的中心,越可以得心应手地运用关系经济学的法则,越是可以更多地分享到社会发展的成果,反之,则越容易在这些成果的分配中被边缘化。置身于这种"缺乏明确规则"的社会发展场域中,人们深刻地认识到:只有深刻领会并适应"既有的潜规则"才能确保自己成为发展的受益者,于是被迫或无奈地转变成为一种"歪人"①,以此来换取分享更多发展利益的资本,而所谓的"老实人"则成为不折不扣的"傻帽"。在这种情况下,社会道德变得不再那么重要,人们即使明知道自己在"耍无赖"也会丝毫不感觉惭愧,因为他们认为这是"社会逼迫出来的",他们将社会道德的"堕落"归结到社会本身上,而与己毫无干系。当地人认识到自身的利益不可能得到别人的"代表",却又不知道如何争取发展的话语权;渴望获得平等的发展机会,但又认为当前的"机会不平等现实"是难以避免的;期盼国家政府能够履行"让大家共同致富"的承诺,但又感觉希望渺茫,于是抛弃"理想",学会"现实",成为连他们自己都不能认可的"功利人",这种心理状态可以被视为中国乡村社会体系发生"结构性紊乱"的个体认知基础。

众所周知,市场经济是孕育权利意识的温床,也是现代公民产生的强大动力,有学者直言公民从来都是私有制的产物;个体意识的成熟如果没有合作参与意识的加盟,缺乏基本的道义安全,那这个社会就会失去稳定和秩序,而随时都会有崩溃的危险(林聚任,2007:217)。然而,由于中国乡村"生态政治"(辛允星,2009)环境的持续恶化和社会契约

---

① "歪人"是当地民众的口头禅,以此来形容那些不讲道理、胡搅蛮缠的人,是一个被蒙上"道德不佳"色彩的贬义词,但在很多村民看来,当地的歪人普遍存在,而且有持续增加的趋势。

精神(李留澜,2006)的缺失,民众的现代合作意识仍然十分淡薄,社会发展尽管还有着无穷的个体化动力,但是这种发展过程注定难以一帆风顺。西方政治学常识告诉我们,公民社会和民主政治理论的"前身"就是社会契约思想;市场经济一旦脱离了契约精神和现代民主政治制度的支撑,必然会陷入到"丛林法则"的无序竞争状态。而中国乡村的"捆绑式社会发展模式"从未具备牢固的契约精神基础,这种精神既未在中国传统社会内部发育起来,又未能从外部引入,这已经成为中国社会发展的最大盲区与文化阻力。

汶川地震发生之后,国家"被迫"更深入地卷入到对灾区社会的"发展干预"工作中,在灾后重建过程中,国家各级政府投入了大量的物力财力用于灾区重建,但是由于这些主要的发展资源仍然牢牢地由地方政府集中控制,对公共权力的占有仍是获得更多社会发展利益的最佳途径,于是人们对经济利益的争夺与政治权力的斗争更加紧密的缠绕在了一起,而且其中的"无规则"争夺现象更加突出。灾后重建工作虽然给当地社会发展注入了规模庞大的外部资源,但是这不仅未能改善当地的社会发展环境,而且还明显拉大了当地人的贫富分化程度,强化了支配政治的运作逻辑,因此在某种程度上恶化了当地的政治形势。这些"不良后果"可能给灾区社会的未来发展带来无穷的后患,导致国家所投放的经济社会发展资源被闲置浪费,甚至使其直接的社会效果被持续不断的利益纷争所抵消,灾区民众对国家与社会的感恩心理淡化这一现象说明,灾后重建最终并未起到"团结民心"的作用。

当我们面对中国乡村发展的艰难实践历程,也许会自然地发问:看似四分五裂的社会又何以能够在整体上得以正常运行? 笔者的调查发现,这其中存在着五方面的缘由:其一是支配型政治与关系经济学中的"资源流动性",即公共权力主体的不断更替以及由此引起的社会关系网络变动,这种流动性使人们不至于对现有社会规则彻底绝望,甚至抱有某种"江山轮流坐"的期待。其二是人们对改变现行社会规则的悲观主义情绪,既然不能改变既有的社会规则,只能去学会适应,即使失势者也会因此变得相对"坦然",不至于将情绪上的愤怒直接转化为行为上的敌对,而最多是采取不合作的行动策略。其三是社会精英的政治联合,发展实践中的利益受损者主要是非社会精英人群,因此缺少反抗的社会组织与智力资源,小规模的情绪化冲突就比较容易在萌芽状态被化解掉。其四是社会发展利益的"滴漏效应"还在某种程度上发挥作用,因此"绝对被剥夺者"在社会人口中所占的比例较低,大多数人对未来还抱有希望,特别是人们对中央政府的较强"认同"更强化了这种信心;汶川地震灾后重建则更加强化了当地人的"认同上移",他们在对地方政府和社会现象持有各种不满态度的同时,对国家与中央政府的信任并未消失,这也起到了稳定社会秩序的作用。其五是潜意识当中的各种文化认同仍然在发挥作用,如家族观念、民族归属感、地域观念、祖先与神灵信仰等等,这些潜意识当中的"集体表征"对促进社会的整合有着重要作用,只是由于人们的功利主义思想过于膨胀,它们才经常被当地人所忽视。

基于对以上内容的分析,本书提倡一种"本土化的发展模式"就显得很合时宜,它应该发挥地方民众的"智慧",克服资源垄断和政府主导带来的各种社会不公正;而国家应该在尊重地方民众的发展愿望前提下,为他们提供力所能及的帮助,而不是主导和过度干预他们的选择,否则就很可能会导致两种悲剧:一是基层民众的发展积极性被扼杀,比如改革开放前特别是人民公社化时期普遍存在的"混工分"现象;二是与民争利,如在当前政府主导型社会发展模式之中出现的"关系经济学"与社会信任的危机现象。帮助地方社会克服发展的瓶颈而不与民争利;尊重地方民众的自主选择权而不去主导地方社会发展的具体事务;营造公正的社会发展环境而不去助长社会成员之间的能力差异;防止自发性社会分化的恶性演变而不是去固化已经断裂的社会结构,相信,这才是当前中国真正"合适"的发展理念。

三、后现代主义话题与中国乡村发展实践

从 20 世纪末期起,海德格尔、德里达、福柯等开创的后现代主义思潮在全世界范围内广泛传播,学界对人类社会的现代化事业充满了各种质疑,"解构主义"思想成为一种时髦理论,很多传统概念都被认为"可能并非真实存在",而是一种人为的"构造"甚至"纯粹的想象","发展"同样遭遇到了这种困境。社会进化论被修改与指责得"体无完肤",有些忧心忡忡的学者甚至企图从根本上否定整套的"社会发展"话语体系,破除自西方启蒙运动以来人们对"进步"的各种幻想。沃勒斯坦(2000)撰文质问:发展是指路明灯还是幻象?埃斯科巴认为"发展"仅仅是发达国家所编造的一套虚假意识形态(Escobar,1995)。不少学者

都认为,现代化是一种世界性的经济与文化"殖民",人类的物质欲望不是天生固有的,而是为现代社会体制塑造出来的,文化多样性的破坏本来可以避免。还有学者指出,在后现代语境中,文化相对主义不是作为辞藻修饰品,就是作为一种唱衰发展的"反科学"声音被随意诟病(潘天舒,2009:100)。面对世界范围内的反现代化思潮——文化守成主义(艾恺,1999),如果不回到具体的社会发展场景中,而将争论停留在纯粹的价值偏好之争执层面上,固定在某种学理性的形而上论辩中,这种学术对话就难以对现实生活提供有力的解释。

汶川地震灾区羌族民众对"发展"概念的认知很好地回应了以上这些重大的学术争议,它向我们深刻地说明了这样一个论断:人类社会的发展既不是指路明灯,也不是某种幻象,而是一个与价值无涉的客观实在过程,其具体的呈现就是所有人几乎都可以感知到的各种生产与生活方式的变化;但又因为其中蕴含着特定的规律性,于是被那些生活中的乐观主义者贴上了"发展"的标签,并逐渐演变成为一种话语系统,从而具备了某种价值判断的色彩,发展的含义由此而具有了鲜明的"二重性"特征。在基层社会民众的视野中,社会发展就是他们身边发生的各种"变化",这些变化就是他们头脑中"发展"概念的"对应物",而不管这些变化是喜还是忧,是进步还是倒退,是光明还是黑暗;而且不会因为人们的喜好而改变,不会因为产生不好的结果就停顿起来;因此,对发展"事实"的任何怀疑都是徒劳和多余的,人们除了选择去适应这种潮流之外,毫无他途可以替代。显然,不管学界围绕"发展"进行多少理论层面的争议,基层民众都很难在短期内改变对"发展"的当前认知,而且这种社会认知方式将继续作为中国基层社会发展的原始动力来源而发挥作用,它与国家所宣传的发展主义意识形态有着相似的形态,却与后现代主义发展理论有着很大的距离。

换一个角度来说,中国基层社会的广大民众不是社会发展的"反对派",至少就笔者所调查的两个村落来说是如此。非洲和印度等地都曾发生"土著人抵制'被'现代化"的故事,这些故事经常被学者拿来作为"文化殖民"的劣迹加以论证,但中国版本的类似故事是否也遵循如此逻辑则有待商榷;当我们拿这些案例来证明自己的"土著"立场时,需要时刻注意自己的武断。世界范围内的现代化浪潮对很多民族的传统文化的延续构成了挑战和威胁,这已是举世瞩目的事实,尤其在政府主导型发展模式下,弱势传统文化的维系显得更加艰难。笔者调查发现,中国羌族社会已经基本丧失了保护本民族传统文化的主动性和自组织能力,而政府的文化保护政策倡导往往只流于表面而难以真正贯彻执行,"支配政治"的逻辑已经将地方社会的生活世界"殖民化",摧毁了很多的传统文化堡垒。与这种"工程学"样式的外源型发展路径相比,某种"内发性"的社会发展路径似乎更有利于民族传统文化的传承,因为这种发展模式的动力就来自地方社会内部,而不是由外部政治力量来一手操控和推动,当地人在获取发展话语权的同时,就不那么容易做到随意丢弃某些"规则"而不感到自责,而且族群内部文化精英的社会整合作用一旦得以发挥,民族的传统文化就会显现出其独特的现实价值,而不会再被视为"没用的东西"了,文化自觉意识自然可以酝酿生成。

在 20 世纪 70 年代末期,西方国家的新自由主义思想逐渐成为主流政治思潮,它主要是从社会福利制度的"负效应"角度来分析集体产权制度的各种不足,引申出来的基本主张就是减少公共资源,推行经济所有制和管理方式的私有化战略;将政府在社会财富分配中的作用尽可能降低,从而发挥市场机制的自发调节作用。围绕着新自由主义理论,中国学界也发生了重大的争论,由于中国社会福利制度自身的不健全乃至严重缺失,关于削减福利问题的争议并不大,几乎无人明确提出要继续减少政府向民众提供的福利,而争论的焦点在于对私有化和集体产权制度的不同认识。整体来看,左派主张维持和扩大传统公有制经济形态,而自由主义者往往主张减少国家对市场经济的干预,实行产权清晰化的市场经济体制改革。从笔者所调查区域的社会发展实践过程当中可以发现,中国乡村社会并不存在所谓的新自由主义思想泛滥现象,甚至可以说不存在真正意义上的"自由市场",倒是因为"支配政治"逻辑的过于强大而引起了"公共资源的困境";因此,社会结构的"对立性"分化显然不是由市场经济规律所致,而是由不良政治规则所培育出来的。可以认为,中国乡村发展的实践不管存在多少成绩与失败,其都与新自由主义政策的执行没有多少直接关系。

回到对中国乡村社会发展实践场域的考察当中来,我们仍然需要再度提出这样的见解:就目前的基本形势来看,中国所面临的最紧迫问题并不是"现代化"和发展主义思潮的负面影响(尽管这也是很重要的问题),而是如何克服由中国特殊的社会发展模式所带来的特殊问题,即中国自身特殊的问题相对于世界普遍存在问题而言更加值得关注。西方发达国家在经历了两百年以上的现代化进程之后,社会组织与资源分配的运作方式日臻成熟,他们当前的主要社会问题是处理"过度现代化"带来的负面后果,如环境污染、文化冲突、信仰空虚等等;而中国最急需解决的问题是实现社会发展的均衡化,通过寻求全社会成员"共同受益"的机制来缓解发展不均衡所带来的社会不公正和利益冲突问题,因此,西方新发展主义理论不适合"拿来"解释中国的实际状况;将所谓"现代性的后果"(吉登斯,2000)直接套用在中国基层社会发展的问题上,必然显得十分牵强附会。汶川地震灾区普遍流行的发展主义思想绝非强制性移入,而是一种典型的自发传播,甚至当广大外界人士大声疾呼"保护羌族传统文化"时,作为被保护对象的羌族同胞却仍然毫不在意,甚至感觉这些人是如何的不可理喻,这种现象足以说明了问题所在;如果我们对此不仅毫无觉察,还要高举"反对现代化入侵"的大旗,就显得着实有些过于漠视当地民众的意愿了。

笔者认为,人类社会的发展正在经历一个"否定的逻辑"过程,当已经达到现代化的国家尽力"搜索"与找回传统之时,广大的欠发达国家与地区却正在拼命地追求"发展",二者的"新对接"成为全球化时代的重要话题。在现代社会才最终产生的"发展主义"思想其实并非简单的一种意识形态,一套由发达国家编造的话语和殖民策略,而是人类认知方式转变的必然产物,是西方"启蒙思想"在全球的延续,是工业文明替代农耕文明的生产方式革命所必然带来的结果。发展主义思想的最深厚根基就在于,作为社会细胞的个体人在长期的实践理性作用下爆发出前所未有的思想能量,从而推动"发展的想象"集中和迅速地转变为追求发展的社会行为,这种转变的核心环节就在于现代知识的全球传播以及地方性知识的自发更替。从这个意义上说,社会发展不再是一种"幻象",而是一个实实在在的客观过程,尽管其具体的外部形态五彩缤纷,但其内在演变规律是相通的,而有关人类社会现代化转向所蕴含的风险与伦理话题已超越了对这一过程的本体论与实在性研究范畴。

总而言之,中国社会的发展实践证明,基层社会中呈现出来的"发展问题"具有鲜明的中国特色,在很大程度上说,它还不属于"现代性"问题的范畴,而是"前现代"社会话题,因此,西方国家前沿的各种所谓"后现代主义"思想对它们并没有多少解释力。因此,我们不应该随意套用发达国家的某些"新发展主义"理论用来解释中国发生的事情,否则很容易舍本逐末,将很多话题归结到抽象意义的"现代化"之名下,从而只关注到其中的琐碎细节,而忽视了其中的根本话题。成伯清

（2006：255）认为，"后现代"是一个不恰当的历史分期，可以采用"新启蒙"来界定当前时代的学术思想，尼采矗立在新启蒙的源头，福柯则是旗手。笔者基本认同这种观点，因为从世界范围内的学术争论来看，西方学者对传统社会发展理论的反思乃至彻底批判同样借助和采用了"现代理性"工具，他们在思维方式上并未超越启蒙运动以来的社会认知范式，所谓的后现代主义理论在"解构"发展主义的话语体系之同时却陷入了"虚无主义"的泥沼。同时，从各种社会运动来看，不管人们倡导绿色环境主义理念，还是呼唤文化多元论的复兴，最终还是离不开潜意识中将自身定位为"进步"的道德基础，否则必然会在无意识中解构掉了自身的"合法性"。因此，不仅中国的社会土壤难以孕育出具有建设性价值的后现代主义理论，即使在西方发达国家内部，似乎也很难取得这种成功。

参考文献

阿马蒂亚-森,《以自由看待发展》,于真、任颐译,北京:中国人民大学出版社,
　　2002 年。

艾恺,《世界范围内的反现代化思潮——论文化守成主义》,贵阳:贵州人民出版
　　社,1999 年。

霭理士,性心理学,潘光旦译注,北京:生活·读书·新知三联书店,1987 年。

奥格本,《社会变迁:关于文化与先天的本质》,王晓毅、陈育国译,杭州:浙江人民
　　出版社,1989 年。

巴拉达特,《意识形态起源和影响(第 10 版)》,张惠之等译,北京:世界图书出版公
　　司,2010 年。

班杜拉,《思想和行动的社会基础——社会认知论》,林颖等译,上海:华东师范大
　　学出版社,2001 年。

贝尔,《后工业社会的来临》,高铦等译,北京:新华出版社,1997 年。

博德利,《发展的受害者》,何小荣、谢胜利、李旺旺译,北京:北京大学出版社,
　　2011 年。

伯瑞,《进步的观念》,范祥涛译,上海:上海三联书店,2005 年。

曹端波,"旅游发展中民族文化的保护与开发",载《贵州社会科学》,2008(1):
　　73—75。

陈永龄,《理县嘉戎土司制度下的社会》,燕京大学 1947 年硕士学位论文。

陈志霞、陈剑峰,"矛盾态度的概念、测量及其相关因素",载《心理科学进展》,2007
　　年(6)。

成伯清,《走出现代性》,北京:社会科学文献出版社,2006 年。

费孝通,"中华民族的多元一体格局",载《北京大学学报(哲学社会科学版)》,1989
　　(4)。

费孝通,"试谈扩展社会学的传统界限",载《北京大学学报(哲学社会科学版)》,
　　2003(5)。

费孝通,"关于'文化自觉'的一些自白",载《理论参考》,2003(9)。

费斯汀格,《认知失调理论》,郑全全译,杭州:浙江教育出版社,1999 年。

福柯,《规训与惩罚》,刘北成、杨远缨译,北京:生活·读书·新知三联书店,
　　2007 年。

弗兰克,《白银资本》,刘北成译,北京:中央编译出版社,2001年。

弗洛伊德,《图腾与禁忌》,赵立玮译,上海:世纪出版集团、上海人民出版社,
　　2005年。

格尔兹,《地方性知识》,王海龙、张家宣译,北京:中央编译出版社,2004年。

格雷本,《人类学与旅游时代》,赵红梅等译,南宁:广西师范大学出版社,2009年。

国务院国家发展与改革委员会,《汶川地震灾后恢复重建总体规划》,2008年7月。

郭凌,"乡村旅游发展与乡土文化自觉",载《贵州民族研究》,2008(1)。

郭山,"旅游开发对民族传统文化的本质性影响",载《旅游学刊》,2007(4)。

何星亮,"非物质文化遗产的保护与民族文化现代化",载《中南民族大学学报》,
　　2005(5)。

黄承伟等,《汶川地震灾后贫困村重建与本土文化保护研究》,北京:社会科学文献
　　出版社,2010年。

黄平、崔之元,《中国与全球化:华盛顿共识还是北京共识》,北京:社会科学文献
　　出版社,2005年。

黄仁宇,《中国大历史》,北京:生活·读书·新知三联书店,2005年。

黄淑娉、龚佩华,《文化人类学理论方法研究》,广州:广东高等教育出版社,1998。

霍布斯,《利维坦》,黎思复、黎廷弼译,杨昌裕校,北京:商务印书馆,1985年。

贾春增,《外国社会学史(修订本)》,北京:中国人民大学出版社,2000年。

吉登斯,《现代性的后果》,田禾译,南京:译林出版社,2000年。

吉登斯,《现代性与自我认同》,赵旭东、方文译,北京:生活·读书·新知三联书
　　店,2003年。

李留澜,《契约时代》,北京:社会科学文献出版社,2006年。

理县志编撰委员会,《理县志》,成都:四川民族出版社,1997年。

林聚任等,《社会信任和社会资本重建——当前乡村社会关系研究》,济南:山东人
　　民出版社,2007年。

刘世定、邱泽奇,"'内卷化'概念辨析",载《社会学研究》,2004(5):96—110。

吕乃基,"归零:以汶川的名义",载《东南大学学报(哲学社会科学版)》,2009(5):
　　17—19。

卢晖临,"集体化与农民平均主义心态的形成",载《社会学研究》,2006(6):
　　147—164。

路幸福、陆林,"国外旅游人类学研究回顾与展望",载《安徽师范大学学报(人文社
　　科版)》,2007(1)。

卢梭,《论人类不平等的起源》,高修娟译,上海:上海三联书店,2009年。

马长寿,《氐与羌》,上海:上海人民出版社,1984年。

马克思,"德意志意识形态",《马克思恩格斯选集》(第一卷),北京:人民出版社,
　　1995年。

马克思,"《政治经济学批判》序言",《马列著作选读》,北京:中国人民解放军战士
　　出版社,1977年。

马晓京,"民族旅游文化商品化与民族传统文化发展",载《中南民族大学学报(人

文社科版)》,2002(6)。

密尔,《功利主义》,叶建新译,北京:九洲出版社,2007年。

默顿,《社会理论和社会结构》,唐少杰、齐心译,南京:译林出版社,2006年。

摩尔根,《古代社会》,杨东莼、马雍、马巨译,北京:商务印书馆,1995年。

莫斯,《礼物》,汲喆译,陈瑞桦校,上海:上海世纪出版集团,上海人民出版社,
2005年。

莫斯科维奇,《社会表征》,管健等译,北京:中国人民大学出版社,2011年。

帕累托,《普通社会学纲要》,田时纲等译,北京:生活·读书·新知三联书店,
2001年。

潘天舒,《发展人类学概论》,上海:华东理工大学出版社,2009年。

佩鲁,《新发展观》,张宁、丰子义译,北京:华夏出版社,1987年。

乔志强主编,《近代华北农村社会变迁》,北京:人民出版社,1998年。

《羌族简史》修订本编写组,《羌族简史》,北京:民族出版社,2008年。

覃德清,"漓江流域'小传统'场境中的旅游开发与文化保护",载《中南民族大学学
报(人文社科版)》,2006(3)。

任乃强,《羌族源流探索》,重庆:重庆出版社,1984年。

萨林斯,《甜蜜的悲哀》,王铭铭、胡宗泽译,北京:生活·读书·新知三联书店,
2000年。

萨林斯,《石器时代经济学》,张经纬、郑少雄、张帆译,上海:上海三联书店,2009。

萨林斯,《文化与实践理性》,赵丙祥译,上海:上海人民出版社,2002年。

斯科特,《国家的视角》,王晓毅译,北京:社会科学文献出版社,2004年。

四川省人民政府,《四川汶川地震灾后旅游业恢复重建规划(2008—2010)》,2008
年8月。

四川省阿坝藏族羌族自治州地方志编撰委员会,《阿坝州志》,北京:民族出版社,
1994年。

桑托斯,《帝国主义与依附》,杨衍永、齐海燕等译,北京:社会科学文献出版社,
1999年。

唐勇、黄俐波,"浅谈乡村旅游开发和文化保护",载《企业经济》,2007(4)。

托夫勒,《第三次浪潮》,朱志焱、潘琪、张焱译,北京:生活·读书·新知三联书店,
1983年。

涂尔干,《社会分工论》,渠东译,北京:生活·读书·新知三联书店,2000年。

王明珂,《羌在汉藏之间:川西羌族的历史人类学研究》,北京:中华书局,2008年。

王铭铭,"物的社会生命?——莫斯《论礼物》的解释力与局限性",载《社会学研
究》,2006(4)。

王斯福,《帝国的隐喻》,赵旭东译,南京:江苏人民出版社,2008年。

韦伯,《新教伦理与资本主义精神》,于晓等译,北京:生活·读书·新知三联书店,
1987年。

汶川县史志编撰委员会,《汶川县志》,成都:四川出版集团巴蜀书社,2007年。

文化部,《羌族文化生态保护实验区规划纲要》,2008年10月。

沃勒斯坦,《现代世界体系(三卷)》,罗荣渠等译,北京:高等教育出版社,2000 年。

辛允星,"农村社会精英与新乡村治理术",载《华中科技大学学报(社会科学版)》,
　　2009 年第 5 期:92—98。

熊关,"原生态民族文化保护观质疑",载《商业时代》,2007(19)。

许宝强、汪晖,《发展的幻象》,北京:中央编译出版社,2001 年。

许烺光,《驱逐捣蛋鬼——魔法、科学与文化》,王芃、徐隆德等译,台北:南天书局,
　　1997 年。

徐明,"以旅游开发促进青藏高原文化保护研究",载《浙江学刊》,2007(5)。

徐勇,"农民理性的扩张:'中国奇迹'的创造主体分析",载《中国社会科学》,2010
　　(1):103—118。

苟丽丽,"礼物作为总体性社会事实——读马塞尔·莫斯的《礼物》",载《社会学研
　　究》,2005(6)。

杨慧、陈志明等主编,《旅游、人类学与中国社会》,昆明:云南大学出版社,
　　2001 年。

杨丽娥,"旅游与少数民族传统文化的现代生存",载《思想战线》,2008(2)。

杨龙,"作为意识形态的发展主义",载《理论与现代化》,1994(9)。

杨清媚,"人类学与发展:一个两难的话语",载《社会发展研究》,2014(1)。

杨小柳,"发展研究:人类学的历程",载《社会学研究》,2007(4)。

杨新松,《云朵之中青衣羌》,北京:大众文艺出版社,2009 年。

杨宜音,"社会变迁与人的变迁——杨国枢等人关于个人现代性研究述评",转引
　　自叶启政主编,本土心理研究丛书(5)《从现代到本土》,台北:远流图书公司,
　　2002 年:19—39。

英格尔斯、斯密斯,《从传统人到现代人》,顾昕译,北京:中国人民大学出版社,
　　1992 年。

英格尔斯,《人的现代化》,殷陆君译,成都:四川人民出版社,1985 年。

张静,《现代公共规则与乡村社会》,上海:上海书店出版社,2006 年。

赵旭东,《文化的表达》,北京:中国人民大学出版社,2009 年。

赵玉燕,《惧感、旅游与文化再生产——湘西山江苗族的开放历程》,兰州:甘肃人
　　民出版社,2008 年。

周穗明,"西方新发展主义理论评述",载《国外社会科学》,2003(5):44—52。

周锡银主编,《羌族词典》编委会,《羌族词典》,成都:巴蜀书社,2004 年。

宗晓莲,"西方旅游人类学两大研究流派浅析",载《思想战线(云南大学人文社科
　　学报)》,2001(6)。

宗晓莲,"旅游开发背景下东巴文化的新际遇",载《中央民族大学学报(哲学社会
　　科学版)》,2004(6)。

朱晓阳、谭颖,"对中国'发展'和'发展干预'研究的反思",载《社会学研究》,2010
　　(4)。

Bernard, H. Russell, *Research methods in Anthropology: Qualitative and Quantitative Approaches*, Oxford: AltaMira Press, 2006.

Escobar, Arturo, *Encountering Development*, Princeton University Press, 1995.

Garfinkel, Harold, *Studies in Ethnomethodology*, Englewood Cliffs, N. J: Prentice-Hall, 1967.

Giddens, Anthony, *Central Problems in Social Theory*, Berkeley and Los Angeles: University of California Press, 1990.

Parsons, Talcott, *The Social System*, England: Routledge & Kegan Paul Ltd, 1951.

Prasenjit Duara: *Culture, Power, and the State: Rural North China, 1900 - 1942*. Stanford: Stanford University Press, 1988.

Rostow, Walt Whitman, *The Stages of Economic Growth*, Cambridge University Press, 1960.

附录1：《羌族文化生态保护实验区规划纲要》摘录

保护区地理分布	依据民族语言、民间信仰、文化空间、自然生态等要素，羌族文化生态保护实验区的范围包括：羌族主要聚居区茂县、汶川、理县、北川羌族自治县，以及毗邻的松潘县、平武县、黑水县，陕西省宁强县、略阳县等部分相关地区。
保护范围	羌族语言、服饰、饮食、村落布局、民居建筑、风俗习惯、礼仪节庆、民间艺术、手工技艺等，它们与羌族人民的生产、生活息息相关，展现着浓厚的文化底蕴和鲜明的地方特色，是羌族人民智慧的结晶，是中华文化的重要组成部分。
保护方式	进一步完善羌族文化生态保护实验区范围内各行政区划的国家、省、市、县四级非物质文化遗产名录体系建设，为开展非物质文化遗产保护和文化生态保持及修复搭建基本框架。完善四级名录项目代表性传人认定体系，并为其创造良好的生活和传承条件，为维持和修复非物质文化遗产传承链发挥积极作用。确立若干以自然环境、物质文化遗产为依托，非物质文遗产表现形式关系相对紧密、相对系统、相对完整的文化空间，并将其作为生态保护实验区的有机部分。全面收集非物质文化遗产文献、音频、视频等资料及相关实物，为保护工作和学术研究提供参考依据。建立羌族文化数据库和羌族文化数字博物馆，运用数字化存储手段，对资料进行全面、真实、系统的记录和归档。建立羌族文化专题博物馆、非物质文化遗产传习所，陈列羌族非物质文化遗产实物、资料。采取生产性方式对能够产生经济效益、改善传承人生活的非物质文化遗产项目（如羌族刺绣）加以保护和扶持，将其转化为经济效益和经济资源，修复自身传承的内在活力。

保护措施	① 对保护区内的物质文化遗产和非物质文化遗产的种类、数量、现状及传承人开展全面的普查,摸清家底,为开展保护工作提供决策依据。
	② 编制羌族文化生态保护实验区总体规划、自然生态保护规划、非物质文化遗产(包括与非物质文化遗产传承密切相关的文物古迹)保护规划、各类别非物质文化遗产保护规划、各行政区划保护规划、各级名录项目代表性传承人保护规划等。
	③ 分步实施:第一阶段(2008 至 2010 年)是抢救保护与恢复重建阶段。扶持非物质文化遗产项目代表性传承人,开展民俗文化活动,促进羌族传统节日、礼仪风俗等特色文化活动的恢复;抢救性地征集、收集、整理、修复一批有代表性的文物和非物质文化遗产实物资料,采取生产性方式保护羌族文化,发挥羌族传统手工技艺及其相关制品经济价值的转换作用;进行非物质文化遗产博物馆或民俗博物馆、图书馆、文化馆、乡镇综合文化站、非物质文化遗产传习所、村文化室抢救性修复和重建工作。第二阶段(2011 至 2015 年)是发展、完善、提高阶段。突出文化特色,在保护实验区内确立羌族文化传承的重点村寨,保持羌族既有的生产、生活方式;修复文化传承链,完善羌族非物质文化遗产的传承机制,维持和保护文化生态。
	④ 试点先行,重点突出,整体性保护。结合汶川地震灾后的评估,选择条件相对较好的地区和项目,合理布局,分级管理,先行开展试点保护工作,为保护实验区整体工作的推进提供经验。重点抢救保护与恢复重建以下村寨及乡镇:茂县的黑虎寨、曲谷、较场、凤仪镇;汶川的萝卜寨、羌锋寨、百度寨、布瓦寨;理县的蒲溪、平坝寨、甘堡藏寨、薛城镇;北川的青片、禹里;松潘的小姓、进安;平武的锁江、龙安镇、白马;黑水的麻窝、色尔古寨。
	⑤ 教育培训。将羌族文化内容列入保护区的乡土教材;对保护区范围内从事抢救保护工作的从业人员进行专业培训。
	⑥ 学术研究。设立相关课题,组织专家并鼓励高校硕士、博士研究生,对羌族文化生态保护实验区建设进行理论与实践的专题研究;举办各种形式的羌族文化生态保护研讨会、经验交流会等,积极开展羌族文化生态保护建设的政策研究和学术交流。
	⑦ 宣传普及。利用"文化遗产日"、"非物质文化遗产节",举办展览、展演活动,不断增进全民珍爱传统文化和参与传承非物质文化遗产的自觉意识;编辑出版相关羌族文化生态保护及羌族文化研究成果,建设并开通羌族文化生态保护实验区网站,利用各种媒体加强对羌族文化生态保护实验区的宣传,推动羌族文化知识的普及。

附录2：平坝羌寨老区新村经营权置换方案及原则

一、遵守文物保护及提升平坝羌寨旅游硬件档次,建立和维护正常的旅游秩序。为平坝羌寨的长足发展着眼,县政府同加州集团(九寨天堂),大九寨公司合作开发平坝羌寨。成立了平坝羌寨旅游发展有限责任公司(以下简称公司)。有限责任公司三方股东正式名称是:九寨天堂方、理县米亚罗平坝景区管理局方(以下简称管理局)、大九寨方。平坝羌寨现有农户的股份体现在管理局方。

二、出于平坝羌寨老区的保护。公司根据实情、将羌寨农户在老区的涉旅经营权置换到新村。即:公司提供新修的房屋(统一规划,专门设计,明确风格),将农户在老区的涉旅的经营活动,主要指导餐饮、住宿、购物、娱乐等,全部统一到新村去经营。这样既便于保护老区,又使农户的具体经营有了场所,经营档次得到提升。

三、根据羌寨实情,公司将新村农户房屋建设补助总资金划分为两类。以羌寨农户所有建筑面积和现有人口为依据,将房屋总投资资金匹配为 50:50,即建筑面积和人口各占 50%,分配到每家每户,即参考农户 2005 年的股份分红情况方案基本一致。这样既考虑了平坝羌寨每个人的实际利益,又考虑到了对贫困户的扶持。可以说是相对较为公平的一个方案。

四、农户在新村的房屋建设占地面积为 120—260 m² 之间,即最大不能超过 260 m²,最小不能低于 120 m²,最高楼层不能超过三层半,占地使用面积的资金由农户自出(根据土地使用法和物权管理法规,只有农户自出占地资金,才能将房屋的产权证办为己有。经营性质用房必须要有产权证才能贷款)。

五、每幢房屋的最低造价不能低于 7 万元(不含土地使用费)。建议农户从经营着想,资金少的农户往资金多的亲戚朋友靠,合作修建或小户合作修房经营。资金不足的,又要占地修房的,限期 2006 年 3 月12 日前将不足资金补足,交到平坝羌寨管理处,逾期算作自动放弃,将不再在新村安置。

六、所有新村修房农户的建设补助资金都应用于修房,不允许以现金换取经营权(超过正常的修建资金多余部分在外)。

七、新村农户房屋建设必须遵照管理处和公司的安排,规范设计、

规范施工,必须符合图纸的要求建设。公司同农户将具备相应协议内容,违规方将承担所有责任,

八、新区建成后,根据《文物保护法》和《风景区管理条例》及县人民政府文件规定,将不允许任何人在老区从事经营活动,违者依法进行处理。

九、农户在建成新村房屋后,老区的房屋依旧归农户自己所有,农户依旧可以在老区生活。

十、履行新村建房协议后,农户必须加强对老区的保护,绝不允许动老区的一草一木一石。对老区的整治,必须按管理处和公司的要求办理。

十一、农户使用新村建房土地及户数一旦确定不允许更改,对农户今后分家的,由组、村、乡层层审核,按规定办理。分户抓阄方式办理。

十二、农户各户补助资金匹配到户的集体方案,将集中公示。

附录3：平坝羌寨新村农房灾后重建实施方案

为加快平坝羌寨新村灾后重建工作,尽快恢复并提升平坝羌寨旅游发展,解决人民群众安居乐业的问题,经研究特制定本方案。

一、新村农房灾后重建的主体是农户

根据国家有关灾后重建的精神新村农房灾后重建的主体是农户,农户本人在此次农房重建中发挥主人翁精神,全力投入灾后重建,相关机构将积极帮助、扶持农户尽快重建家园。

二、新村农户灾后重建资金扶持办法

震后农房重建按地震设防要求和缩小体量的原则进行,必须具备地圈梁、构造柱、现浇等,房屋建筑面积控制在宅基地2倍以内,层高原则控制在一层半至二层半以内,符合统一风貌要求。根据新村农房现状和实际建设进度,制定以下重建资金扶持办法。

（一）针对已建农房（主体已建、原址重建）资金扶持

1. 灾后农房重建户争取约5.5万元政策性扶持（国家灾后重建补贴户均2万＋农户重建贷款户均2万＋红会援助1.5万）。

2. 除已领取的经营权置换金外,再给予已建农户原公司经营权置

换金等额的扶持（其中 50％的资金采取以奖代补形式由公司补贴，50％的资金以农户贷款公司贴息的方式进行），原来兑付的经营权置换金余额不再兑付。

3. 考虑到"5·12"地震对农户造成的损失，为推进加快新村建设进度，鼓励农户积极投入新村建设，决定对已进行房屋主体建设的一层以上（含一层）的农户按照已建楼层的不同再给予原公司经营权置换金 0.1—0.3 倍的鼓励性资金扶持

根据房屋主体建设进度情况，具体以下四种方式进行：

（1）三层半以上：给予与原经营权置换金 0.3 倍的鼓励性资金扶持。

（2）三层至三层半：给予与原经营权置换金 0.3 倍的鼓励性资金扶持。

（3）二层至二层半：给予与原经营权置换金 0.15 倍的鼓励性资金扶持。

（4）一层至一层半：给予与原经营权置换金 0.1 倍的鼓励性资金扶持。

（二）针对未建农房（主体未建、异地重建）资金扶持

1. 争取户均约 5.5 万元政策性补贴（国家灾后重建补贴户均 2 万＋农户重建贷款户均 2 万＋红会援助 1.5 万）。

2. 继续兑现公司未兑现完的经营权置换金。

（三）不提倡不支持维修加固

鉴于此类房屋不符合现代建筑技术规范要求，又不能通过正规设计施工单位做出维修加固施工方案，且不符合新村规划和灾后地震设防要求，农户执意要自行维修加固的，由本人承担一切责任，不享受本方案中的扶持政策。

三、建设方式

1. 符合新村重建规划设计和灾后农房重建抗震设防要求（有地圈梁、构造柱、现浇等），统一外观风貌要求，严格按设计图纸施工。

2. 严格控制体量和层高。

3. 严格成本核算，控制成本。

4. 新村农房灾后重建主体是农户。为了保证建筑质量、施工进度，原则上采取半统建方式进行。补贴资金和自筹资金统一调配使用。农户自行组织建筑材料，并参与资金和施工监管，由村委会组织村民代

表成立农房自建施工管理委员会组织施工,由农房自建质量监督委员会负责质量监管。按照村民个人出资情况可采取以下三种操作模式:一是在规定的时间内拆除危房并签订相关协议,并足额准备自筹资金的,按照施工设计图的层高建设。二是在规定的时间内,不能足额准备自筹资金的,不能按时开工建设的,经五日公示期满,视为自动放弃享受农房重建补贴和公司补贴,其宅基地根据规划调整另作它用。

5. 拆除:危房拆除主体为农户。为了保证政策扶持资金及时申请到位,保证新村建设进度,农户必须在签订相关协议后五日内拆除危房。原则上由村民自行拆除,自取建材,确保安全。若农户无法拆除,可集体联系专业拆除队伍统一拆除,所需要费用按拆除成本扣除。

6. 探索社会资金联建:在尊重农户意愿的前提下,启动吸纳社会资金联建 XX 羌寨新村的市场化运作模式。由政府牵线搭建联建平台,由村民按照时长经济模式与社会联建者自行商议吸引社会资金采取不同方式在建设的初期、中期、后期及经营开发的过程中参与到新村建设。

7. 资金统一调配使用,并按施工进度分阶段支付。

四、本方案送达农户签收后十日内签订相关协议(四月四日前),逾期不签视为自动放弃。

五、本方案由理县平坝羌寨新村重建领导小组负责解释。

二〇〇九年三月二十三日

附录4:平坝羌寨新区统建房购房协议书

甲方:理县平坝羌寨旅游开发有限责任公司

乙方:杨福登

根据中华人民共和国有关法律、法规和理县人民政府制定的《理县 XX 羌寨新村规划区拆除补助及统建经营性用房出让实施方案》规定,甲、乙双方遵循自愿、公平和诚实信用的原则,订立本协议,共同遵守。

第一条 乙方自愿购房在××羌寨新区统建的房屋壹套,户型为 B1,建筑总面积321 平方米,房屋位置为第39 号房(附规划图和户型图)。

第二条 甲方出售给乙方的房屋质量严格按照规划设计标准并达

到国家相关要求,主体建筑结构为全框架,外墙由片石砌成,外观统一风貌,清水房,内墙及顶棚涂白,室内地面为水泥砂浆找平,大门及外窗型材为实木材料,水,电通,底层层高约 3.3 米。

第三条 甲乙双方同意,本协议生效后,除人力不可抗拒的因素外,甲方须在 2010 年 9 月 30 日前将上述房产交付乙方。甲方交付乙方房屋时,该房屋由相关单位验收合格,具备《工程竣工验收报告》。

第四条 房屋交付后按国家规定办理房屋产权证和土地使用证,可上市交易。

第 5 条付款时间与办法:

乙方采用以下第一款方式向甲方支付购房款。

(一)一次性付款,价格 1200 元/平方米。

甲方将乙方所享有的:

1. 国家灾后农房重建补助金人民币(大写)<u>壹万玖仟元整</u>;
2. 农房贷款资金人民币(大写)<u>贰万元整</u>;
3. 经营权置换金余款(大写)<u>壹拾肆万壹仟柒佰壹拾肆元整</u>;
4. 房屋拆除补偿金人民币(大写)_____元整;
5. 基本部分补偿金人民币(大写)<u>壹万柒仟伍佰伍拾元整</u>;

合计(大写)<u>壹拾玖万捌仟贰佰陆拾肆元整</u>作为房款扣减,不足部分(大写)

<u>壹拾捌万陆仟玖佰叁拾陆元整</u>由乙方在签订本协议时支付甲方,余额部分(大写)_____元整由甲方在签订本协议时支付乙方。如乙方筹措资金困难,可申请中国农业银行理县支行房产抵押商业贷款,本息偿还按银行规定办理。贷款的最大额度为房屋总价与扣抵资金差额部分的 70%。

(二)分期付款,价格 1746 元/平方米。

甲方将乙方所享有的:

1. 国家灾后农房重建补助金人民币(大写)_____元整;
2. 农房贷款资金人民币(大写)_____元整;
3. 经营权置换金余款(大写)_____元整;

合计(大写)_____元整作为首付款支付给甲方。

乙方再按总房价（按 1746 元/平方米）减去首付款的 10％人民币（大写）

_____元整作为购房诚信保证金支付给甲方。剩余房款（大写）

_____元整（按 1746 元/平方米）在房屋交付时一次性支付给甲方。

第 6 条违约责任

1. 甲、乙双方合同签订后，若乙方中途违约，应书面通知甲方，甲方应将乙方的已付款（不包括利息，不包括国家灾后重建资金补助金和农房贷款，房款部分自行与银行了清）退还给乙方。

2. 甲方交付给乙方房屋时，若乙方提出房屋标准达不到规划设计要求，可以退房，甲方应在五日内将乙方的已付款（不包括利息，不包括国家灾后重建资金补助金和农房贷款，房款部分自行与银行了清）退还给乙方。

3. 甲方交付给乙方房屋时，若乙方不能付完甲方全款，视为乙方违约，甲方收回房屋，并退回乙方已付款（不包括利息，不包括国家灾后重建资金补助金和农房贷款，房款部分自行与银行了清），造成的经济损失由乙方自行承担。

第七条　本协议发生争议的解决方式：在履行过程中发生争议，双方可通过协商方式解决，协商不成，可以选择向人民法院起诉。

第八条　本协议未尽事宜，严格按照《理县 XX 羌寨新村规划区拆除补助及统建经营性用房出让实施方案》执行，其补充约定经双方签章与本协议同具法律效力。

第九条　本协议一式伍份，具有同等法律效力。其中甲乙双方各壹份，房管所壹份，国土资源局壹份，银行壹份。

甲方：理县平坝羌寨旅游开发有限责任公司

签订日期：2009 年9 月25 日

乙方：杨福登

身份证号码：×××××××××××××

签订日期：2009 年9 月25 日

后记

在羌村发现"发展"

在当下的中国，似乎再也没有比"发展"更时髦的词汇了。自从2006年秋季考入中国农业大学人文与发展学院并成为一名社会学专业的硕士研究生之后，我开始了对"发展"的学理性关注。我的硕士导师叶敬忠教授是发展社会学科班出身的博士，他长期致力于对中国乡村社会发展话题的研究，并直接从事一些发展干预项目的咨询工作，我因此得以顺利参与到对这些发展项目的实地考察和评估活动之中。在这个过程中，我对在读书期间学到的很多社会学和人类学理论产生了诸多的思考，同时也产生了很多的迷茫。

很快就到了2007年秋，我以农村发展与管理专业的直升博生身份转到赵旭东教授门下，继续在中国农大攻读博士学位，阅读的任务更加繁重，田野调查工作暂时略有减少。于是，在往返于课堂与田野之间，我开始了对"发展研究"的更多理论思考，孙庆忠教授、李小云教授、朱启臻教授、蒋爱群教授、王伊欢教授等老师的课堂讲授让我深受启发。两年的理论学习也许已经预示着我将以"发展"为对象开启自己的博士论文研究工作，但直到2008年夏季之前，我一直都没有想到自己的研究工作将发生在遥远的中国大西南。

永远忘记不了2008年的初夏——汶川5·12大地震突然发生了。紧接着，中国学术界就开始了关于"灾后重建"的探讨，我多次参加由人类学与社会学界同仁组织的相关讨论会，并跟随中国社会科学院的罗红光研究员到汶川地震灾区进行实地调查。后来，我的博士导师赵旭东教授又承担了相关研究课题，并派我作为实地调查的领队参与课题研究工作；他还对我说，你可以考虑将博士论文的研究对象定为汶川地震灾区的羌族，具体研究内容可以慢慢寻找，但要先有一个总体性关怀，那就是中国这个少数民族遭遇如此灾难，他们是如何面对，又如何走以后的路。从此以后,我与汶川地震灾区的羌族朋友们结下了缘分。

从 2008 年夏至 2009 年秋,在多次前往汶川地震灾区开展实地调查的过程中,我深刻地感受到了"发展"的魔力。随处可见的一句话:"依托灾后重建的契机,实现灾区的跨越式发展",已经不仅仅是地方政府提出的政治口号,当地的广大普通民众也积极参与其中,并鲜明地表达出了对"发展"的强烈追求。而与此同时,我又发觉,当地的社会矛盾十分剧烈,各主体围绕经济利益和发展模式而展开的各种斗争持续升级,甚至还发生了个别村民"以死抗争"的现象。这不禁让我提出了一个疑问——既然大家共同追求同一个目标,却为何难以实现"万众一心谋发展"的理想呢?这个问题贯穿了我的整个研究工作过程。

从 2009 年下半年起,我正式开始了自己的博士论文研究工作,在开展实地调查期间,我得到了当地知识分子杨光成、王嘉俊等诸位先生的大力帮助,正是在他们的引领下,我才得以走进两个羌族村庄的内部,融入当地人的日常生活之中,倾听他们的心声,由此搜集到很多宝贵的田野素材。伴随调查工作的深入,我日益确信自己初来时的一个理论判断:汶川地震灾区的广大羌族民众已经在内心深处接纳了"发展",他们的抗争行动主要是针对发展利益的分配不公问题,而不是针对"发展"本身;因此,那些以"土著反对发展"为主题的人类学经典故事并不适合在此进行简单的类比,所谓的后现代理论也不太"适用"。

带着对田野调查资料和各种发展理论的对照性思考,我花费一年多的时间完成了自己的博士论文写作工作。我想通过这篇论文告诉读者:我在羌村发现了"发展",它绝不是有些学者所说的那种被制造出来的"话语",而是活生生的"社会事实";它在中国基层社会的出现,以无数民众的思想观念变迁为基础,其背后承载着中国传统社会与文化的深刻转型。在 2011 年夏季的博士论文答辩会上,我慷慨陈词,把以上观点进行了集中的讲述,王晓毅教授、方文教授、孙津教授、朱启臻教授、汪力斌教授五位评委老师给出了十分中肯的点评。令人叹息的是,在我参加博士论文答辩前夕,对我田野调查工作给予很大帮助的杨光成先生因车祸去世,得此消息,我伤心许久,并在毕业晚宴上郑重为老人家撒酒献祭。

博士毕业后,我来到浙江师范大学法政学院社会工作系工作。这里有一个民间学术组织,名曰"双周学术交流坊",张兆曙、林晓珊、陈占江、李棉管、方劲、袁松、李院林、李伟梁、鲁可荣、胡全柱等和我都是这个组织的长期参与者。我先后五次将自己的学术论文拿到这里接受诸位同仁的点评，并参考这些意见对论文进行修改，最终顺利发表出来，其中多半论文都是从我的博士论文中抽取出来的。在此期间，带着对"发展"的思考，我又先后两次前往汶川地震灾区进行跟踪调查，充实之前的田野调查素材，让我进一步理清了对相关话题的认识，并对博士论文初稿进行了较大幅度的修改，于是，才有了本书的最终成型。

在此，我想对所有曾经给予我帮助的师长、同学、朋友、家人表达诚挚的感谢！除了在上文已经提到名字的人之外，还有以下团体：中国农业大学社会学专业 2006 级硕士研究生全班同学、中国农业大学农村发展与管理专业 2007 级博士研究生全班同学、赵旭东教授在农大培养的研究生团队、叶敬忠教授的高徒们、浙江师范大学社会学学科的全部成员、汶川地震灾区接受我调查访问的广大羌族朋友、我山东老家的亲属团体。没有他们的陪伴，我的生活肯定是单调无味的；没有他们的鼓励，我很难下决心把自己推上学术研究的舞台；正是他们的存在，让我有毅力奔赴田野，奋笔疾书，成为一名最基层的科研工作者。

坚守了近十年的一项研究，浸透着我的无数精力和血汗，印证着我的"学术成丁"历程，如今，它终于要结出最终的果实了。这个果实很可能是苦涩的，我自己也有太多的不满意，但形势比人强，在多方项目的资助下，它水到渠成地诞生了，希望它能够在外表丑陋的同时内含一点思想的营养，能够成为我走向下一科研站点的稳固平台。一点期待，是为后记。

图书在版编目(CIP)数据

灾后重建的"发展"映像/辛允星著. —上海：上海三联书店，
2017.7

ISBN 978 - 7 - 5426 - 5886 - 9

Ⅰ.①灾… Ⅱ.①辛… Ⅲ.①地震灾害－灾区－重建－研
究－汶川县 Ⅳ.①D632.5

中国版本图书馆 CIP 数据核字(2017)第 058088 号

灾后重建的"发展"映像

著　　者 / 辛允星

责任编辑 / 殷亚平
装帧设计 / 一本好书
监　　制 / 姚　军
责任校对 / 张大伟

出版发行 / 上海三联书店
　　　　　(201199)中国上海市都市路 4855 号 2 座 10 楼
邮购电话 / 021 - 22895557
印　　刷 / 上海盛通时代印刷有限公司

版　　次 / 2017 年 7 月第 1 版
印　　次 / 2017 年 7 月第 1 次印刷
开　　本 / 640×960　1/16
字　　数 / 185 千字
印　　张 / 12
书　　号 / ISBN 978 - 7 - 5426 - 5886 - 9/D·353
定　　价 / 38.00 元

敬启读者，如发现本书有印装质量问题，请与印刷厂联系 021 - 37910000